Guía de planificación profesional y supervivencia universitaria para adolescentes

Descubre el trabajo de tus sueños, triunfa en la universidad y destaca desde el primer año

Índice

Primera Parte:
Planificación profesional para adolescentes

Descubre el trabajo de tus sueños mostrando tu personalidad única y maximizando tu potencial

Introducción

Imagina que te levantas cada mañana entusiasmado por el día que te espera. Te diriges al trabajo no con un sentimiento de obligación, sino con una sensación de propósito y satisfacción. Esta apasionante trayectoria profesional que te has labrado utiliza tus talentos, enciende tus pasiones y te ofrece el crecimiento y los retos que anhelas.

Suena increíble, ¿verdad? Sin embargo, para muchos adolescentes, este futuro parece rodeado de incertidumbre. Existen innumerables opciones profesionales, cada una con su propio conjunto de habilidades, requisitos educativos y entornos de trabajo. ¿Por dónde empezar?

La buena noticia es que no tienes que hacer esta exploración solo. "Planificación profesional para adolescentes" es tu guía, diseñada para transformar la confusión en claridad y equiparte con las herramientas necesarias para navegar por las apasionantes y siempre cambiantes oportunidades de negocio.

A diferencia de otros libros sobre carreras profesionales que abruman con su jerga o se centran en campos demasiado específicos, "Planificación profesional para adolescentes" adopta un enfoque refrescantemente sencillo y accesible. Este es tu punto de partida, escrito en un lenguaje claro y comprensible que se dirige directamente a ti, el adolescente curioso y ambicioso.

Esto es lo que diferencia a "Planificación profesional para adolescentes" de otras guías:

- **Se centra en ti:** Este libro no es una guía de talla única. Profundiza en el conocimiento de tu personalidad, intereses y valores para descubrir la carrera profesional perfecta.

- **Desmitificando el mercado laboral:** ¿Confundido por la gran variedad de opciones profesionales? "Planificación Profesional para Adolescentes" levanta el telón sobre un panorama diverso de empleos apasionantes y en demanda que pueden despertar tu curiosidad, algunos de los cuales puede que ni siquiera sepas que existen.

- **Pasos prácticos:** Este libro no es sólo teoría. Te ofrece una hoja de ruta llena de ejercicios prácticos y estrategias útiles que puedes poner en marcha ahora mismo. Se acabó el sentirse perdido y abrumado. Es hora de tomar las riendas y empezar a construir la carrera de tus sueños, paso a paso.

- **Construye tu marca:** Olvídate de los currículos aburridos y las aplicaciones genéricas. "Planificación profesional para adolescentes" te enseña los secretos para crear una poderosa marca personal que te haga destacar entre la multitud, capte la atención de futuros empleadores y te abra las puertas a oportunidades increíbles.

- **El poder del *networking*:** "Planificación profesional para adolescentes" entiende que las conexiones son la clave. Este libro te dota de las habilidades y los conocimientos necesarios para entablar relaciones valiosas, trabajar de forma eficaz con redes de contactos y aprovechar esas conexiones para impulsar tu futuro.

Imagínate entrando con confianza en una entrevista de trabajo, sabiendo que posees las habilidades necesarias y que has forjado activamente tu camino y perfeccionado tu marca. Este es el poder de "Planificación profesional para adolescentes". Es tu brújula en este apasionante viaje de autodescubrimiento y exploración profesional.

¿Estás preparado para liberar tu potencial y perseguir la carrera de tus sueños? Pasa la página y deja que "Planificación profesional para adolescentes" sea tu guía.

Capítulo 1: La clave para encontrar el trabajo de tus sueños

¿Recuerdas a Walt Disney, el hombre que dio vida a Mickey Mouse (también llamado Ratón Mickey), al pato Donald y a un mundo de imaginación? Antes de convertirse en el cerebro de un imperio mundial del entretenimiento, Walt no era más que un niño apasionado por el dibujo. Se enfrentó a reveses, incluso perdió los derechos de una de las primeras creaciones de un personaje. Sin embargo, Walt nunca perdió de vista sus sueños. A diferencia de muchos otros, su historia pone de relieve la verdad fundamental de que una carrera satisfactoria empieza con el autodescubrimiento.

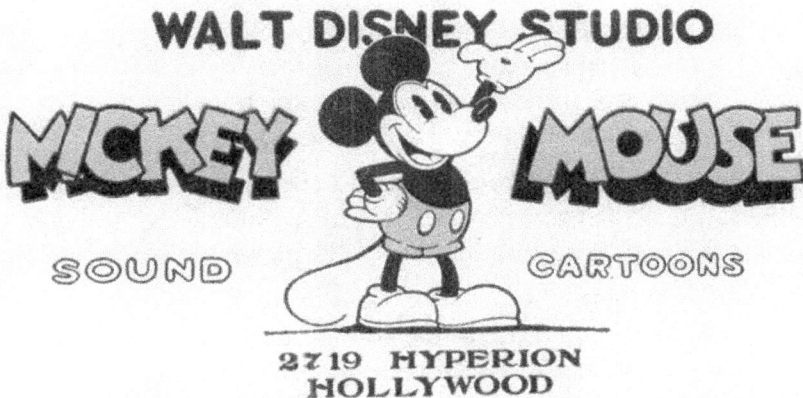

Tenemos a Mickey Mouse porque Walt Disney nunca perdió de vista sus sueños [1]

Al igual que un barco necesita una brújula para navegar por el vasto océano, tú necesitas una comprensión clara de ti mismo para navegar por el apasionante, y a veces abrumador, mercado laboral. Este capítulo te ayudará a comprender tus puntos fuertes, tus puntos débiles, tus intereses y tus valores. Este autoconocimiento se convertirá en la base para tomar decisiones profesionales informadas, establecer objetivos alcanzables y conseguir el trabajo de tus sueños.

Los cimientos de tu futuro: Por qué importa el autodescubrimiento

Has pasado años construyendo meticulosamente un magnífico edificio. Brilla con suelos de mármol pulido y techos altos, y todo parece perfecto. Sin embargo, al inspeccionarlo más de cerca, te das cuenta de que carece de unos cimientos sólidos. Sin una base sólida, incluso la estructura más impresionante corre el riesgo de desmoronarse. El mismo principio se aplica a tu carrera profesional. Una vida profesional satisfactoria que aporte un sentido de finalidad y satisfacción necesita unos cimientos fuertes construidos sobre el autodescubrimiento.

¿Por qué es tan importante para tu carrera?: Es difícil entregarse en cuerpo y alma a un trabajo que choca con tus valores fundamentales o dedicar años a perfeccionar una habilidad que te parece totalmente mundana. Si descuidas el autodescubrimiento, te arriesgas a construir una carrera sobre un terreno inestable. Al final te sentirás insatisfecho y carente de retos.

He aquí por qué el autodescubrimiento es la piedra angular de una trayectoria profesional satisfactoria:

- **Claridad y dirección:** El autodescubrimiento te ayuda a averiguar qué tipo de trabajo se alinea con tus pasiones e intereses. Te orienta hacia trayectorias profesionales que despiertan tu curiosidad y te animan a levantarte de la cama cada mañana.

- **Jugar con tus puntos fuertes:** Cuando conoces tus puntos fuertes y débiles, puedes aprovechar tus talentos naturales y trabajar para cultivar los que te impulsarán hacia adelante en el campo que elijas.

- **Encontrar el ajuste adecuado:** Las distintas profesiones exigen personalidades y estilos de trabajo diferentes. El autodescubrimiento te ayuda a identificar tu entorno de trabajo ideal, ya sea un entorno de equipo rápido y colaborativo o un papel más independiente y orientado al detalle.

Más que palabras de moda, el autodescubrimiento es en realidad el proceso de comprender quién eres en esencia. Incluye tus valores, intereses, habilidades y personalidad. El proceso consiste en identificar lo que realmente te motiva, te da energía y qué tipo de entorno te permite prosperar.

Cómo el autoconocimiento guía tu trayectoria profesional

Te encuentras en una encrucijada, rodeado de territorios desconocidos. Cada camino promete una aventura diferente, pero elegir la dirección correcta parece imposible sin un mapa o una brújula. Esto es a lo que se enfrentan muchos adolescentes cuando navegan por diversas trayectorias profesionales. Existen innumerables opciones, cada una con su propio conjunto de exigencias y recompensas.

Posees una poderosa herramienta, una brújula interna que te guía hacia la trayectoria profesional más satisfactoria. *El autoconocimiento* es la clave para desbloquear un futuro lleno de propósito y satisfacción. El autoconocimiento no consiste sólo en saber cuál es tu color o estilo de ropa favorito. Es una comprensión global de los siguientes aspectos de quién eres:

- **Fortalezas:** Las habilidades y talentos que te salen de forma natural. Identificar tus puntos fuertes te permite capitalizar tus habilidades naturales y construir una carrera profesional que las potencie.

- **Debilidades:** Reconocer tus puntos débiles te ayuda a identificar áreas de desarrollo y a elegir una carrera que te permita encontrar formas de minimizar el impacto sobre ellos.

- **Intereses:** ¿Qué despierta tu curiosidad? ¿Qué actividades te llenan de energía y satisfacción? Comprender tus intereses te ayuda a encontrar una carrera que se alinee con tus pasiones y te motive.

- **Los valores:** ¿Qué principios guían tus decisiones? ¿Qué tipo de entorno de trabajo te permite sentir una sensación de propósito e integridad? Identificar tus valores te garantiza que eliges una trayectoria profesional que se alinea con tus creencias básicas y no te hace sentir comprometido.

Entonces, ¿cómo se traduce el autoconocimiento en la toma de decisiones profesionales de manera informada? He aquí cómo:

- **Adaptar tus habilidades al trabajo adecuado:** Comprender tus puntos fuertes y débiles te ayuda a identificar carreras que utilicen tus talentos naturales y te ofrezcan oportunidades de crecimiento en áreas que podrían suponer un reto.

- **Encontrar un trabajo que alimente tu pasión:** Saber qué despierta tu curiosidad y te entusiasma te ayuda a eliminar las profesiones que te resultan tediosas o poco estimulantes. Imagina que te pasas el día haciendo un trabajo que te interesa. ¿No sería increíble?

- **Construir una carrera con propósito:** Aclarar tus valores te garantiza que eliges una trayectoria profesional que aporta sentido y significado a tu vida. Se trata de elegir un trabajo que se ajuste a tus creencias, no sólo a un sueldo.

Evaluación de fortalezas para adolescentes

La adolescencia es un torbellino de emociones, descubrimiento social y, lo que es más importante, averiguar quién eres y qué quieres ser. Este periodo es crucial para construir los cimientos de tu futura carrera, y comprender tus puntos fuertes es un poderoso paso en la dirección correcta. Las evaluaciones de los puntos fuertes son herramientas que proporcionan información valiosa sobre tus talentos naturales, tus motivaciones y lo que te hace funcionar.

¿Por qué son importantes las evaluaciones de fortalezas para los adolescentes?

Muchos adolescentes pasan años centrándose en sus debilidades, intentando "arreglar" lo que perciben como imperfecciones. Las evaluaciones de fortalezas ofrecen un refrescante cambio de perspectiva. Te ayudan a:

- **Identificar los talentos naturales:** Todo el mundo tiene habilidades y capacidades únicas que le salen de forma natural. Estos puntos fuertes constituyen la piedra angular del éxito y la realización en tu carrera. Las evaluaciones de fortalezas te ayudan a descubrir estos talentos innatos, capacitándote para desarrollarlos.

- **Aumentar la confianza:** Comprender tus puntos fuertes es una gran inyección de confianza. Cuando reconoces tus habilidades naturales, fomentas la confianza en ti mismo y te animas a perseguir tus objetivos con mayor entusiasmo.

- **Explorar trayectorias profesionales:** Las evaluaciones de puntos fuertes son una valiosa herramienta para explorar carreras profesionales. Al identificar tus puntos fuertes, obtienes información sobre posibles trayectorias profesionales que se ajusten a tus talentos e intereses naturales. Esto reduce tus opciones y te ahorra tiempo y energía a largo plazo.

- **Desarrollar una mentalidad de crecimiento:** Las evaluaciones de puntos fuertes ponen de relieve las áreas en las que destacas, pero también señalan las oportunidades de crecimiento. Este conocimiento te capacita para desarrollar una mentalidad de crecimiento, animándote a aprender y desarrollar nuevas habilidades al tiempo que aprovechas tus puntos fuertes actuales.

Aspectos a tener en cuenta al elegir una evaluación de fortalezas

- **Adecuación a la edad:** Asegúrate de que la evaluación está diseñada para adolescentes y utiliza un lenguaje y unos conceptos que resuenen en tu grupo de edad.

- **Enfoque:** Algunas evaluaciones se centran únicamente en identificar los puntos fuertes, mientras que otras pueden explorar también rasgos de personalidad o intereses. Elige una que se ajuste a tus objetivos.

- **Método de administración:** Muchas evaluaciones están disponibles en línea, mientras que otras pueden requerir una administración en persona. Elige un formato que te resulte cómodo y accesible.

- **Coste:** Algunas evaluaciones son gratuitas, mientras que otras pueden requerir una cuota de suscripción. Ten en cuenta tu presupuesto a la hora de elegir.

Más allá de la evaluación: Poner en práctica tus puntos fuertes

La evaluación de fortalezas es sólo el primer paso. Una vez que identifiques tus puntos fuertes, esto es lo que puedes hacer:

- **Investigar carreras profesionales:** Explora trayectorias profesionales que se alineen con tus puntos fuertes identificados. Muchos recursos en línea pueden ayudarte a encontrar carreras que se ajusten a tu conjunto único de habilidades.

- **Buscar oportunidades:** Busca oportunidades para mostrar tus puntos fuertes. El trabajo voluntario, las actividades extraescolares o incluso los trabajos a tiempo parcial pueden ofrecer plataformas para utilizar y desarrollar tus puntos fuertes.

- **Establecer objetivos basados en tus fortalezas:** En lugar de centrarte en superar los puntos débiles, establece objetivos que potencien tus puntos fuertes. Por ejemplo, si tienes grandes dotes de comunicación, podrías fijarte el objetivo de dirigir una presentación en clase o unirte al equipo de debate.

Las evaluaciones de fortalezas no consisten en etiquetarte o limitarte. Son herramientas valiosas para el autodescubrimiento que te capacitan para abrazar tus talentos únicos y trazar un rumbo satisfactorio para tu futuro. Así que da el salto, explora tus puntos fuertes y libera tu potencial.

Alinear tus pasiones con tu camino

El autodescubrimiento no es sólo un concepto teórico. Es una poderosa herramienta que ha ayudado a innumerables personas a abrir caminos profesionales llenos de satisfacción y éxito. Ha llegado el momento de conocer a algunas personas inspiradoras que aprovecharon el autoconocimiento para construir carreras satisfactorias:

1. La tímida programadora que se convirtió en estrella de la tecnología.

- **Nombre:** Sarah Jones

- **Trayectoria original:** Sarah empezó la universidad en premedicina, siguiendo los pasos de su familia. Sin embargo, se sintió abrumada por los aspectos sociales y la necesidad de hablar en público.

- **Momento de autodescubrimiento:** Sarah se dio cuenta de que prosperaba en las comunidades en línea y de que le encantaba resolver problemas de forma lógica. La introspección la llevó a tomar una clase introductoria de codificación, donde descubrió su pasión por la programación.

- **Cambio de carrera:** Sarah cambió de carrera a informática. Su autoconocimiento de su naturaleza introvertida le ayudó a encontrar un campo en el que podía destacar sin necesidad de una interacción social constante. Hoy es una ingeniera de *software* muy respetada en una empresa tecnológica puntera, conocida por sus innovadoras soluciones de codificación.

2. De promotor de fiestas a defensor con propósito.

- **Nombre:** David Lee

- **Trayectoria original:** David prosperó al principio de su carrera como promotor de fiestas. Le encantaba la energía y la interacción social, pero al cabo de un tiempo sintió una falta de propósito.

- **Momento de autodescubrimiento:** David se sometió a una evaluación de personalidad que reveló su fuerte sentido de la empatía y su deseo de tener un impacto positivo. Trabajó como voluntario en una organización medioambiental local y descubrió su pasión por la sostenibilidad.

- **Cambio de carrera:** David utilizó sus habilidades de planificación de eventos para organizar festivales y campañas ecológicas. Su autoconciencia sobre sus valores le llevó a una carrera que combinaba sus habilidades sociales con una causa en la que realmente creía. Hoy es el fundador de una organización sin ánimo de lucro que promueve prácticas sostenibles.

3. La profesora que se convirtió en gurú de la tecnología.

- **Nombre:** María Rodríguez

- **Trayectoria original:** A María le encantaba enseñar, pero se sentía frustrada por las limitaciones del aprendizaje tradicional en el aula.

- **Momento de autodescubrimiento:** María se dio cuenta de que su punto fuerte era explicar de forma atractiva conceptos complejos. También descubrió su pasión por la tecnología y su potencial para mejorar la educación.

- **Cambio de carrera:** María hizo cursos en línea de tecnología educativa y empezó a crear módulos de aprendizaje interactivos. Su autoconocimiento sobre sus habilidades comunicativas y su amor por la tecnología la llevaron a un nuevo puesto como desarrolladora de planes de estudios para una plataforma líder de aprendizaje electrónico. Hoy ayuda a crear contenidos educativos atractivos que llegan a estudiantes de todo el mundo.

Éstos son sólo algunos ejemplos de autoconocimiento que conducen a una carrera profesional satisfactoria. Comprender tus puntos fuertes, tus debilidades y tus valores te ayuda a tomar decisiones informadas sobre tu trayectoria profesional y a encontrar un trabajo que te aporte éxito y satisfacción.

Aficiones y pasiones

¿Te has preguntado alguna vez si tu afición por construir maquetas de Lego o tu obsesión por hornear postres elaborados podrían ser la clave de la carrera de tus sueños? La respuesta es sí. Las aficiones y las actividades extraescolares son mapas del tesoro ocultos, que revelan atisbos de tus intereses, habilidades y posibles trayectorias profesionales.

Desenterrar las pistas

Piensa en las actividades que te aportan alegría y una sensación de logro fuera de la escuela. He aquí cómo pueden ser pistas para tu carrera:

- **El rincón de la creatividad:** ¿Te gusta escribir historias, pintar o tocar música? Estas aficiones revelan tu creatividad, tu capacidad para resolver problemas y tu habilidad para pensar con originalidad. Explora carreras en diseño gráfico, publicidad, redacción o incluso ingeniería, donde se necesitan soluciones creativas.

- **La mariposa social:** ¿Eres el alma de la fiesta, organizas eventos o eres voluntario en tu comunidad? Estas actividades ponen de manifiesto tus habilidades de comunicación, trabajo en equipo y liderazgo. Busca carreras en la enseñanza, el trabajo social, la organización de eventos o las relaciones públicas, donde estas habilidades son esenciales.

- **La mente maestra:** ¿Te pasas horas construyendo robots, jugando con la electrónica o programando videojuegos? Estas aficiones ponen de relieve tu pensamiento analítico, tu capacidad para resolver problemas y tu aptitud técnica. Considera las carreras de ingeniería, informática, análisis de datos o cualquier campo que requiera un don para comprender sistemas complejos.

- **El detective del detalle:** ¿Organizas meticulosamente tu habitación, analizas minuciosamente acontecimientos históricos o disfrutas jugando a juegos de mesa estratégicos? Estas actividades ponen de manifiesto tu amor por los detalles, tu capacidad de investigación y tu pensamiento estratégico. Explora carreras en contabilidad, investigación, derecho o cualquier campo que requiera precisión y un buen ojo para los detalles.

La reflexión es la clave

Ahora, es el momento de ponerse personal. Tómate un momento para reflexionar sobre tus aficiones y pasiones. Aquí tienes algunas pistas para empezar:

- ¿Qué actividades me hacen perder la noción del tiempo?
- ¿Qué habilidades utilizo de forma natural al dedicarme a estas aficiones?
- ¿Qué tipo de problemas me gusta resolver a través de mis aficiones?
- ¿Existen carreras que impliquen habilidades o enfoques de resolución de problemas similares?

No hay una única respuesta "correcta" cuando se trata de aficiones y carreras. La clave es tener la mente abierta y explorar las posibilidades. Puede que te sorprenda que tus actividades favoritas puedan traducirse en una trayectoria profesional satisfactoria y de éxito. Así que, sigue explorando, sigue creando y permanece atento a las direcciones profesionales ocultas dentro de tus pasiones.

Actividad: La lista de inventario personal

Cuando preparas una mochila para una aventura en la naturaleza, no metes objetos al azar, ¿verdad? Considerarías cuidadosamente qué artículos necesitas para navegar por el terreno, qué suministros son necesarios para alimentar tu viaje, y empacarías una brújula para guiar tu dirección.

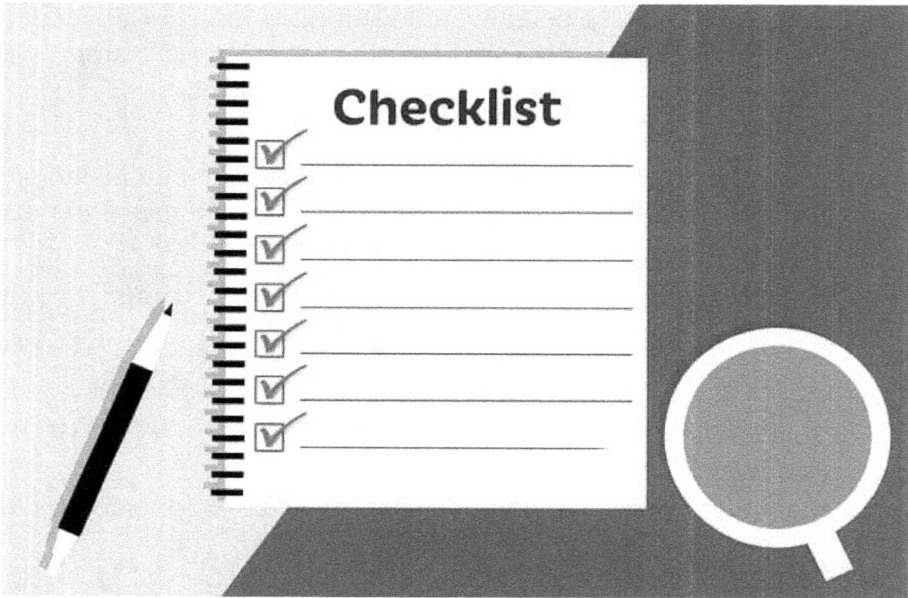

Antes de buscar trabajos concretos, tienes que crear una lista de inventario personal [2]

Trazar tu trayectoria profesional requiere un planteamiento similar. Antes de investigar empleos concretos, tienes que crear una lista de inventario personal. Al igual que tu mochila para la aventura, esta lista contiene los ingredientes clave para el éxito de tu carrera, incluidas tus habilidades, intereses y valores.

He aquí cómo crear tu lista de inventario personal:

1. Habilidades

   o **Habilidades académicas:** Enumera tus puntos fuertes en materias básicas como matemáticas, ciencias, lengua e historia. No te olvides de las lenguas extranjeras o los cursos especializados que demuestren tu destreza académica.

- o **Habilidades sociales:** Piensa en tu capacidad para trabajar en equipo, comunicarte eficazmente, dirigir a otros o resolver conflictos. Considera las experiencias que te llevaron a aprender estas habilidades sociales, como los deportes de equipo, los proyectos de grupo o el trabajo voluntario.

- o **Habilidades técnicas:** ¿Eres hábil con los ordenadores, las redes sociales o el *software* de diseño? Quizá seas hábil con las herramientas o tengas un don para arreglar aparatos electrónicos. Enumera todas las habilidades técnicas que poseas, por muy específicas que sean.

2. Intereses

- o **Aficiones y pasiones:** ¿Qué haces en tu tiempo libre? ¿Te gustan las actividades creativas como escribir, dibujar o tocar música? Quizá te fascina la ciencia y te encanta hacer experimentos. Enumera tus aficiones y pasiones, ya que son indicadores valiosos de tus intereses más profundos.

3. Valores

- o **Lo más importante:** Imagina tu entorno de trabajo ideal. ¿Cómo es ese entorno y qué estarías haciendo? ¿Se trata de estabilidad, creatividad, innovación o de influir positivamente en el mundo? Enumera los valores que son importantes para ti en una carrera profesional. Éstos te guiarán hacia oportunidades que resuenen con tus creencias básicas.

Aquí tienes algunos consejos para crear tu lista de inventario personal:

- • **Lluvia de ideas:** No te contengas. Escribe todo lo que se te ocurra, por insignificante que parezca.

- • **Sé específico:** En lugar de limitarte a enumerar "habilidades de comunicación", detalla tus puntos fuertes: ¿hablar en público, escuchar activamente o la comunicación escrita?

- • **Busca opiniones:** Pregunta a tus profesores, mentores o incluso a tus amigos y familiares en qué creen que eres bueno. A veces, los demás ven cosas en ti que tú puedes haber pasado por alto.

Al crear una lista de inventario personal, estás construyendo un mapa de tus talentos y aspiraciones. Este mapa te guiará mientras exploras diferentes trayectorias profesionales y, en última instancia, te ayudará a conseguir un trabajo satisfactorio y de éxito que realmente te guste.

Actividad: Un día en el trabajo soñado

¿Te has preguntado alguna vez cómo es un día normal de alguien que trabaja en la profesión de tus sueños? Seguro que has visto destellos en programas de televisión o películas, pero ¿cómo es en realidad? Esta actividad te llevará entre bastidores y te dará una idea de lo que podría suponer el trabajo de tus sueños.

1. **Elige tu aventura**

   Piensa en tu lista de inventario personal y en los intereses que identificaste. ¿Hay algún campo concreto que despierte tu curiosidad? Quizá te fascinan los animales y sueñas con ser veterinario. Tal vez tengas facilidad para los idiomas y te imagines como traductor. Sea cual sea tu interés, elige un campo profesional que te encantaría explorar más a fondo.

2. **Tiempo de investigación**

   Ha llegado el momento de convertirte en un detective profesional. Coge tu portátil o tableta y emprende una misión de investigación. Aquí tienes algunos recursos para empezar:

   o **Sitios web sobre carreras profesionales:** Explora los sitios web de información profesional gestionados por el gobierno o los de bolsas de trabajo acreditadas. Estos sitios web suelen describir varias profesiones, incluidas las tareas laborales típicas, los requisitos de formación y los rangos salariales.

   o **Organizaciones profesionales:** Muchas organizaciones tienen sitios web que ofrecen información sobre su campo. Estos sitios web pueden incluso incluir entradas de blog o artículos escritos por profesionales, lo que te permite echar un vistazo a sus rutinas diarias.

   o **Entrevistas informativas:** Esto requiere un poco más de esfuerzo, pero es increíblemente valioso. Ponte en contacto con alguien de tu especialidad, quizá un amigo de la familia o un profesional local. Pregúntale si estaría dispuesto a hablar de su trayectoria profesional y de una jornada laboral típica.

3. Conviértete en narrador

Basándote en tu investigación, escribe una descripción detallada de un día típico en la vida de un profesional del campo que hayas elegido. Aquí tienes algunas pistas para guiarte:

- o ¿A qué hora empieza su jornada?
- o ¿Cómo es su entorno de trabajo? (Entorno de oficina, hospital, laboratorio, etc.)
- o ¿Cuáles son sus principales tareas y responsabilidades?
- o ¿Trabaja de forma independiente o en equipo?
- o ¿Hay algún reto inesperado o alguna sorpresa a la que pueda enfrentarse?

4. Visualiza y reflexiona

Ahora, tómate un momento para cerrar los ojos y visualizarte experimentando un día en esta carrera. ¿Qué sientes? ¿Es emocionante o parece un poco tedioso?

He aquí algunas preguntas para reflexionar:

- ¿Coincide con tus intereses y valores?
- ¿Te sientes cómodo con el entorno de trabajo y las tareas diarias?
- ¿Tiene esta trayectoria profesional el crecimiento y los retos que buscas?

No hay respuestas correctas o incorrectas. El objetivo de esta actividad es conocer en profundidad el campo que has elegido y explorar si te parece correcto y es donde quieres estar.

Un viaje, no un destino

Con este capítulo, has dado un paso de gigante en tu apasionante viaje profesional. Has explorado tus puntos fuertes, pasiones y valores, has creado una hoja de ruta con tu lista de inventario personal e incluso has echado un vistazo a un día en la vida del trabajo de tus sueños. Y ahora, ¿qué?

Lo bonito de este viaje es que no es una carrera hacia una línea de meta, sino una exploración de tu potencial a lo largo de toda la vida. El autodescubrimiento en el que te has embarcado es un proceso continuo. A medida que aprendas cosas nuevas, experimentes nuevos retos y crezcas, tu autoconocimiento también evolucionará inevitablemente. No te sorprendas si tu "trabajo soñado" cambia y se transforma por el camino. Eso es perfectamente normal.

Utiliza las actividades de este capítulo para profundizar en tus intereses, ponerte en contacto con profesionales de campos que despierten tu curiosidad, e incluso hacer voluntariado o prácticas para adquirir experiencia de primera mano. Con cada paso que des, perfeccionarás tus habilidades, aumentarás tu base de conocimientos y estarás más cerca de trazar una trayectoria profesional que sea exclusivamente tuya.

Capítulo 2: Navegar por el mundo de las profesiones para adolescentes

Cuando te imaginas dentro de 10 años, ¿estás salvando vidas como médico, componiendo música para películas o diseñando la próxima generación de teléfonos inteligentes? La verdad es que las posibilidades son infinitas. El abanico de profesiones es un paisaje vasto y apasionante, lleno de carreras establecidas que evolucionan constantemente junto con la tecnología y los cambios sociales. Este capítulo es tu plataforma de lanzamiento para explorar este dinámico paisaje.

Descubrirás una gran variedad de industrias, que abarcan desde los trillados caminos del derecho y la medicina hasta los campos de vanguardia de la inteligencia artificial y las energías renovables. Descubrirás un caleidoscopio de oportunidades profesionales dentro de cada industria a través de atractivas infografías y gráficos. Prepárate para ser testigo de la fascinante evolución de las profesiones, en la que surgen nuevas vías laborales junto a un mundo en constante cambio.

La evolución del mercado laboral

El paisaje laboral está experimentando una transformación drástica [s]

El panorama laboral está experimentando una transformación espectacular. El mercado laboral ya no es un lugar de funciones estáticas, sino que está en constante cambio, impulsado por una poderosa combinación de avances tecnológicos y cambios sociales. He aquí una mirada más profunda a estas fuerzas motrices:

- **Automatización en auge:** Los robots ya no se limitan a la ciencia ficción. Están invadiendo fábricas, almacenes e incluso centros de atención al cliente, automatizando tareas repetitivas en diversos sectores. Aunque algunos empleos, sobre todo los que implican trabajo manual o procesamiento de datos, pueden quedar obsoletos, están surgiendo nuevas oportunidades. La necesidad de profesionales cualificados para diseñar, mantener y supervisar estos sistemas automatizados es más fuerte que nunca.

- **La tecnología revoluciona las industrias:** La inteligencia artificial, los macrodatos y la computación en la nube son sólo algunos ejemplos de cómo la tecnología está revolucionando las industrias. Desde el diagnóstico médico al *marketing* personalizado, estas innovaciones están transformando el funcionamiento de las empresas. Esto crea una demanda creciente de profesionales cualificados que desarrollen, gestionen y utilicen estas herramientas de vanguardia. Científicos de datos, expertos en ciberseguridad y desarrolladores de *software* son sólo algunos ejemplos de las funciones más demandadas que han nacido de esta revolución tecnológica.

- **Los cambios demográficos reconfiguran el lugar de trabajo:** La población mundial está envejeciendo, y los sectores de la atención médica y el cuidado de ancianos están creciendo de forma espectacular. Con el aumento de la esperanza de vida, se espera que la necesidad de enfermeros, especialistas en geriatría y asistentes de salud a domicilio aumente significativamente. Otro cambio demográfico a tener en cuenta es el auge de la economía colaborativa y las opciones de trabajo a distancia. Estas modalidades de trabajo flexible responden a las necesidades cambiantes de una mano de obra diversa, incluidos los *millennials* que buscan el equilibrio entre vida laboral y familiar y los padres que hacen malabarismos con las responsabilidades del cuidado de los hijos.

- **La sostenibilidad impulsa los empleos verdes:** Las preocupaciones medioambientales ya no están en un segundo plano. Con el cambio climático como problema acuciante y real, la sostenibilidad se ha convertido en una prioridad absoluta. Está dando lugar a una oleada de nuevos "empleos verdes" en energías renovables, protección del medio ambiente y gestión de recursos. Técnicos de aerogeneradores, instaladores de paneles solares y asesores de sostenibilidad son sólo algunos ejemplos de funciones emergentes en este campo en expansión.

Esta evolución constante del mercado laboral presenta tanto retos como posibilidades apasionantes. Mientras que algunos empleos pueden quedar obsoletos, surgen continuamente nuevas oportunidades. ¿Cuál es la clave? *Tu trayectoria profesional no tiene por qué estar grabada en piedra.* Si te mantienes adaptable y aprendes nuevas habilidades, podrás navegar por el panorama cambiante y prosperar en el apasionante mercado laboral.

Un vistazo a las industrias

El mercado laboral está repleto de innumerables industrias, cada una de las cuales ofrece un espectro de posibilidades profesionales. He aquí un rápido vistazo a las industrias tradicionales y emergentes:

Potencias tradicionales

- **Medicina y atención a la salud:** Esta industria siempre verde está formada por médicos, enfermeros, terapeutas y un amplio abanico de especialistas. Desde el tratamiento de enfermedades hasta la investigación y el desarrollo de tecnologías médicas de vanguardia, la atención médica ofrece multitud de caminos a los apasionados de la salud y el bienestar. Considera los puestos en tecnología de imagen médica, asesoramiento genético o prótesis y órtesis para vislumbrar las especialidades en constante evolución del sector.

- **Derecho y servicio público:** Salvaguardar la justicia y servir a la comunidad son las piedras angulares de este sector. Abogados, jueces, asistentes jurídicos, policías, bomberos y trabajadores sociales son sólo algunas de las funciones que contribuyen al buen funcionamiento de la sociedad. No olvides a los actores cruciales que actúan entre bastidores, como los taquígrafos judiciales, los científicos forenses y los analistas de políticas públicas, que hacen girar el engranaje de la justicia.

- **Negocios y finanzas:** Esta dinámica industria es la columna vertebral de la economía mundial. Contables, analistas financieros, especialistas en *marketing*, empresarios y profesionales de recursos humanos son cruciales para impulsar el crecimiento y la innovación empresarial. Sin embargo, las oportunidades empresariales van mucho más allá de las oficinas corporativas. Explora las oportunidades en gestión de la cadena de suministro, logística, comercio internacional o incluso planificación de eventos para descubrir las diversas facetas de este sector.

- **La educación:** Los educadores son los arquitectos del futuro, moldeando las mentes jóvenes y fomentando el amor por el aprendizaje. Maestros, profesores, orientadores y desarrolladores de planes de estudios, todos contribuyen al campo esencial de la educación. Mira más allá del aula tradicional y considera las funciones en tecnología educativa, diseño instructivo o incluso campos especializados como la educación infantil o los programas de alfabetización de adultos.

Fronteras emergentes

- **Tecnología e innovación:** Este sector en rápida evolución está a la vanguardia del progreso. Desarrolladores de *software*, científicos de datos, expertos en ciberseguridad y especialistas en inteligencia artificial son sólo algunos de los profesionales muy demandados que impulsan la revolución tecnológica. El dominio de la tecnología se expande mucho más allá de la codificación. Explora oportunidades en diseño de experiencia de usuario (UX, del inglés *User Experience*), desarrollo de realidad virtual o incluso el fascinante campo de la robótica para encontrar tu nicho en este campo en constante crecimiento.

- **Energía renovable y sostenibilidad:** Con una atención cada vez mayor a la responsabilidad medioambiental, el sector de las energías limpias está en auge. Los técnicos de aerogeneradores, los instaladores de paneles solares y los consultores de sostenibilidad están allanando el camino hacia un futuro más verde. La sostenibilidad es mucho más que la producción de energía. Considera las carreras de derecho medioambiental, urbanismo o incluso biología de la conservación para influir positivamente en el planeta.

- **Industrias creativas:** Desde diseñadores gráficos y animadores hasta cineastas y músicos, las industrias creativas ofrecen una plataforma para la autoexpresión y la narración de historias. Con el auge de los medios digitales, están surgiendo nuevas oportunidades para los creadores de contenidos y los expertos en las redes sociales. El panorama creativo también incluye arquitectos, diseñadores de moda e incluso desarrolladores de juegos, lo que ofrece un abanico de caminos para quienes tienen talento artístico y pasión por la innovación.

Este vistazo a las industrias es sólo un punto de partida. Dentro de cada sector hay una constelación de funciones especializadas y apasionantes trayectorias profesionales que explorar.

La evolución de las carreras profesionales

Una vez más, el mercado laboral actual ya no se compone de funciones estáticas y bien definidas. Las carreras existentes se están transformando para adaptarse a los avances tecnológicos y al cambio social, al tiempo que surgen nuevas vías de empleo. He aquí una inmersión más profunda en esta fascinante danza entre cambio y oportunidad:

La automatización reconfigura las funciones

- **De las líneas de montaje a los especialistas en automatización:** Los robots están asumiendo tareas repetitivas en diversos sectores. Mientras que los trabajadores de las fábricas que ensamblan coches pueden enfrentarse al desplazamiento de puestos de trabajo, surgen nuevas oportunidades. La necesidad de profesionales cualificados para diseñar, mantener y supervisar estos sistemas automatizados es más fuerte que nunca. Especialistas en automatización, ingenieros en robótica y programadores industriales son sólo algunas de las funciones que nacen de este cambio.

- **De empleados de entrada de datos a analistas de datos:** El auge de los macrodatos ha transformado la forma en que las empresas recopilan y analizan la información. Aunque la demanda de los tradicionales empleados de entrada de datos puede disminuir, la necesidad de analistas de datos que puedan interpretar y traducir esta enorme cantidad de información es crucial. Estos magos de los datos utilizan sus habilidades para identificar tendencias, resolver problemas y fundamentar las decisiones empresariales.

El trabajo a distancia revoluciona las oportunidades

- **De los cubículos a las cafeterías:** El auge de la computación en nube y la tecnología de videoconferencia ha facilitado el crecimiento de las oportunidades de trabajo a distancia. Este cambio permite a personas como programadores, escritores y diseñadores gráficos trabajar desde cualquier lugar con conexión a Internet. Esta flexibilidad fomenta un mejor equilibrio entre la vida laboral y personal, y satisface las necesidades de una mano de obra diversa, incluidos los que buscan libertad geográfica o hacen malabarismos con las responsabilidades del cuidado de los hijos.

Nuevas habilidades para una nueva era

- **La clave es el aprendizaje permanente:** El rápido ritmo de cambio del mercado laboral exige un compromiso de aprendizaje permanente. Desarrollar nuevas habilidades a través de cursos en línea, certificaciones profesionales o talleres te mantiene adaptable y competitivo en el panorama laboral en constante evolución. Aprovecha la oportunidad de ampliar tus conocimientos y explorar nuevas áreas de especialización.

El auge de los nichos de mercado

- **La especialización es lo más importante:** A medida que la tecnología y las industrias se hacen cada vez más complejas, aumenta la demanda de funciones especializadas. Por ejemplo, dentro del sector de la salud, un médico especializado en cirugía robótica atiende una necesidad específica en comparación con un médico generalista. Del mismo modo, un experto en ciberseguridad centrado en la protección de instituciones financieras posee un conjunto de habilidades específicas en comparación con otro especializado en seguridad de redes. Te convertirás en un activo valioso en un mercado laboral competitivo si mejoras constantemente tus conocimientos en un área especializada.

El futuro es un trabajo en curso

La evolución de las carreras profesionales es continua. Mientras algunas funciones existentes se quedan obsoletas, surgirán innumerables oportunidades nuevas para llenar los vacíos creados por los avances tecnológicos. Acepta el cambio, cultiva una mentalidad de crecimiento y desarrolla continuamente tus habilidades para navegar por oportunidades profesionales emocionantes y en constante evolución.

Actividad: Proyecto de exploración profesional

¿Te has preguntado alguna vez qué hace falta para ser biólogo marino, diseñador de moda o incluso astronauta? Esta es tu oportunidad de descubrir opciones profesionales que despierten tu curiosidad.

Objetivo de la misión: Investiga una carrera que despierte tu interés y crea una presentación convincente que muestre tus hallazgos.

Tu lista de exploración

1. **Elige el trabajo de tus sueños:** Escribe una profesión que despierte tu imaginación. ¿Es un campo por el que siempre has sentido curiosidad, o quizá uno que encaje con tus aficiones e intereses?

2. **Investiga y analiza:** Es hora de convertirse en un detective profesional. Utiliza recursos fiables en Internet, bibliotecas escolares o entrevista a profesionales del campo que hayas elegido. He aquí algunas áreas clave que debes investigar:

   o **Requisitos educativos:** ¿Qué nivel de estudios (título de secundaria, título universitario, certificaciones específicas) se requiere normalmente para esta carrera? ¿Hay algún programa de formación especializada o aprendizaje que debas tener en cuenta?

   o **Habilidades esenciales:** ¿Qué habilidades y capacidades son cruciales para tener éxito en este campo? ¿Requiere grandes conocimientos matemáticos, una capacidad de comunicación excepcional o quizás una vena creativa?

   o **Entorno de trabajo:** ¿Cómo es tu jornada laboral típica? ¿Trabajarás en una oficina, en un laboratorio, al aire libre, o quizás incluso viajando por el mundo? Comprender el entorno de trabajo te ayudará a evaluar si se ajusta a tus preferencias.

   o **Escala salarial:** Aunque no es la única motivación, es bueno tener una idea realista del rango salarial típico de esta carrera. Ten en cuenta factores como el nivel de experiencia y la ubicación geográfica cuando investigues los salarios.

   o **Perspectivas de futuro:** ¿Se trata de un campo en crecimiento con amplias oportunidades de empleo? Comprender las perspectivas laborales puede ayudarte a tomar decisiones informadas sobre tu trayectoria profesional.

3. **Elabora tu presentación, ¡para ti!** Una vez que hayas reunido información, ¡es hora de juntarlo todo! Crea una presentación utilizando elementos visuales como imágenes, gráficos o incluso videoclips cortos (piensa en entrevistas con profesionales del sector). Aquí tienes una estructura sugerida:

   o **Introducción:** Preséntate brevemente a ti mismo y a la carrera que has decidido explorar.

   o **Objetivo de la misión:** Explica qué pretendías aprender con tu investigación.

   o **Conclusiones:** Presenta tu investigación de forma clara y organizada, destacando aspectos críticos como los requisitos educativos, las habilidades esenciales y el entorno laboral.

   o **Misión cumplida:** Resume los puntos clave y explica por qué te interesa esta carrera. ¿Te ves siguiendo este camino en el futuro?

Puede que te estés preguntando cuál es el beneficio de tomarse tantas molestias. La respuesta es sencilla: has invertido tu tiempo en crear algo. Al hacerlo, recopilarás mucha información sobre lo que te inspira, lo que no, y qué direcciones te llaman más la atención. Este ejercicio te descubrirá cosas inesperadas.

Misión extra: ¿Te sientes especialmente entusiasmado? Comparte tu presentación con tus compañeros de clase o preséntala a un orientador profesional para que te dé su opinión. No hay respuestas incorrectas en esta exploración. Acepta el viaje de descubrimiento y diviértete aprendiendo sobre las apasionantes opciones profesionales.

Actividad: El juego de encontrar la profesión adecuada

¿Te has preguntado alguna vez qué tipo de carrera se adapta mejor a tu personalidad, intereses y valores? Esta actividad es tu brújula profesional, que te ayudará a navegar hacia nuevas y apasionantes posibilidades.

Esta actividad es la brújula de tu carrera, que te ayuda a navegar hacia nuevas y excitantes posibilidades ‘

El reto de la compatibilidad

A continuación encontrarás una serie de preguntas diseñadas para suscitar la autorreflexión. Lee atentamente cada pregunta y responde con sinceridad. En función de tus respuestas, explora las trayectorias profesionales sugeridas y comprueba si alguna despierta tu curiosidad.

Desenterrar tus pasiones

1. ¿Cuáles son tus aficiones e intereses? ¿Te gusta trabajar con las manos, resolver problemas o expresarte creativamente?

   o **Construir y crear:** Ingeniería, carpintería, arquitectura, diseño de Moda.

   o **Resolución y análisis de problemas:** Ciencia de datos, contabilidad, aplicación de la ley, desarrollo de *software.*

   o **Creatividad y autoexpresión:** Diseño gráfico, producción musical, escritura, planificación de eventos.

2. Imagina tu entorno de trabajo ideal. ¿Te desenvuelves bien en un entorno de equipo de ritmo rápido, prefieres el trabajo solitario o disfrutas interactuando con la gente regularmente?

   o **Trabajador en equipo:** *Marketing*, enfermería, enseñanza, gestión de proyectos.

   o **Trabajador independiente:** Desarrollador web, escritor, editor, diseñador gráfico.

   o **Persona sociable:** Representante de atención al cliente, trabajador social, planificador de eventos, relaciones públicas.

3. ¿Cuáles son tus valores fundamentales? ¿Ayudar a los demás es importante para ti, o priorizas la estabilidad y la seguridad? Quizá valores la innovación y un entorno de trabajo dinámico.

   o **Ayudar a los demás:** Trabajador social, terapeuta, médico, profesor

   o **Estabilidad y seguridad:** Contabilidad, actuario, recursos humanos, ingeniería

   o **Innovación y cambio:** Empresario, especialista en *marketing*, desarrollador de *software*, científico de datos

Estos son sólo algunos ejemplos. Hay innumerables trayectorias profesionales que encajan con tu personalidad. Utiliza esta actividad como trampolín para seguir explorando.

Desafío extra

Investiga una trayectoria profesional que haya destacado basándote en el juego de compatibilidad. Sigue los pasos descritos en el "proyecto de exploración profesional" para profundizar en este descubrimiento.

El poder de la exploración

La belleza de explorar carreras radica en la emoción de lo inesperado. No te limites a los caminos conocidos. Sumérgete en campos que quizá no habías considerado antes. Puede que descubras una pasión oculta.

- **Las carreras profesionales son un viaje, no un destino:** Elegir una trayectoria profesional no tiene por qué ser una decisión permanente grabada en piedra. Aprovecha la oportunidad de explorar distintas opciones, aprender nuevas habilidades y adaptar tu trayectoria a medida que creces y evolucionas.

- **Abraza el futuro:** Las oportunidades laborales están en constante cambio, y con ello surgen continuamente nuevas y apasionantes trayectorias profesionales. Las posibilidades son infinitas, desde los avances en inteligencia artificial hasta los grandes progresos en energías renovables. Mantén la curiosidad y la mente abierta, y puede que te encuentres en la vanguardia de un nuevo campo profesional innovador.

- **El poder de elegir está en tus manos:** ¿La lección más empoderadora de este capítulo? Tú tienes el poder de forjar el destino de tu carrera. Las herramientas y recursos proporcionados en este capítulo son tu plataforma de lanzamiento. Utilízalos para explorar, investigar y descubrir lo que realmente enciende tu pasión.

Llamada a la acción

No dejes que esta exploración se detenga aquí. Aquí tienes algunas formas de seguir explorando:

- **Sumérgete en los sitios web sobre carreras profesionales:** Numerosos recursos en línea ofrecen información detallada, incluidos los requisitos educativos, los rangos salariales y las perspectivas laborales.

- **Acompaña a un profesional:** Experimenta un día en la vida de alguien de tu campo de interés. El seguimiento profesional proporciona una visión inestimable de la realidad diaria de una carrera concreta.

- **Realiza entrevistas informativas:** Ponte en contacto con profesionales de carreras que te resulten interesantes. Hazles preguntas sobre su trabajo, su camino hacia el éxito y cualquier consejo que puedan ofrecer a los aspirantes.

Este capítulo ha abierto la puerta a innumerables posibilidades. Ahora te toca a ti atravesarlas y explorarlas. Utiliza las herramientas y recursos proporcionados para profundizar en apasionantes opciones profesionales. Con pasión y perseverancia, triunfarás en cualquier campo que te propongas. El futuro pertenece a quienes se atreven a soñar, así que empieza a explorar y prepárate para dejar tu huella en el mundo.

Capítulo 3: Personalidad y carrera profesional

¿Recuerdas a Carol, la chica callada de tu clase de inglés que siempre garabateaba criaturas fantásticas en los márgenes de sus cuadernos? Aunque todo el mundo daba por sentado que se convertiría en contable como su padre, el corazón de Carol pertenecía al arte. Pasan unos años y, ¿adivina qué? Carol es la prometedora ilustradora de una popular serie de libros infantiles, y sus caprichosas criaturas cautivan a jóvenes lectores de todo el mundo.

Por otro lado, está Michael, el alma de la fiesta, que seduce a cualquiera con una conversación. Aunque sus padres le imaginaban como abogado, Michael prosperaba en entornos sociales. Hoy es uno de los mejores vendedores de una empresa tecnológica, y su contagioso entusiasmo le hace ganarse a los clientes, superando los objetivos de ventas cada trimestre.

¿Qué tienen en común Carol y Michael? Ambos descubrieron carreras que encajaban perfectamente con sus personalidades. Igual que cuando encuentras la ropa perfecta o tu canción favorita, la profesión ideal está ahí fuera esperándote. Este capítulo explora esta apasionante conexión entre lo que eres y lo que haces.

Personalidad definida

¿Te has preguntado alguna vez por qué a algunas personas les encantan los entornos de trabajo social de ritmo rápido, mientras que otras destacan en funciones tranquilas y orientadas al detalle? La respuesta puede estar en algo llamado tipo de personalidad. Tu personalidad es una combinación de características que influyen en tus pensamientos, sentimientos y comportamiento. Comprender tu tipo de personalidad es una herramienta valiosa en tu viaje de exploración profesional. He aquí por qué:

- **El vínculo entre personalidad y satisfacción profesional:** Los distintos tipos de personalidad se sienten atraídos de forma natural por determinados entornos y actividades laborales. Por ejemplo, una persona extrovertida a la que le guste la interacción social puede sentirse realizada en un puesto de ventas, mientras que una persona introvertida que prefiera la soledad podría destacar en un puesto de investigación. Alineando tu personalidad con tu trayectoria profesional, es más probable que experimentes satisfacción y sensación de logro.

- **Aprovechar tus puntos fuertes:** Comprender tu tipo de personalidad te ayuda a identificar tus puntos fuertes naturales y tus áreas de desarrollo. ¿Eres una persona muy organizada y detallista? Estos puntos fuertes podrían traducirse bien en una carrera en contabilidad o ingeniería. Tal vez poseas unas habilidades comunicativas e interpersonales excepcionales. Estos activos podrían ser inestimables en la enseñanza, las relaciones públicas o el servicio al cliente.

- **Cómo encontrar tu entorno de trabajo ideal:** La personalidad también influye en tu elección del entorno de trabajo. ¿Anhelas un ambiente dinámico y acelerado, o funcionas mejor en un entorno estructurado y predecible? Algunos tipos de personalidad prosperan en entornos de colaboración en equipo, mientras que otros lo hacen en funciones independientes.

Tu personalidad es sólo una pieza del rompecabezas. Los intereses, valores y aptitudes también desempeñan un papel crucial en la satisfacción profesional. Sin embargo, comprender tu tipo de personalidad será una poderosa herramienta de autodescubrimiento, que te ayudará a navegar por el vasto mercado laboral y a encontrar una trayectoria profesional que se ajuste a tus puntos fuertes y preferencias.

Marcos populares

Las evaluaciones de la personalidad te proporcionan una amplia caja de herramientas para ayudarte a entenderte a ti mismo. Dos de los marcos más consolidados son el indicador Myers-Briggs (MBTI, por sus siglas en inglés) y el modelo de los cinco grandes rasgos de la personalidad, cada uno de los cuales proporciona valiosas ideas para navegar por la exploración de la carrera profesional y más allá.

Indicador Myers-Briggs (MBTI)

Esta metodología ampliamente reconocida clasifica a los individuos en 16 tipos de personalidad distintos, basándose en cuatro preferencias clave:

- **Extraversión (E) vs. Introversión (I):** Esta dimensión explora cómo obtienes y utilizas la energía. Los extrovertidos obtienen energía de la interacción social, mientras que los introvertidos encuentran consuelo en la reflexión tranquila.

- **Sensación (S) vs. Intuición (N):** Esta preferencia se centra en cómo reúnes la información. Las personas sensoriales favorecen los detalles concretos y las experiencias prácticas, mientras que las intuitivas gravitan hacia los conceptos abstractos y las posibilidades futuras.

- **Pensamiento (T) vs. Sentimiento (F):** Aquí, la atención se centra en la toma de decisiones. Los pensadores dan prioridad a la lógica y a los datos objetivos, mientras que las personas emocionales basan sus decisiones en emociones y valores.

- **Juicio (J) vs. Percepción (P):** Esta preferencia examina cómo enfocas la estructura y la planificación. Las personas que tienden al juicio se desenvuelven bien en un entorno organizado, mientras que los que tienden a la percepción disfrutan con la flexibilidad y la adaptabilidad.

Los 16 tipos de personalidad

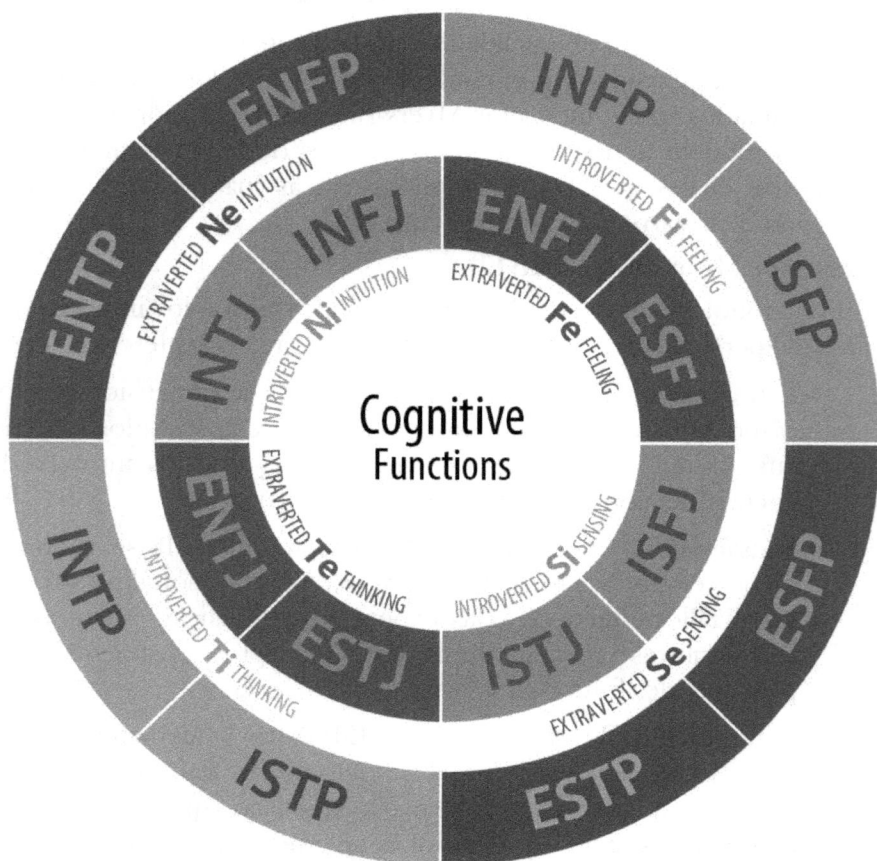

16 tipos de personalidad[*]

1. ISTJ (El logístico): Prácticos, detallistas y organizados. Destacan por seguir las normas y completar las tareas con eficacia.

2. ISTP (El virtuoso): Independientes, adaptables e ingeniosos, disfrutan con la resolución práctica de problemas y la experimentación.

3. ISFJ (El defensor): Leales, dedicados y solidarios, valoran la tradición y la armonía y se esfuerzan por crear una sensación de seguridad para sí mismos y para los demás.

4. ISFP (El aventurero): Flexibles, artísticos e independientes, disfrutan explorando nuevas experiencias y expresándose creativamente.

5. INFJ (El abogado): Idealistas, perspicaces y compasivos, les mueve el deseo de hacer del mundo un lugar mejor.

6. INTJ (El arquitecto): Estratégicos, creativos e independientes, disfrutan desarrollando soluciones innovadoras y abordando problemas complejos.

7. INFP (El mediador): Idealistas, creativos y empáticos, luchan por la armonía y encuentran sentido en ayudar a los demás.

8. INTP (El lógico): Analíticos, curiosos e innovadores, disfrutan explorando ideas y teorías y encontrando soluciones lógicas.

9. ESTP (El emprendedor): Enérgicos, adaptables y orientados a la acción, disfrutan asumiendo riesgos y encontrando oportunidades nuevas y emocionantes.

10. ESFP (El animador): Extrovertidos, entusiastas y encantadores, prosperan en la interacción social y en la creación de un ambiente divertido y atractivo.

11. ESFJ (El cónsul): Cálidos, solidarios y cooperativos, valoran la armonía y la conexión social y destacan en la construcción de relaciones.

12. ESTJ (El ejecutivo): Decisivos, eficientes y orientados a los resultados, son líderes naturales que disfrutan tomando las riendas y consiguiendo objetivos.

13. ENFP (El activista): Enérgicos, creativos y entusiastas, inspiran a los demás con su optimismo y pasión por las nuevas ideas.

14. ENTP (El innovador): De ingenio rápido, adaptables e ingeniosos, disfrutan discutiendo animadamente, aportando ideas y desafiando el statu quo.

15. ENFJ (El protagonista): Carismáticos, inspiradores y empáticos, son líderes naturales que motivan a los demás a trabajar por un objetivo común.

16. ENTJ (El comandante): Decisivos, estratégicos y visionarios, son líderes seguros de sí mismos que destacan en la planificación del panorama general y la obtención de resultados.

Éstas son sólo breves descripciones, ya que cada tipo tiene una mezcla particular de características. No te sorprendas si te identificas con aspectos de varios tipos. La belleza del MBTI reside en que te ayuda a comprender tus puntos fuertes y tus preferencias, lo que te permite orientar tu carrera y tu vida.

Comprender tu tipo MBTI (por ejemplo, ENFP e ISTJ) te permite conocer mejor tus puntos fuertes, tus puntos débiles y tu estilo de comunicación. Este conocimiento te ayudará en varios aspectos de la vida, incluida la elección de una carrera profesional satisfactoria. Visualízate en un papel que se ajuste a tu tipo MBTI. El entusiasmo y la creatividad de un ENFP podrían brillar en un puesto de *marketing*, mientras que el enfoque y la orientación al detalle de un ISTJ podrían encajar perfectamente en la ingeniería.

Los cinco grandes rasgos de personalidad

Este modelo adopta un enfoque más amplio, centrándose en cinco dimensiones básicas de la personalidad:

- **Apertura a la experiencia:** Esta característica refleja tu curiosidad intelectual, imaginación y disposición a aceptar nuevas experiencias. Los que obtienen puntuaciones altas pueden sentirse atraídos por carreras relacionadas con la investigación o la innovación, mientras que los que obtienen puntuaciones más bajas pueden preferir la rutina y la previsibilidad.

- **Escrupulosidad:** Esta dimensión engloba tu organización, disciplina y orientación hacia los objetivos. Las personas muy concienzudas suelen destacar en entornos estructurados y les encanta fijar y alcanzar objetivos. Es posible que se sientan atraídos por la gestión de proyectos o la contabilidad.

- **Extraversión:** Similar al marco MBTI, este rasgo explora tu preferencia por la interacción social y la estimulación. ¿Anhelas el trabajo en equipo y la colaboración, o encuentras energía en las actividades solitarias? Comprender este aspecto de tu personalidad te ayudará a identificar trayectorias profesionales que se adapten a tus necesidades sociales.

- **Amabilidad:** Esta dimensión refleja tu cooperación, empatía y deseo de trabajar bien con los demás. Las personas muy agradables pueden sentirse atraídas por carreras como el trabajo social o la enseñanza, mientras que las que obtienen puntuaciones más bajas pueden inclinarse por entornos de trabajo más independientes o competitivos.

- **Neuroticismo:** Esta cualidad se centra en tu estabilidad emocional y tu tendencia a experimentar emociones negativas. Aunque a veces el neuroticismo puede percibirse negativamente, también puede indicar sensibilidad y una profunda conciencia de tus sentimientos. Comprender tu puntuación en esta dimensión puede ayudarte a identificar entornos de trabajo que promuevan el bienestar emocional.

Tus puntuaciones en cada uno de estos espectros (por ejemplo, alta apertura o bajo neuroticismo) te permitirán comprender mejor tu personalidad y cómo puede influir en tus elecciones profesionales. Por ejemplo, alguien con una puntuación alta en apertura y extraversión puede encontrar energizante una carrera en ventas o relaciones públicas, mientras que alguien con una puntuación baja en ambas puede preferir la naturaleza centrada y solitaria de la investigación o la escritura.

Actividad: Autoevaluación de la personalidad

Comprender tus rasgos de personalidad dominantes es una herramienta poderosa en tu exploración profesional [6]

¿Te has preguntado alguna vez qué te mueve? Comprender tus rasgos de personalidad dominantes es una poderosa herramienta en tu exploración profesional. Esta breve autoevaluación te ayudará a identificar tus puntos fuertes y cómo pueden traducirse en trayectorias profesionales satisfactorias.

Instrucciones:

Lee atentamente cada afirmación y elige la respuesta que mejor refleje tus tendencias naturales. No hay respuestas correctas o incorrectas. Sé sincero contigo mismo.

1. **Interacción social**
   a. Prefiero pasar tiempo a solas y disfruto con las actividades tranquilas.
   b. Prospero en entornos sociales y me encanta colaborar con los demás.

2. **Toma de decisiones**
   a. Me gusta sopesar bien todas las opciones antes de tomar una decisión.
   b. Confío en mi intuición y me gusta tomar decisiones rápidas.

3. **Resolución de problemas**
   a. Me gusta abordar problemas abstractos e idear soluciones creativas.
   b. Sobresalgo en la resolución de problemas prácticos y en la implantación de sistemas eficaces.

4. **Entorno laboral**
   a. Prefiero un entorno de trabajo estructurado y organizado.
   b. Prospero en un entorno de trabajo dinámico y acelerado.

5. **Estilo de aprendizaje**
   a. Aprendo mejor a través de experiencias prácticas y de la experimentación.
   b. Sobresalgo en el aprendizaje a través de la lectura, la investigación y el análisis teórico.

Puntuación e interpretación

Cuenta tus respuestas y comprueba qué letra (a) o (b) tiene la mayoría. Aunque puedes tener una mezcla de ambas tendencias, la letra dominante ofrece una visión de los rasgos de tu personalidad.

- **Rasgos A dominantes:** Podrías poseer cualidades como la introversión, la orientación al detalle y un enfoque metódico para la resolución de problemas. Las carreras de contabilidad, ingeniería, investigación o escritura podrían encajar con estos puntos fuertes. Considera puestos como analista de datos, donde puedes explorar conjuntos de datos complejos, o redactor técnico, donde tu naturaleza meticulosa garantiza una comunicación clara y precisa.

- **Rasgos B dominantes:** Es posible que muestres extroversión y decisión, y que prefieras un entorno de trabajo dinámico. Considera la posibilidad de explorar carreras en *marketing*, ventas, relaciones públicas o planificación de eventos en las que se utilicen estos puntos fuertes. Puedes prosperar como especialista en *marketing*, donde tu personalidad extrovertida te permite conectar con los clientes, o como planificador de eventos, donde tu capacidad organizativa y tu habilidad para pensar sobre la marcha son cruciales para el éxito de un evento.

Esto es sólo un peldaño en tu camino hacia la exploración profesional. Utiliza esta autoevaluación como trampolín para seguir investigando. Innumerables trayectorias profesionales pueden adaptarse a diversos tipos de personalidad. La clave está en identificar tus puntos fuertes y encontrar un campo que te permita aprovecharlos al máximo.

Adecuar tus rasgos al trabajo de tus sueños

Los marcos de personalidad son herramientas para el autodescubrimiento. Utilízalos para conocer mejor tus puntos fuertes y explorar cómo pueden traducirse en trayectorias profesionales satisfactorias. La verdadera belleza reside en abrazar la combinación de todas tus características y encontrar una carrera en la que florezcas. Al fin y al cabo, los profesionales con más éxito lo han conseguido.

Juego de correspondencias

Empareja los tipos de personalidad que aparecen en la tabla siguiente con las trayectorias profesionales más adecuadas. Piensa en las cualidades asociadas a cada tipo de personalidad. ¿Se desenvuelven bien en entornos sociales o prefieren la concentración silenciosa? ¿Son detallistas o se dejan llevar por el pensamiento global?

Haciendo estas conexiones, aprenderás sobre tu personalidad y cómo puedes traducir lo que tienes en una trayectoria profesional satisfactoria.

Rasgo de personalidad	Posibles trayectorias profesionales	Por qué es una gran opción
Extrovertida	Escritor, editor, programador, diseñador gráfico	Los extrovertidos prosperan en entornos sociales y disfrutan interactuando con los demás. Estas carreras les permiten entablar relaciones, comunicarse eficazmente y dar energía a quienes les rodean.
Introvertido	Científico de datos, abogado, médico, desarrollador de *software*	Los introvertidos prefieren entornos más tranquilos y disfrutan con el trabajo concentrado. Estas carreras les permiten profundizar en su oficio, utilizar su gran capacidad analítica y expresarse creativamente sin la necesidad constante de interacción social.
Organizada y orientada al detalle	Empresario, profesional independiente, desarrollador web, escritor	Estas personas destacan en entornos estructurados y dan prioridad a una planificación meticulosa. Estas carreras les permiten utilizar sus habilidades organizativas, garantizar la precisión y encontrar satisfacción en completar las tareas con un alto nivel de calidad.
Creativo e innovador	Directivo, empresario, político, jefe de equipo	La creatividad y la pasión por las nuevas ideas son esenciales para estas carreras. Permiten expresarse artísticamente,

Rasgo de personalidad	Posibles trayectorias profesionales	Por qué es una gran opción
		desarrollar soluciones innovadoras y contribuir a un mundo de belleza y progreso.
Analítica y resolución de problemas	Trabajador social, terapeuta, enfermero, profesor	Estas personas poseen una gran capacidad analítica y disfrutan afrontando retos complejos. Estas carreras les permiten examinar datos, resolver problemas intrincados y tener un impacto positivo en diversos campos.
Empático y compasivo	Contable, ingeniero, gestor de proyectos, técnico de laboratorio	La empatía y un auténtico deseo de ayudar a los demás son cruciales para estas carreras. Permiten a los individuos establecer conexiones, proporcionar apoyo emocional y marcar la diferencia en las vidas de aquellos a quienes sirven.
Independiente y automotivado	Profesor, vendedor, especialista en relaciones públicas, organizador de eventos	Estas personas prosperan con autonomía y disfrutan fijando sus propios objetivos. Estas carreras les permiten trabajar de forma independiente, gestionar su propio tiempo y construir carreras de éxito en sus propios términos.
Gran capacidad de	Diseñador de moda, músico, arquitecto,	Los líderes naturales poseen la capacidad de motivar, inspirar

Rasgo de personalidad	Posibles trayectorias profesionales	Por qué es una gran opción
liderazgo	especialista en *marketing*	y guiar a los demás. Estas carreras les permiten utilizar sus habilidades de liderazgo, crear equipos fuertes e impulsar cambios organizativos positivos.

Clave del juego de correspondencias

- **Extrovertido:** Profesor, vendedor, especialista en relaciones públicas, organizador de eventos
- **Introvertido:** Escritor, editor, programador, diseñador gráfico
- **Organizado y orientado al detalle:** Contable, ingeniero, gestor de proyectos, técnico de laboratorio
- **Creativo e innovador:** Diseñador de moda, músico, arquitecto, especialista en *marketing*
- **Analítico y resolutivo:** Científico de datos, abogado, médico, desarrollador de *software*
- **Empático y compasivo:** Trabajador social, terapeuta, enfermero, profesor
- **Independiente y automotivado:** Empresario, profesional independiente, desarrollador web, escritor
- **Gran capacidad de liderazgo:** Gerente, empresario, político, jefe de equipo

Explicaciones detalladas

Es hora de profundizar en algunas de estas combinaciones para entender por qué funcionan:

- **La mente creativa de un diseñador de moda:** Los introvertidos con pasión por la estética y un ojo meticuloso para los detalles podrían encontrar su vocación en el diseño de moda. Esta carrera les permite expresar su creatividad a través del diseño, trabajar de forma independiente en bocetos y prototipos, y encontrar satisfacción en la precisión necesaria para la construcción de prendas.

- **El arquitecto organizado de un proyecto:** Las personas muy organizadas con una excepcional capacidad para resolver problemas pueden sentirse atraídas por la gestión de proyectos. Esta carrera aprovecha su capacidad para planificar, delegar tareas y garantizar que los proyectos sigan su curso, a la vez que requiere una gran capacidad de comunicación para colaborar eficazmente con las distintas partes interesadas.

- **La mente analítica de un científico de datos:** Quienes disfrutan resolviendo problemas complejos y poseen una gran capacidad analítica pueden encontrar en la ciencia de los datos una carrera estimulante. Les permite utilizar su capacidad de pensamiento crítico para interpretar grandes cantidades de datos, identificar patrones y extraer información que pueda servir de base para la toma de decisiones empresariales o la investigación científica.

Ejemplos de la vida real

- **La profesora con pasión por la conexión:** La Sra. Li, profesora de historia en una escuela secundaria, ejemplifica cómo la extroversión puede impulsar una carrera de éxito. Su capacidad para conectar con los alumnos, fomentar el debate e impartir clases atractivas se debe a su carisma natural y a su amor por la interacción social. Las personas extrovertidas suelen encontrar energizante el ambiente del aula, que les permite compartir sus conocimientos y su pasión con los demás.

- **El escritor introvertido que prospera en soledad:** El galardonado novelista Sr. Díaz es un testimonio de cómo la introversión es un activo valioso en el campo creativo. Su introversión se manifiesta en su capacidad para crear personajes creíbles y elaborar intrincados argumentos en la tranquila soledad de su estudio de escritura. Las personas introvertidas suelen destacar en profesiones que requieren concentración y mínimas interrupciones, lo que les permite explotar su creatividad interior.

La clave es aceptar tu personalidad y explorar cómo tus puntos fuertes pueden traducirse en una trayectoria profesional satisfactoria. Te esperan innumerables historias de éxito, y la tuya podría ser la próxima.

Potenciar tu personalidad

Tu personalidad es una poderosa caja de herramientas llena de elementos que esperan ser utilizados [7]

Tu personalidad no es sólo un capricho de la naturaleza. Es una poderosa caja de herramientas llena de elementos que esperan ser utilizados. He aquí cómo algunos rasgos clave de la personalidad se aprovechan como activos en determinadas trayectorias profesionales:

La chispa creativa

- **Carreras ideales:** Diseñador gráfico, músico, diseñador de moda, escritor

- **Recursos de personalidad:** Creatividad, imaginación, originalidad

- **Cómo funciona:** Estas carreras animan a las personas a expresar sus perspectivas y traducir su visión creativa en formas tangibles. La imaginación de un diseñador gráfico da vida a conceptos visuales, mientras que el espíritu creativo de un músico transforma las emociones en melodías. Si adoptan su originalidad y talento artístico, las personas con estos rasgos de personalidad pueden dejar su huella en el mundo a través de sus actividades creativas.

El centro neurálgico de la resolución de problemas

- **Profesiones ideales:** Desarrollador de *software*, ingeniero, analista de datos, contable

- **Recursos de personalidad:** Pensamiento analítico, capacidad para resolver problemas, atención al detalle

- **Cómo funciona:** Estas carreras proporcionan un flujo constante de retos y rompecabezas por desentrañar. La mente analítica de un desarrollador de *software* aborda complejos problemas de codificación, mientras que la naturaleza meticulosa de un contable garantiza la exactitud financiera. Las personas con estas personalidades prosperan desglosando problemas, identificando soluciones y aplicándolas con precisión.

El líder nato

- **Profesiones ideales:** Gestor de proyectos, empresario, representante de ventas, especialista en *marketing*

- **Recursos de personalidad:** Capacidad de liderazgo, decisión, comunicación

- **Cómo funciona:** Estas carreras permiten a las personas hacerse cargo, motivar a los demás e impulsar los resultados. Las dotes de liderazgo de un gestor de proyectos mantienen a los equipos en el buen camino, mientras que las habilidades de comunicación persuasiva de un vendedor cierran tratos. Las personas con estos rasgos de personalidad destacan por inspirar a los demás, elaborar estrategias y navegar por la dinámica siempre cambiante del mundo empresarial.

El alma solidaria

- **Profesiones ideales:** Terapeuta, profesor, trabajador social, enfermero

- **Recursos de personalidad:** Empatía, paciencia, fuertes habilidades interpersonales

- **Cómo funciona:** Estas carreras se basan en fomentar las conexiones y apoyar a los demás. La empatía de un terapeuta le permite crear un espacio seguro para la sanación, mientras que la paciencia de un profesor le capacita para guiar a los alumnos en su viaje de aprendizaje. Las personas con estas personalidades poseen un auténtico deseo de ayudar a los demás y destacan en puestos en los que generan confianza, ofrecen orientación y tienen un impacto positivo en las vidas de las personas con las que interactúan.

El cerebro de la organización

- **Profesiones ideales:** Editor, gestor de proyectos, asistente médico, planificador de eventos

- **Recursos de personalidad:** Capacidad de organización, atención al detalle, gestión del tiempo

- **Cómo funciona:** Estas profesiones requieren una planificación meticulosa, una ejecución impecable y mantener el orden en medio de un caos potencial. El buen ojo de un redactor para los detalles garantiza la claridad y la precisión del trabajo escrito, mientras que la capacidad organizativa de un gestor de proyectos mantiene los proyectos complejos dentro de los plazos y el presupuesto previstos. Las personas con estas características prosperan en entornos estructurados y destacan a la hora de garantizar el buen funcionamiento mediante una planificación meticulosa y una excepcional capacidad de gestión del tiempo.

Esto es sólo un atisbo del vasto potencial de los puntos fuertes de la personalidad en el mundo laboral. Identifica tus características y explora cómo pueden aprovecharse como ventajas en la trayectoria profesional que elijas. Comprendiendo tus puntos fuertes, te posicionarás para el éxito y encontrarás un camino satisfactorio que te permita brillar.

Convertir la autoconciencia en acción

Aunque explorar los puntos fuertes de tu personalidad es crucial, comprender tus debilidades es igualmente importante. Al igual que comprender tus limitaciones físicas te ayuda a elegir la rutina de ejercicios adecuada, reconocer las debilidades de tu personalidad te capacita para identificar áreas de desarrollo y encontrar habilidades complementarias que refuercen tu caja de herramientas profesional.

Las debilidades como peldaños

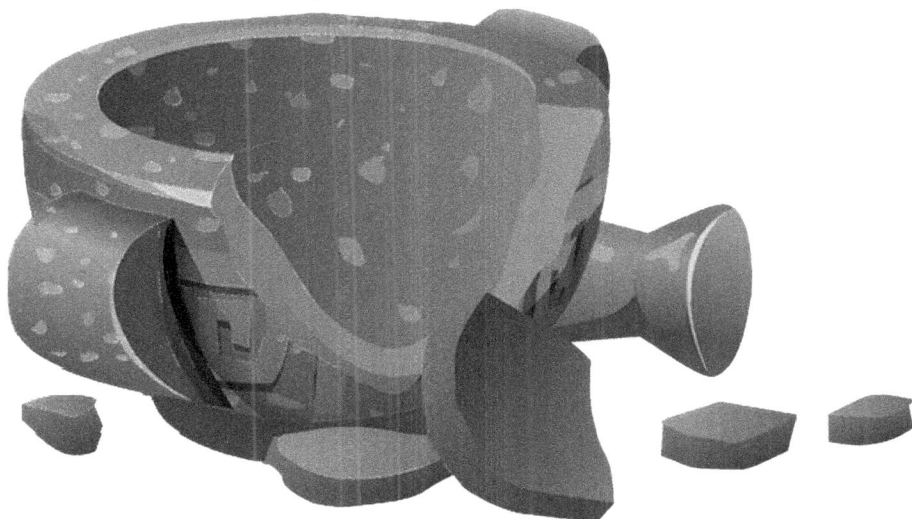

Al identificar las imperfecciones y las posibles grietas, el escultor que tiene un bloque de mármol sabe cuál es la mejor manera de cincelar y dar forma a la piedra para convertirla en una obra maestra [8]

Al identificar las imperfecciones y posibles grietas, un escultor con un bloque de mármol sabe cuál es la mejor manera de cincelar y dar forma a la piedra hasta convertirla en una obra maestra. Del mismo modo, reconocer los puntos débiles de tu personalidad te permite desarrollar estratégicamente nuevas habilidades o buscar habilidades complementarias en colaboradores para crear una persona profesional equilibrada.

Convertir las debilidades en acción

He aquí cómo comprender algunas debilidades comunes de la personalidad es un trampolín para el crecimiento:

- **Timidez (introversión):** Aunque hablar en público no te resulte natural, considera la posibilidad de trabajar tus habilidades de redacción para comunicarte eficazmente mediante propuestas o informes. Participar en debates de grupos pequeños es un trampolín para ganar confianza en entornos más amplios.

- **Desorganización:** Utiliza herramientas de gestión de proyectos y crea listas de tareas claras para priorizar las tareas y mantener el orden. La colaboración con un colega detallista garantiza que los proyectos sigan su curso.

- **Impaciencia:** Desarrolla habilidades de escucha activa y técnicas de atención plena para gestionar tus reacciones. Hacer pequeñas pausas para volver a centrarte es útil cuando te enfrentas a tareas complejas o situaciones difíciles.

- **Falta de confianza:** Céntrate en tus logros, por pequeños que parezcan. Celebra tus victorias y haz un seguimiento de tus progresos para crear un sentimiento de confianza en ti mismo. La tutoría de profesionales experimentados también puede proporcionar una orientación y un apoyo valiosos.

- **Dificultad para aceptar las críticas:** Considera las críticas constructivas como una oportunidad para aprender y crecer. Haz preguntas aclaratorias y busca activamente opiniones para identificar áreas de mejora.

Los puntos débiles no son obstáculos. Son simplemente señales que indican áreas de desarrollo. Reconocer tus puntos débiles y tomar medidas proactivas para abordarlos demuestra autoconciencia, un rasgo valioso en cualquier entorno profesional. La voluntad de aprender y adaptarse es una fortaleza clave en sí misma.

Habilidades complementarias para un equipo bien formado

Comprender los puntos débiles también te permite buscar colaboradores con habilidades complementarias. Por ejemplo, si eres detallista, pero te cuesta tener una visión global, asociarte con alguien que destaque en la lluvia de ideas y el pensamiento estratégico puede crear una dinámica de equipo equilibrada.

Marcos como el indicador Myers-Briggs (MBTI) y los cinco grandes rasgos de la personalidad categorizan a los individuos en función de características clave. Este autoconocimiento es una herramienta poderosa, ya que ciertos tipos de personalidad se alinean de forma natural con trayectorias profesionales específicas, lo que conduce a una mayor satisfacción y éxito en el trabajo. Al aceptar tanto tus puntos fuertes como tus puntos débiles, allanas el camino para el aprendizaje continuo y el crecimiento profesional. Este autoconocimiento te permite navegar por el mundo laboral con confianza y encontrar el éxito en la trayectoria profesional elegida.

Capítulo 4: Habilidades e intereses: Construir los cimientos de tu futuro

¿Has soñado alguna vez con convertir tu pasión en una profesión? Este capítulo profundiza en el corazón de lo que realmente impulsa una carrera satisfactoria: tu particular mezcla de habilidades e intereses.

Aunque algunas personas han sido bendecidas con talentos innatos, la mayoría de las habilidades, como los músculos, se fortalecen y refinan con el ejercicio y la dedicación. Este capítulo te guiará en un viaje de autodescubrimiento, ayudándote a identificar tus intereses intrínsecos y a transformarlos en los cimientos de una trayectoria profesional gratificante.

Habilidades e intereses: El dúo del poder

FULF ILLME NT

Encontrar una trayectoria profesional satisfactoria es algo más que conseguir un trabajo °

Encontrar una trayectoria profesional satisfactoria es algo más que conseguir un trabajo. Se trata de alinear tus pasiones con las habilidades que posees y las que puedes desarrollar. Estos dos elementos, habilidades e intereses, son las piedras angulares que construyen los cimientos de una profesión gratificante. Es hora de descubrir por qué tienen tanto poder:

Habilidades

- **Los pilares del éxito:** Las habilidades son las herramientas que utilizas para realizar tareas y navegar por las complejidades de la carrera que has elegido. Abarcan tanto las habilidades duras o *hard skills* (habilidades técnicas) como las habilidades blandas o *soft skills* (habilidades interpersonales y de comunicación).

- **Un arsenal dinámico:** Tu conjunto de habilidades es un arsenal en constante evolución. A través de la educación, la formación y la experiencia en el puesto de trabajo, puedes adquirir continuamente nuevas habilidades y perfeccionar las existentes, convirtiéndote en un activo más valioso en el mercado laboral.

- **Desbloquear oportunidades:** El conjunto de aptitudes adecuado actúa como pasaporte hacia apasionantes oportunidades profesionales. Impulsa a un programador cualificado a desbloquear soluciones innovadoras o a un cuidador compasivo a marcar una profunda diferencia en la vida de las personas.

Intereses

- **El combustible de la pasión:** Tus intereses son las actividades, temas y causas que encienden tu curiosidad y pasión. Representan aquello hacia lo que naturalmente gravitas y disfrutas haciendo.

- **Una brújula para la exploración:** Los intereses actúan como una brújula, guiándote hacia las trayectorias profesionales que te motivan. ¿Te sientes cautivado por los entresijos de la naturaleza? Tal vez te aguarde una carrera en ciencias medioambientales.

- **La chispa de la motivación:** Cuando tu carrera y tus intereses coinciden, el trabajo no parece trabajo. El disfrute que obtienes de tus tareas alimenta tu motivación y te permite aprender y crecer continuamente.

El poder sinérgico

Cuando tus habilidades e intereses se cruzan, creas una poderosa sinergia que te impulsa hacia una trayectoria profesional satisfactoria. La magia se despliega cuando combinas estas dos fuerzas. He aquí cómo:

- **Comprometido y motivado:** Realizar tareas que respondan a tus habilidades e intereses significa que afrontarás los retos con entusiasmo y un auténtico deseo de superación.

- **Aprendizaje permanente:** La intersección de habilidades e intereses crea un terreno fértil para el aprendizaje permanente. Te atrae de forma natural adquirir nuevas habilidades que amplíen tus conocimientos y te guíen más en el campo que hayas elegido.

- **Sentido del propósito:** Cuando tu carrera se basa en tus pasiones y utiliza tus puntos fuertes, sientes que tienes un propósito. Más que un sueldo, tu trabajo se convierte en un viaje significativo de crecimiento y contribución.

Si aprovechas este poder, abrirás la puerta a una trayectoria profesional enriquecedora desde el punto de vista personal y gratificante desde el punto de vista profesional. Así pues, emprende el reto del autodescubrimiento, explora tus habilidades e intereses y observa cómo se perfila la carrera de tus sueños.

Desbloquear tus talentos

En tu camino hacia la exploración profesional, te encontrarás con dos conceptos cruciales: talentos y habilidades. Aunque a primera vista puedan parecer intercambiables, comprender la distinción entre ellos es vital para liberar todo tu potencial.

- **Talentos innatos:** Estos son tus dones naturales, las cosas para las que pareces tener un don sin ningún entrenamiento formal. Tal vez poseas talento para la música, captando melodías y ritmos con facilidad, o tal vez tengas una habilidad natural para escribir, cautivando a los lectores con tu convincente narrativa. Estas habilidades innatas son como los cimientos de tu identidad profesional.

- **Habilidades aprendidas:** Son las habilidades que adquieres mediante la dedicación, la práctica y la experiencia. Ya sea dominar un nuevo programa informático, convertirte en un profesional de la oratoria o desarrollar tus habilidades de investigación, estas habilidades aprendidas son las herramientas que perfeccionas con el tiempo. Eres un escultor que da forma meticulosamente a una pieza de arcilla. Con la práctica y el perfeccionamiento, tus habilidades elevarán tu talento en bruto hasta convertirlo en una obra maestra.

El bello equilibrio

La verdadera magia reside en la sinergia entre las habilidades aprendidas y los talentos naturales [10]

La verdadera magia reside en la sinergia entre estos dos elementos. Tus talentos actúan como un punto de partida, una chispa de potencial a la espera de ser encendida. He aquí cómo funcionan juntos:

- **Aprovechar los puntos fuertes:** Los talentos innatos proporcionan una base sólida para desarrollar habilidades afines. Tu amor natural por la música puede inspirarte para aprender un instrumento y mejorar tus habilidades musicales. Del mismo modo, un talento para la escritura podría motivarte a seguir cursos de escritura creativa y perfeccionar tu oficio.

- **Ampliar tus horizontes:** Aunque aún no hayas descubierto un talento concreto, no te desanimes. La belleza de las habilidades aprendidas es que están a tu alcance. Explorando distintas áreas y desarrollando activamente nuevas habilidades, podrías descubrir talentos ocultos que no sabías que poseías.

- **Una receta para el éxito:** Piensa en un chef con talento natural para crear platos deliciosos. Para destacar de verdad, debe aprender técnicas de cocina adecuadas, dominar el manejo del cuchillo y comprender los principios de la ciencia alimentaria. Del mismo modo, combinar tu talento innato con la dedicación al aprendizaje de nuevas habilidades es la receta para alcanzar el éxito y la plenitud en la carrera profesional que hayas elegido.

Tanto los talentos innatos como las habilidades aprendidas son activos valiosos. Acepta tus capacidades naturales, cultívalas con dedicación y busca activamente oportunidades para desarrollar nuevas habilidades. Esta interacción dinámica es la clave para liberar todo tu potencial y forjar una carrera exitosa y satisfactoria.

Actividad interactiva: Desenterrar las posibilidades profesionales

¿Alguna vez has estado tan absorto en una actividad que el tiempo parece escapársete? Esos momentos de puro compromiso son pistas valiosas sobre tus intereses, y tus intereses son una poderosa brújula que te guía hacia trayectorias profesionales satisfactorias.

Parte 1: Mi inventario de intereses

Instrucciones: Marca todas las casillas que coincidan con tus intereses y aficiones.

Actividades creativas

- Tocar un instrumento musical
- Escritura (poesía, ficción, guiones)
- Dibujo, pintura u otras artes visuales
- Fotografía o videografía
- Actuar o interpretar
- Manualidades o proyectos de bricolaje

Actividades analíticas

- Resolver rompecabezas o acertijos
- Jugar a juegos estratégicos (ajedrez, debate)
- Buscar e investigar temas
- Analizar datos y estadísticas

- Programación o codificación
- Redactar documentos o informes técnicos

Actividades orientadas a las personas

- Ayuda a los demás y voluntariado
- Hablar en público o hacer presentaciones
- Organizar eventos o reuniones sociales
- Enseñar o tutelar a otros
- Proporcionar apoyo emocional y asesoramiento
- Establecer relaciones y redes de contactos

Actividades al aire libre

- Senderismo, acampada o exploración de la naturaleza
- Jardinería o paisajismo
- Practicar deportes o participar en actividades físicas
- Estudiar los animales o el medio ambiente
- Trabajar con plantas o animales
- Experimentar nuevas culturas y viajar

Parte 2: Lluvia de ideas sobre carreras afines

Ahora que tienes una idea más clara de tus intereses, es hora de pensar en posibles trayectorias profesionales que se alineen con tus pasiones.

Instrucciones: Para cada interés que hayas marcado, escribe 2-3 carreras que te parezcan adecuadas. No tengas miedo de ser creativo.

Ejemplo: Si marcaste "tocar un instrumento musical" e "interpretar", las posibles carreras podrían ser:

- Músico (intérprete, profesor)
- Musicoterapeuta
- Compositor o autor
- Ingeniero de sonido o técnico de sonido

Desafío extra: Investiga dos o tres carreras que más te hayan interesado. Busca recursos en Internet, sitios web sobre carreras o entrevistas informativas con profesionales de esos campos. Si profundizas, podrás experimentar la realidad cotidiana de esas profesiones y determinar si se ajustan a tus habilidades, valores y aspiraciones profesionales generales.

No hay respuestas equivocadas. La clave está en explorar tus intereses con una mente abierta y descubrir las apasionantes posibilidades que te esperan. Esto es sólo el principio de tu exploración profesional, así que diviértete y disfruta de la aventura.

De afición a negocio

¿Has soñado alguna vez con convertir tu pasatiempo favorito en una carrera satisfactoria? La buena noticia es que con una pizca de creatividad y una pizca de desarrollo de habilidades, tus aficiones pueden florecer y convertirse en trayectorias profesionales emocionantes e inesperadas. Es hora de explorar cómo diversos intereses pueden traducirse en carreras que te encantarán:

Ejemplos ilustrativos

El entusiasta culinario: Tu pasión por cocinar puede ir mucho más allá de tu propia cocina. Considera la posibilidad de convertirte en:

- o **Chef:** Puedes dirigir un equipo en la cocina de un restaurante, elaborando obras maestras culinarias y deleitando a los clientes.

- o *Blogger* **gastronómico:** Comparte tus creaciones culinarias y tu experiencia con el mundo, inspirando a otros y creando potencialmente una marca.

- o **Estilista de alimentos:** Transforma los platos en obras de arte visualmente impresionantes para fotografía, revistas o anuncios.

El gurú de los videojuegos: Tu amor por los videojuegos puede traducirse en una gama sorprendentemente diversa de carreras:

- o **Desarrollador de juegos:** Forma parte del equipo que da vida a nuevos mundos e historias mediante la codificación, el diseño y la narración creativa.

- o **Entrenador de ciberdeportes:** Guía a jugadores profesionales, ayudándoles a desarrollar estrategias y perfeccionar sus habilidades para torneos competitivos.

- o **Creador de contenidos de videojuegos:** Retransmite tu juego, crea comentarios atractivos y forma una comunidad de jugadores en plataformas como Twitch o YouTube.

El maestro de música: Tus inclinaciones musicales pueden abrirte las puertas a algo más que actuar sobre un escenario.

- o **Musicoterapeuta:** Utilizar el poder de la música para mejorar el bienestar físico, emocional y cognitivo del cliente.

- o **Ingeniero de sonido:** Domina los aspectos técnicos de la grabación, mezcla y masterización del sonido, garantizando que la música suene lo mejor posible.

- o **Periodista musical:** Escribe críticas, entrevista a artistas y mantén informados a los amantes de la música sobre las últimas tendencias y acontecimientos del sector.

La conexión de habilidades

Estos son sólo algunos ejemplos, y las posibilidades son realmente infinitas. La clave está en comprender cómo tus habilidades pueden complementar tus intereses, transformándolos en trayectorias profesionales viables. He aquí cómo funciona esta conexión:

- **Aprovecha tus puntos fuertes:** ¿Tus aficiones implican una planificación meticulosa (como la repostería) o la resolución creativa de problemas (como la artesanía)? Identifica las habilidades que utilizas de forma natural en tus actividades favoritas y explora carreras que requieran esas mismas habilidades.

- **Desarrollo de habilidades específicas:** Tal vez la carrera de tus sueños requiera habilidades técnicas específicas que aún no tienes. Aprovecha el poder del aprendizaje. Los cursos en línea, los talleres o incluso un título oficial pueden dotarte de las habilidades adicionales necesarias para salvar la distancia entre tus intereses y tus aspiraciones profesionales.

- **Creación de redes y exploración:** Conecta con profesionales de los campos que te interesan. Las entrevistas informativas pueden darte mucha información sobre las realidades cotidianas de esas carreras y ayudarte a averiguar si se alinean con tu conjunto de habilidades y tu personalidad.

Puedes desbloquear posibilidades profesionales combinando tus pasiones con el conjunto de habilidades adecuado. No existe un enfoque único para todos. Abraza tus intereses, cultiva tus habilidades y busca una carrera que sea a la vez agradable y satisfactoria. Al fin y al cabo, los profesionales con más éxito suelen ser los que consiguen hacer lo que les gusta.

Perfeccionando tus herramientas

En el dinámico mercado laboral actual, tener un conjunto de competencias diversas es crucial para el éxito [11]

En el dinámico mercado laboral actual, tener un conjunto de competencias diversas es crucial para el éxito. ¿Cómo evalúas tus aptitudes actuales e identificas las áreas en las que debes crecer? He aquí algunas poderosas estrategias para el desarrollo continuo de habilidades.

Ejercicio de autoevaluación:
Desvelando tu arsenal de habilidades

En primer lugar, hazte una idea clara de tus capacidades actuales. Aquí tienes una actividad de autoevaluación para empezar:

Parte 1: Clasifica tus habilidades

- **Habilidades duras:** Son tus habilidades técnicas adquiridas a través de la educación, la formación o la experiencia. Enumera las habilidades relevantes para tu trabajo actual o pasado, como el dominio del *software*, el análisis financiero o los principios de ingeniería.

- **Habilidades blandas:** Son tus habilidades interpersonales y de comunicación esenciales para desenvolverte en el lugar de trabajo. Considera el trabajo en equipo, la resolución de problemas, el pensamiento crítico y la comunicación escrita y verbal.

Parte 2: Evalúa tu competencia

Para cada habilidad que hayas enumerado, valora tu competencia en una escala de 1 (principiante) a 5 (experto). Sé sincero contigo mismo. Esta autoevaluación te ayudará a identificar las áreas en las que destacas y los aspectos que podrías mejorar.

Parte 3: Identifica tus objetivos de aprendizaje

Basándote en tu autoevaluación, determina 2-3 habilidades que te gustaría desarrollar más. Podría tratarse de habilidades directamente relacionadas con tu carrera actual o de habilidades que despierten tu interés y puedan abrirte las puertas a nuevas oportunidades.

El poder del aprendizaje continuo

El mercado laboral evoluciona constantemente, y las habilidades que antes tenían una gran demanda pueden no tener el mismo peso mañana. Por eso el aprendizaje continuo es esencial para seguir siendo relevante y competitivo en el mercado laboral. He aquí por qué es clave adoptar el aprendizaje permanente:

- **Adaptabilidad en un panorama cambiante:** Continuamente surgen nuevas tecnologías, tendencias del sector y prácticas empresariales. Trabajando continuamente en tus habilidades y adquiriendo nuevos conocimientos, te posicionas como una persona adaptable que puede prosperar en un entorno dinámico.

- **Ampliar tus horizontes profesionales:** Desarrollar nuevas destrezas puede abrirte las puertas a apasionantes trayectorias profesionales que quizá no habías considerado antes. Aprender a programar podría conducirte a una carrera en desarrollo web, mientras que dominar las técnicas de análisis de datos podría abrirte puertas en el campo de la inteligencia empresarial.

- **Aumentar tu confianza:** Adquirir nuevos conocimientos y dominar nuevas habilidades es una experiencia fortalecedora. Te infunde confianza en tus capacidades y te permite afrontar nuevos retos con una mentalidad de crecimiento.

Estrategias para el desarrollo de habilidades: Te espera una aventura de aprendizaje.

Ahora que entiendes la importancia del desarrollo de habilidades, he aquí algunas formas diversas de perfeccionar tus herramientas y ampliar tu conjunto de habilidades:

- **Cursos y recursos educativos en línea:** Internet es un tesoro de oportunidades de aprendizaje. Plataformas en línea como Coursera, edX y Udemy ofrecen una amplia gama de cursos sobre prácticamente cualquier tema imaginable, desde lenguajes de programación a ciencia de datos o escritura creativa. Muchas bibliotecas públicas también ofrecen cursos y recursos gratuitos en línea.

- **Oportunidades de voluntariado:** El voluntariado te permite poner en práctica tus habilidades actuales a la vez que aprendes otras nuevas. Si trabajas como voluntario para una organización sin ánimo de lucro, podrías desarrollar posibles habilidades de gestión de proyectos, mejorar tu capacidad de comunicación o adquirir experiencia en el *marketing* de las redes sociales.

- **Utilizar las aficiones para perfeccionar habilidades específicas:** Tus aficiones son una fuente sorprendente de desarrollo de habilidades. ¿Te gusta la fotografía? Perfecciona tus habilidades para contar historias visuales y aprende los aspectos técnicos de la fotografía. ¿Quizá te apasiona escribir? La escritura autónoma puede ayudarte a perfeccionar tus habilidades de redacción y comunicación, a la vez que construyes un portafolio en línea.

El desarrollo de habilidades es un viaje continuo. Acepta el proceso de aprendizaje, celebra tus logros y no tengas miedo de salir de tu zona de confort. Al cultivar activamente tu conjunto de habilidades, te equipas con las herramientas necesarias para navegar por un mercado laboral en constante cambio y labrar tu camino hacia el éxito profesional. Así pues, sigue aprendiendo, sigue creciendo y sigue construyendo esa poderosa caja de herramientas de habilidades para un futuro profesional satisfactorio.

El arte del equilibrio

Busca una trayectoria profesional que despierte tu entusiasmo, aproveche tus puntos fuertes y te permita sentirte realizado personal y profesionalmente. Ese es el poder de encontrar un equilibrio entre tus intereses y tus habilidades. Es el punto clave donde la pasión se encuentra con la competencia.

La armonía es la clave

Aunque tanto las aptitudes como los intereses desempeñan un papel crucial en la satisfacción profesional, la sinergia entre ambos desbloquea realmente tu potencial. He aquí por qué es esencial encontrar ese equilibrio:

- **La motivación importa:** Cuando tu trabajo se alinea con tus intereses, estás naturalmente más motivado y comprometido. Abordas los retos con determinación y con el deseo de aprender y crecer en el campo que has elegido.

- **Aumento de la confianza:** Realizar tareas que entran dentro de tu conjunto de habilidades fomenta un sentido de confianza. Saber que posees las capacidades necesarias para sobresalir en tu puesto te anima a asumir nuevos retos y a esforzarte por mejorar continuamente.

- **Trabajo significativo:** Cuando aprovechas tus habilidades en actividades que resuenan con tus intereses, tu trabajo adquiere un significado más profundo. Ya no es sólo un trabajo. Se convierte en una plataforma para que expreses tu creatividad, contribuyas a una causa que te importa o tengas un impacto positivo en el mundo.

Ejemplos de la vida real: Combinar pasión y competencia

Es hora de conocer a algunas personas inspiradoras que han encontrado carreras que combinan a la perfección sus habilidades e intereses:

- **El músico experto en tecnología:** Linda, apasionada de la música desde siempre y con un don para la programación, combinó sus intereses para convertirse en desarrolladora de *software* musical. Diseña interfaces fáciles de usar para herramientas de producción musical, lo que le permite contribuir a la industria musical al tiempo que utiliza sus conocimientos técnicos.

- **El entusiasta de la naturaleza con visión para los negocios:** George, ávido excursionista y conservacionista, combinó su amor por la naturaleza con sus habilidades de gestión empresarial para lanzar una empresa de ecoturismo sostenible. Realiza viajes de aventura por la naturaleza, fomentando la conciencia medioambiental al tiempo que alimenta su pasión por la naturaleza.

- **La creativa solucionadora de problemas convertida en profesora:** Impulsada por su amor a la narración y su talento para el pensamiento crítico, Mary se dedicó a la enseñanza primaria. Diseña atractivas lecciones que despiertan la imaginación de los niños y fomentan su capacidad para resolver problemas, combinando a la perfección su espíritu creativo con su habilidad para la enseñanza.

Encontrar tu punto óptimo

Estos son sólo algunos ejemplos, y las posibilidades son infinitas. Para encontrar tu punto óptimo, aquí tienes algunos aspectos clave:

- **Profundiza en tu autoconocimiento:** Explora tus intereses y pasiones mediante actividades, trabajo voluntario o evaluaciones de personalidad. Identifica las habilidades en las que destacas y las áreas que te gustaría desarrollar.

- **Investiga y explora:** Busca trayectorias profesionales que se ajusten a tus intereses y habilidades. Relaciónate con profesionales de esos campos, investiga las descripciones de los puestos de trabajo y adquiere un conocimiento exhaustivo de las realidades cotidianas de esas carreras.

- **Adopta el aprendizaje continuo:** Nunca dejes de aprender y desarrollar nuevas habilidades. Los cursos en línea, los talleres o incluso un título oficial pueden dotarte de las herramientas que necesitas para salvar la distancia entre tus intereses y tus aspiraciones profesionales.

Encontrar el equilibrio perfecto entre tus intereses y habilidades es una cuestión de autodescubrimiento y exploración. Abrazando tus pasiones, perfeccionando tus habilidades y aprendiendo continuamente, puedes desbloquear una carrera satisfactoria que te permita prosperar y sentirte realmente satisfecho tanto personal como profesionalmente. Así pues, descubre el punto óptimo que te espera en el vasto universo profesional.

Actividad: Elabora tu plan de desarrollo de habilidades

La actividad siguiente te guiará en la creación de un plan personalizado para desarrollar nuevas habilidades relacionadas con tus intereses durante el próximo año [12]

Una vez que hayas explorado el poder de las habilidades y los intereses, es hora de pasar a la acción. Esta actividad te guiará en la creación de un plan personalizado para desarrollar nuevas habilidades relacionadas con tus intereses durante el próximo año.

Paso 1: Revisa tus pasiones

Piensa en la "actividad interactiva: inventario de intereses" que has completado antes. Repasa los intereses que identificaste y selecciona 1-2 que más te apasionen. La clave está en elegir áreas que despierten tu entusiasmo y enciendan tu curiosidad.

Paso 2: Identificar las habilidades a las que dirigirte

Para cada interés elegido, haz una lluvia de ideas sobre dos o tres habilidades específicas valiosas para explorar trayectorias profesionales relacionadas o simplemente para aumentar tu disfrute de esas actividades. Por ejemplo, si te apasiona la fotografía, tus habilidades objetivo podrían incluir dominar los ajustes de la cámara, aprender *software* de edición fotográfica o comprender las técnicas de iluminación.

Paso 3: Traza tu itinerario de aprendizaje

Ahora, convierte esas habilidades en pasos factibles. Rellena la siguiente tabla para cada habilidad que hayas identificado:

Habilidad	Recursos de aprendizaje	Cronología
(Habilidad 1)	(por ejemplo, curso en línea, libro, taller)	(por ejemplo, completar el curso antes de junio, practicar la habilidad durante 1 hora/semana)
(Habilidad 2)	(por ejemplo, aplicación móvil, mentor, prácticas)	(por ejemplo, dominar las técnicas básicas antes de agosto, solicitar prácticas antes de octubre)
(Habilidad 3)	(por ejemplo, clases locales, oportunidades de voluntariado, tutoriales de YouTube)	(por ejemplo, matricularse en clase antes de febrero, voluntariado 2 horas/mes)

Recursos de aprendizaje

Sé creativo a la hora de identificar tus recursos de aprendizaje. Aquí tienes algunas ideas para empezar:

- **Cursos en línea:** Plataformas como Coursera, edX y Udemy ofrecen un amplio abanico de cursos sobre una gran variedad de temas.

- **Libros y libros electrónicos:** Los libros clásicos y contemporáneos están llenos de información y orientación práctica sobre el desarrollo de habilidades.

- **Clases y talleres locales:** Los centros comunitarios, las bibliotecas y las instituciones educativas pueden ofrecer talleres o clases relacionados con tus habilidades objetivo.

- **Aplicaciones móviles y tutoriales en línea:** Muchas aplicaciones y sitios web ofrecen experiencias de aprendizaje interactivas y tutoriales breves para desarrollar habilidades específicas.

- **Mentores y redes de contactos:** Conéctate con profesionales que tengan las habilidades a las que te diriges. Busca orientación, haz preguntas y aprende de su experiencia.

- **Oportunidades de voluntariado:** El voluntariado es una forma fantástica de adquirir experiencia práctica y, al mismo tiempo, desarrollar las habilidades pertinentes.

- **Proyectos personales:** Desafíate a ti mismo con proyectos en los que puedas aplicar tus conocimientos recién adquiridos en un contexto del mundo real.

Cronología

Establecer plazos realistas es crucial para mantener el rumbo. Divide tu desarrollo de habilidades en pasos manejables y asigna plazos alcanzables para cada paso. Al fijar los plazos, ten en cuenta tus compromisos actuales y el tiempo disponible. La constancia es la clave. Intenta realizar sesiones de práctica pequeñas y regulares, en lugar de estallidos esporádicos de aprendizaje intenso.

Paso 4: Controla tu progreso y celebra las victorias

A medida que avances en tu viaje de desarrollo de habilidades, controla tus progresos y celebra tus logros. Esto te ayudará a mantenerte motivado y centrado en tus objetivos. He aquí cómo hacerlo:

- **Lleva un diario de progreso:** Documenta tus experiencias de aprendizaje, los retos superados y las habilidades dominadas. Reflexionar sobre tus progresos es una poderosa motivación.

- **Recompénsate:** Márcate hitos y celébralos. Regálate algo especial o simplemente reconoce tu esfuerzo y dedicación.

El desarrollo de habilidades es un proceso continuo. No te desanimes por los contratiempos. Considéralos oportunidades de aprendizaje y mejora. Acepta el crecimiento, celebra tus victorias y sigue avanzando. Con dedicación y un plan bien elaborado, estarás en el buen camino para liberar todo tu potencial y alcanzar tus aspiraciones profesionales.

La trayectoria profesional ideal se encuentra en la intersección entre lo que te gusta y aquello en lo que destacas. Este capítulo trata de encontrar ese punto óptimo.

Este capítulo te ha dotado de las herramientas necesarias para embarcarte en una búsqueda de autodescubrimiento. Averiguando tus intereses y afinando tus habilidades, estás construyendo una base sólida para un futuro rebosante de posibilidades. Así que prepárate para explorar, aprender y crecer mientras trazas el rumbo hacia una carrera que se ajuste a tus pasiones y aspiraciones.

Capítulo 5: Explorando Industrias: Guía de trayectorias profesionales diversas

Con innumerables trayectorias profesionales llamando tu atención, adentrarse en el panorama profesional puede parecer abrumador. Apártate de los títulos de trabajo tradicionales con los que ya puedes estar familiarizado, porque este capítulo descubre los diversos sectores que componen el mercado laboral en constante evolución.

Prepárate para explorar los avances tecnológicos de vanguardia, las innovaciones en el campo de la salud que salvan vidas, la creatividad sin límites de las artes y los medios de comunicación, las mentes estratégicas que dan forma al mundo empresarial y los apasionados defensores de la sostenibilidad medioambiental. Cada industria tiene sus retos y sus recompensas, así que mantén la mente abierta y descubre cómo pueden contribuir tus talentos a estos campos dinámicos.

Te espera un mundo de oportunidades

¿Te has preguntado alguna vez cómo se crean los juegos a los que juegas? Tal vez te hayas maravillado ante las tecnologías que salvan vidas en los hospitales o hayas soñado con producir la próxima canción de éxito. La verdad es que detrás de cada producto que utilizas, de cada servicio que experimentas y de cada innovación que da forma a tu mundo hay una fascinante red de industrias, cada una de ellas rebosante de apasionantes posibilidades profesionales.

El panorama de la industria

El mercado laboral es un vibrante ecosistema segmentado en sectores llamados industrias [18]

El mercado laboral es un vibrante ecosistema segmentado en sectores denominados industrias. Cada industria se centra en un área de actividad específica, produciendo bienes o servicios que satisfacen tus necesidades y deseos. Desde los gigantes tecnológicos que dan forma al mundo digital hasta las mentes creativas que están detrás de las películas que te encantan, cada industria desempeña un papel crucial para que la sociedad siga funcionando y prosperando.

Una mirada al futuro

El mercado laboral evoluciona constantemente, impulsado por la innovación y las tendencias emergentes. He aquí un anticipo de lo que puede deparar el futuro a diversos sectores:

- **La tecnología:** La inteligencia artificial, la automatización y los avances en realidad virtual están a punto de revolucionar tu forma de trabajar y de vivir.

- **Atención médica:** La medicina personalizada, la robótica en cirugía y el enfoque en la atención preventiva son sólo algunos de los emocionantes avances que se vislumbran en el horizonte.

- **Arte y medios de comunicación:** El auge de los servicios de *streaming*, las experiencias de realidad virtual y las plataformas de creación de contenidos interactivos redefinirán tu forma de consumir entretenimiento.

- **Las empresas:** Las prácticas de sostenibilidad, los modelos de trabajo a distancia y la creciente importancia del análisis de datos reconfigurarán el funcionamiento de las empresas.

- **Ciencias medioambientales:** El desarrollo de fuentes de energía renovables, la mitigación de los efectos del cambio climático y el fomento de la conservación del medio ambiente estarán a la vanguardia de esta industria.

Esto es sólo un atisbo del futuro dinámico de varias industrias. Las posibilidades son infinitas, y tus elecciones de hoy te posicionarán para formar parte de estos emocionantes desarrollos.

Tecnología

La tecnología no consiste sólo en los artilugios más geniales (aunque también lo son). Es una industria enorme y en constante evolución que afecta a casi todos los aspectos de tu vida. Desde las aplicaciones de tu teléfono hasta las películas que ves, la tecnología actual rebosa de oportunidades para mentes creativas, analíticas y resolutivas como la tuya.

Visión general de la industria

Desde el *software* y el hardware hasta la animación y la ciberseguridad, la industria tecnológica diseña, desarrolla, implementa y mantiene todo lo relacionado con la tecnología. Es el motor que impulsa la comunicación, el entretenimiento, la atención médica y mucho más. Es una gigantesca caja de herramientas repleta de instrumentos que mejoran y remodelan constantemente el mundo que te rodea.

Tendencias actuales y futuras

La industria de la tecnología es un trabajo constante en progreso, siempre buscando superar los límites. Esto es lo que está de moda ahora:

- **Inteligencia artificial (IA):** La IA está haciendo olas, automatizando tareas y creando nuevas posibilidades en campos como la medicina y el transporte. Pronto, los robots con IA realizarán operaciones quirúrgicas o los coches autoconducidos circularán por las calles de las ciudades.

- **Ciberseguridad:** A medida que dependes más de la tecnología, proteger tus datos es cada vez más importante. Los expertos en ciberseguridad están muy solicitados para combatir a los piratas informáticos que intentan robar información o perturbar los sistemas informáticos.

- **Realidad virtual (RV) y realidad aumentada (RA):** Prepárate para experiencias alucinantes. La RV y la RA están transformando el entretenimiento, la educación e incluso el diseño. La RV te transporta a mundos fantásticos, mientras que la RA superpone información digital en el mundo real.

Oportunidades profesionales

¿Y lo mejor? Hay una carrera tecnológica para casi todo el mundo. Aquí tienes unas cuantas posibilidades apasionantes:

- **Desarrollador de *software*:** Estos cerebros crean los programas y aplicaciones que hacen funcionar tus dispositivos. ¿Tienes la idea de la próxima aplicación estrella? Este podría ser tu camino. Los desarrolladores de *software* convierten las ideas en realidad escribiendo el código que indica a los ordenadores cómo realizar las tareas.

- **Analista de ciberseguridad:** Conviértete en un detective digital, salvaguardando los sistemas de información de los ciberataques. Los analistas de ciberseguridad son guerreros que defienden tus castillos digitales de los invasores en línea. Identifican las vulnerabilidades de los sistemas, desarrollan medidas de seguridad e investigan las ciberamenazas.

- **Científico de datos:** Los datos son el nuevo oro, y los científicos de datos desvelan sus secretos. Analizan conjuntos de datos masivos para resolver problemas y descubrir tendencias. Los científicos de datos son los traductores, que descifran el lenguaje de los datos para revelar ideas valiosas.

- **Desarrollador web:** ¿Te gusta crear sitios web? Los desarrolladores web diseñan y crean las experiencias en línea que utilizas cada día. Combinan la creatividad con las habilidades técnicas para crear sitios web fáciles de usar y visualmente atractivos.

- **Animador:** Da vida a personajes e historias con el poder de la animación. Los animadores utilizan su talento artístico y sus habilidades técnicas para crear desde dibujos animados hasta efectos especiales para películas.

Estudios de casos reales

- **Maya Patel, 19 años, desarrolladora de juegos:** Maya combina sus habilidades artísticas con la codificación para crear videojuegos envolventes. Disfruta con el reto de diseñar mundos y personajes que a la gente le encanta jugar. La historia de Maya muestra cómo las carreras tecnológicas pueden combinar la creatividad con los conocimientos técnicos.

- **James, 18 años, analista de ciberseguridad:** A James le fascina piratear y utiliza sus conocimientos de programación para crear sólidos sistemas de seguridad que protejan a las empresas de las ciberamenazas. El ejemplo de James pone de relieve cómo la tecnología ofrece oportunidades apasionantes para quienes disfrutan con los retos y quieren influir positivamente en la seguridad en línea.

Diversidad en la tecnología

La industria tecnológica se nutre de una mezcla de personalidades y conjuntos de habilidades. Tanto si eres analítico, creativo o una mariposa social, hay un lugar para ti en la tecnología. ¿Te gusta trastear y desmontar cosas para ver cómo funcionan? Podrías encajar perfectamente en la ingeniería de hardware. ¿Tienes buen ojo para el diseño y facilidad para explicar visualmente ideas complejas? El diseño de interfaces de usuario podría ser tu vocación.

Puntos clave

- La industria tecnológica ofrece una amplia gama de apasionantes trayectorias profesionales, desde la creación de videojuegos a la protección de datos sensibles.

- Es un campo en constante evolución, lo que garantiza que siempre haya nuevos retos y oportunidades de aprender y crecer.

- Hay oportunidades para personas con todo tipo de intereses y habilidades, ya seas un pensador creativo, un solucionador de problemas o un jugador de equipo.

- La industria tecnológica puede convertir tu pasión en una carrera, así que no tengas miedo de explorar y descubrir qué enciende tu chispa.

Atención médica

El sector de la atención médica es un campo amplio y en constante evolución dedicado a la noble misión de garantizar la salud y el bienestar de las personas en todo el mundo[14]

El sector de la atención médica es un campo vasto y en constante evolución dedicado a la noble misión de garantizar la salud y el bienestar de las personas en todo el mundo. Desde la prevención de la propagación de enfermedades hasta el desarrollo de tratamientos innovadores y la prestación de cuidados críticos, la sanidad ofrece multitud de caminos a quienes desean marcar una verdadera diferencia en el mundo.

Visión general de la industria

El sector de la atención médica es un campo vasto y en constante evolución dedicado a la noble misión de garantizar la salud y el bienestar de las personas en todo el mundo. Desde la prevención de la propagación de enfermedades hasta el desarrollo de tratamientos innovadores y la prestación de cuidados críticos, la atención médica ofrece multitud de caminos a quienes desean marcar una verdadera diferencia en el mundo.

Tendencias actuales y futuras

La atención médica cambia constantemente, y siempre surgen nuevas tecnologías y enfoques. He aquí algunas tendencias interesantes que hay que seguir:

- **Telesalud:** Ahora puedes recibir asesoramiento médico desde la comodidad de tu casa. La telesalud utiliza tecnología como la videoconferencia para conectar a los pacientes con los médicos a distancia.

- **Medicina personalizada:** Este enfoque orientado al futuro adapta los tratamientos a la composición genética del individuo, lo que conduce a una atención más eficaz y personalizada.

- **Centrarse en la salud preventiva:** La atención médica está pasando del tratamiento de las enfermedades a su prevención total. Las iniciativas y programas de salud pública que promueven estilos de vida saludables son cada vez más importantes.

Oportunidades profesionales

La belleza de la atención médica reside en la enorme variedad de opciones profesionales disponibles. Aquí tienes unas cuantas para despertar tu interés:

- **Médico:** Estos profesionales altamente cualificados diagnostican y tratan enfermedades, recetan medicamentos y realizan intervenciones quirúrgicas. Los médicos requieren una amplia educación y formación, pero la recompensa de ayudar a sanar a los pacientes es inmensa.

- **Enfermero titulado:** Los enfermeros, columna vertebral de la atención al paciente, prestan atención directa a los pacientes, administran medicamentos, supervisan su estado y ofrecen apoyo emocional. Trabajan en diversos entornos, desde hospitales y clínicas hasta asistencia a domicilio.

- **Fisioterapeuta:** Ayuda a las personas a recuperar el movimiento y a controlar el dolor. Los fisioterapeutas trabajan con pacientes que han sufrido lesiones o enfermedades para mejorar su movilidad y funcionamiento.

- **Investigador médico:** Supera los límites de la ciencia médica. Los investigadores médicos trabajan en laboratorios para desarrollar nuevos tratamientos, vacunas y herramientas de diagnóstico que mejoren los resultados de la atención médica.

- **Especialista en salud pública:** Conviértete en un defensor de la salud de la comunidad. Los especialistas en salud pública trabajan para prevenir enfermedades y promover estilos de vida saludables en las comunidades. Desarrollan programas, realizan investigaciones y abogan por políticas que mejoren los resultados de la salud pública.

Estudios de casos reales

- **Anika Singh, 17 años, aspirante a médico:** Anika trabaja como voluntaria en una clínica local, siguiendo a médicos y aprendiendo sobre diversas especialidades médicas. Le apasiona la salud de la mujer y espera convertirse algún día en ginecóloga y obstetra. La historia de Anika muestra cómo el voluntariado y la exploración temprana pueden ayudarte a descubrir tu camino dentro de la atención médica.

- **Brian, 20 años, auxiliar de fisioterapia:** A Brian le gusta trabajar con deportistas para ayudarles a recuperarse de lesiones y recobrar su máximo rendimiento. Utiliza sus conocimientos de anatomía y ciencias del ejercicio para desarrollar planes de rehabilitación personalizados para sus pacientes. El ejemplo de Brian pone de relieve cómo la atención médica ofrece oportunidades a los apasionados de la medicina deportiva y la rehabilitación.

Diversidad en la atención médica

No existe una única "personalidad de la atención médica". Desde la mente analítica de un investigador hasta el corazón compasivo de un enfermero, el sector necesita personas con diversas habilidades y formación. ¿Eres detallista y te gusta trabajar con datos? Considera la codificación médica o la informática médica. ¿Tienes facilidad para explicar conceptos complejos en términos sencillos? La educación del paciente o la comunicación sobre salud podrían ser una buena opción.

Puntos clave

- El sector de la salud ofrece carreras gratificantes con potencial para influir positivamente en la vida de las personas.

- Constantemente surgen nuevas tecnologías y enfoques, lo que lo convierte en un campo dinámico y apasionante del que formar parte.

- Hay sitio para todos, ya sea que te sientas atraído por la atención directa al paciente, la investigación o el trabajo entre bastidores para garantizar una atención médica de calidad.

- Empieza a explorar tus intereses y considera la posibilidad de hacer un voluntariado o de seguir de cerca a profesionales de la salud para descubrir tu encaje perfecto en este gratificante campo.

Arte y entretenimiento

Más que de brillo y glamour, la industria del entretenimiento es una industria masiva que da vida a historias, crea música e inspira a la gente a través del arte y el diseño. Tanto si eres un músico emergente, un amante de la moda o un narrador nato, hay un lugar para que conviertas tu pasión en una carrera profesional.

Visión general de la industria

La industria del arte y el espectáculo lo abarca todo, desde la producción musical y cinematográfica hasta el diseño gráfico y la moda. Es el motor de las películas que ves, la música que escuchas, los videojuegos a los que juegas y la ropa que llevas. Es un mundo de creatividad, innovación y narración que da forma a la cultura y conecta a los seres humanos.

Tendencias actuales y futuras

Las vías del arte y el entretenimiento evolucionan constantemente, adoptando nuevas tecnologías y tendencias. He aquí un vistazo al futuro:

- **Servicios de *streaming*:** ¿Viendo tus programas favoritos sin parar? Los servicios de *streaming* están cambiando tu forma de consumir entretenimiento, ofreciéndote una amplia biblioteca de contenidos al alcance de tu mano.

- **Influencia de las redes sociales:** El auge de las redes sociales ha abierto las puertas a nuevas voces y creadores de contenidos. Desde los blogueros de moda a los músicos en línea, las redes sociales son una poderosa plataforma para mostrar tu talento.

- **Realidad virtual (RV) y realidad aumentada (RA):** Prepárate para experiencias inmersivas. La RV y la RA se están abriendo camino en la industria del entretenimiento, ofreciendo experiencias interactivas en juegos, películas e incluso actuaciones en directo.

Oportunidades profesionales

La belleza de las artes y el espectáculo reside en la variedad de trayectorias profesionales disponibles. Aquí tienes unas cuantas para despertar tu imaginación:

- **Músico:** Convierte tu pasión por la música en una carrera profesional. Los músicos escriben, interpretan y graban música, entreteniendo al público y expresándose a través de su arte.

- **Cineasta:** La magia del cine empieza con los cineastas. Desde directores y guionistas hasta directores de fotografía y editores, los cineastas dan vida a las historias en la gran pantalla.

- **Diseñador gráfico:** La comunicación visual te necesita. Los diseñadores gráficos crean contenido visual, desde logotipos y sitios web hasta ilustraciones y empaquetado.

- **Diseñador de moda:** ¿Tienes buen ojo para el estilo? Los diseñadores de moda crean ropa y accesorios, dando forma a las tendencias y expresándose a través de la moda.

- **Escritor:** ¿Tienes una historia que contar? Los escritores elaboran historias para libros, películas, programas de televisión y videojuegos, utilizando sus palabras para entretener e inspirar.

- **Intérprete:** Los focos te esperan. Actores, bailarines, cantantes y cómicos entretienen al público en directo, dando vida a personajes e historias sobre el escenario.

Estudios de casos reales

- **Sharon, 18 años, aspirante a músico:** Sharon escribe e interpreta su música, compartiendo su voz conmovedora y sus canciones originales con el mundo a través de las redes sociales. Está construyendo una base de fans y espera publicar algún día su álbum. La historia de Sharon muestra cómo las redes sociales son una plataforma de lanzamiento para los aspirantes a músicos.

- **Steven Jones, 20 años, diseñador de juegos:** Steven combina sus habilidades artísticas con la codificación para crear videojuegos envolventes. Disfruta con el reto de diseñar mundos, personajes y argumentos que cautiven a los jugadores. El ejemplo de Steven pone de relieve la mezcla de creatividad y conocimientos técnicos que se necesita en muchas carreras artísticas y de entretenimiento.

Diversidad en las artes y el espectáculo

La industria del arte se nutre de un caleidoscopio de personalidades y talentos. ¿Eres analítico y detallista? Considera una carrera en gestión de producción o edición. ¿Tienes un don para la resolución de problemas y la organización? La dirección escénica o la planificación de eventos pueden ser una buena opción.

Puntos clave

- La industria de las artes y el espectáculo ofrece multitud de trayectorias profesionales para personas creativas y apasionadas.

- Las nuevas tecnologías y tendencias dan forma constantemente al sector, convirtiéndolo en un campo dinámico y apasionante.

- Tanto si eres músico, escritor, diseñador o artista, hay un lugar para que encuentres tu voz artística y contribuyas a esta vibrante industria.

- No tengas miedo de experimentar, explora tus intereses y convierte tu pasión en tu profesión.

Empresa y finanzas

Los negocios y las finanzas son los detonantes de la economía mundial, crean puestos de trabajo, desarrollan productos innovadores y, en general, dan forma al mundo que te rodea. Desde la gestión de empresas hasta la creación de tu propia empresa, el sector empresarial y financiero ofrece una trayectoria profesional dinámica y gratificante para los adolescentes ambiciosos como tú.

Visión general de la industria

La industria empresarial y financiera abarca todo lo que implica dirigir una organización con éxito. Incluye empresas de todos los tamaños, desde tiendas de barrio hasta corporaciones multinacionales. Los profesionales de las finanzas gestionan el dinero, analizan los datos y toman decisiones estratégicas para garantizar la estabilidad financiera y el crecimiento. Los equipos de *marketing* crean estrategias para promocionar productos y servicios, mientras que los departamentos de recursos humanos gestionan las relaciones con los empleados y el talento. En general, esta industria hace girar las ruedas de los negocios.

Tendencias actuales y futuras

El mundo de los negocios y las finanzas se adapta constantemente a las nuevas tecnologías y a los cambios en el comportamiento de los consumidores. Éstas son algunas de las tendencias más candentes:

- **El auge del comercio electrónico:** La forma de comprar está cambiando. El comercio electrónico está en auge, y las empresas necesitan estrategias innovadoras para vender sus productos en línea.

- **Centrarse en la sostenibilidad:** Las empresas son cada vez más conscientes del medio ambiente. La sostenibilidad es una prioridad creciente, y las empresas buscan formas de operar de manera respetuosa con el medio ambiente.

- **Análisis de datos:** Los datos son los reyes. Las empresas utilizan la analítica de datos para comprender mejor a sus clientes, tomar decisiones informadas y mejorar sus estrategias de *marketing*.

Oportunidades profesionales

La belleza de los negocios y las finanzas radica en la variedad de trayectorias profesionales disponibles. Aquí tienes unas cuantas para despertar tu interés:

- **Los contables:** Son la columna vertebral financiera de una empresa. Los contables rastrean y analizan los datos financieros, garantizando la exactitud de los registros y ayudando a las empresas a tomar decisiones financieras acertadas.

- **Especialista en *marketing*:** ¿Tienes un don para el pensamiento creativo? Los especialistas en *marketing* desarrollan estrategias para promocionar productos y servicios, llegando al público objetivo y aumentando el conocimiento de la marca.

- **Gerente comercial:** Líderes en formación. Los gerentes comerciales supervisan las operaciones diarias, dirigen equipos y toman decisiones estratégicas para garantizar el éxito de su departamento o empresa.

- **Especialista en recursos humanos:** Las personas son el corazón de cualquier empresa. Los especialistas en recursos humanos se ocupan de las relaciones con los empleados, la contratación y la formación, fomentando un entorno de trabajo positivo.
- **Empresario:** Sé tu propio jefe. Los empresarios desarrollan ideas de negocio, lanzan sus empresas y asumen riesgos para crear empresas de éxito.

Estudios de casos reales

- **Barbara, 17 años, aspirante a empresaria:** A Barbara le encanta hornear y ha creado una deliciosa línea de galletas. Está haciendo un curso de negocios para aprender sobre *marketing* y finanzas y lanzar su propio negocio de galletas por Internet. La historia de Barbara muestra cómo los jóvenes pueden convertir sus aficiones en iniciativas empresariales.
- **Paul, 20 años, becario de *marketing*:** Paul está haciendo prácticas en una empresa emergente de tecnológica local. Ayuda con el *marketing* en las redes sociales, creando contenidos atractivos para llegar a clientes potenciales y crear conciencia de marca. El ejemplo de Paul pone de relieve cómo las prácticas pueden aportar una valiosa experiencia en distintas áreas empresariales y financieras.

Diversidad en los negocios y las finanzas

Desde la mente analítica de un contable hasta el espíritu creativo de un especialista en *marketing*, el sector se nutre de una mezcla de habilidades y personalidades. ¿Eres detallista y te gusta trabajar con números? Considera la contabilidad o el análisis financiero. ¿Tienes grandes dotes de comunicación y te apasiona contar historias? El *marketing* o las relaciones públicas podrían ser una buena opción.

Puntos clave

- El sector empresarial y financiero ofrece una amplia gama de carreras apasionantes, desde dirigir empresas hasta lanzar tu propia empresa emergente.
- Las nuevas tecnologías y tendencias se actualizan constantemente, lo que lo convierte en un campo dinámico y en constante cambio.
- Hay sitio para todos, tanto si eres analítico, creativo, líder o trabajas en equipo.

- Los conocimientos empresariales y financieros son valiosos en cualquier carrera, así que aunque no sueñes con convertirte en director general, explorar este sector puede darte una base sólida para tu futuro.

Ciencias medioambientales

Este planeta es asombroso, pero se enfrenta a graves retos. Ahí es donde entran las ciencias medioambientales. Este dinámico campo consiste en proteger el medio ambiente, encontrar soluciones sostenibles y garantizar un planeta sano para las generaciones futuras. Tanto si te apasiona la vida salvaje como si te fascinan las energías renovables o te preocupa el cambio climático, te espera una carrera en ciencias medioambientales para marcar una verdadera diferencia.

Visión general de la industria

La ciencia medioambiental lo abarca todo. Combina la biología, la química, la física y las ciencias de la tierra para comprender cómo funciona tu medio ambiente y cómo influyen en él las actividades humanas. Los científicos medioambientales desarrollan soluciones a problemas como la contaminación, el cambio climático y la pérdida de hábitats. También trabajan para conservar los recursos naturales y promover prácticas sostenibles.

Tendencias actuales y futuras

La industria de las ciencias medioambientales está en auge. He aquí algunas tendencias apasionantes que están dando forma al futuro:

- **Centrarse en la sostenibilidad:** La sostenibilidad es la clave de un planeta sano. Los científicos medioambientales están desarrollando soluciones innovadoras para garantizar que satisfaces tus necesidades sin comprometer las de las generaciones futuras.

- **Energía renovable:** El mundo se está alejando de los combustibles fósiles. Los científicos medioambientales están a la vanguardia del desarrollo y la aplicación de fuentes de energía renovables como la solar, la eólica y la geotérmica.

- **Lucha contra el cambio climático:** El cambio climático es un problema acuciante. Los científicos medioambientales están investigando sus causas y efectos y desarrollando soluciones para mitigar su impacto.

Oportunidades profesionales

Lo bonito de las ciencias medioambientales es la variedad de trayectorias profesionales disponibles. Aquí tienes unas cuantas para encender tu pasión:

- **Especialista en sostenibilidad:** Ayuda a las empresas y organizaciones a funcionar de forma respetuosa con el medio ambiente. Los especialistas en sostenibilidad desarrollan y aplican planes que reducen el impacto medioambiental y fomentan el uso responsable de los recursos.

- **Biólogo de la conservación:** Conviértete en un defensor de la vida salvaje. Los biólogos de la conservación estudian las poblaciones de animales y plantas, trabajando para proteger las especies en peligro y preservar los hábitats.

- **Ingeniero de energías renovables:** Diseña el futuro de la energía limpia. Los ingenieros de energías renovables diseñan, desarrollan e implantan sistemas que utilizan recursos renovables como la energía solar y eólica.

- **Ingeniero medioambiental:** Pon en práctica tus conocimientos de ingeniería. Los ingenieros medioambientales diseñan soluciones a problemas medioambientales como los sistemas de control de la contaminación y las instalaciones de gestión de residuos.

- **Científico del cambio climático:** Ponte a la vanguardia de la acción climática. Los científicos del cambio climático investigan las causas y los efectos del cambio climático, desarrollan modelos para predecir impactos futuros y proponen soluciones para mitigar sus efectos.

Estudios de casos reales

- **Kenneth, 17 años, aspirante a especialista en sostenibilidad:** Kenneth trabaja como voluntario en un mercado local de agricultores, promoviendo prácticas de agricultura sostenible. Le apasiona reducir el desperdicio de alimentos y espera trabajar con restaurantes para desarrollar programas de compostaje. La historia de Kenneth muestra cómo incluso los adolescentes pueden implicarse en las ciencias medioambientales a través del voluntariado y el activismo.

- **Richard, 20 años, becario de ingeniería medioambiental:** Richard hace prácticas en una empresa de energía solar. Ayuda a diseñar y probar paneles solares, asegurándose de que son eficientes y cumplen las normas de seguridad. El ejemplo de Richard pone de relieve cómo se aplican los conocimientos de ingeniería para desarrollar soluciones de energía limpia.

Diversidad en las ciencias ambientales

El sector de las ciencias medioambientales se nutre de una mezcla de personalidades y conjuntos de aptitudes [16]

El sector de las ciencias medioambientales se nutre de una mezcla de personalidades y conjuntos de aptitudes. ¿Eres analítico y te gusta la investigación? Plantéate una carrera en ciencias del cambio climático o química medioambiental. ¿Te apasionan las actividades al aire libre y tienes facilidad para la comunicación? La biología de la conservación o la educación ecológica podrían encajar bien.

Puntos clave

- El sector de las ciencias medioambientales ofrece carreras satisfactorias a quienes desean proteger este planeta y crear un futuro sostenible.

- Constantemente surgen nuevas tecnologías y soluciones, lo que lo convierte en un campo dinámico y apasionante del que formar parte.

- Hay sitio para todos, ya seas investigador, ingeniero, educador o defensor de políticas.

- Si te dedicas a las ciencias medioambientales, puedes influir positivamente en el mundo que te rodea.

Actividad: Proyecto de investigación industrial

¿Te preguntas qué tipo de carrera profesional te espera? El mundo rebosa de industrias apasionantes, cada una de las cuales ofrece oportunidades. Este proyecto es tu oportunidad de explorar una industria que despierte tu curiosidad.

Paso 1: Elige tu pasión

El primer paso es elegir un sector que te interese. ¿Te fascinan las últimas tendencias tecnológicas? Tal vez la industria de la moda y el diseño despierte tu creatividad. Quizá te apasionen los temas medioambientales o te atraiga el vertiginoso mundo de los negocios. Piensa en tus aficiones, intereses y en qué tipo de entorno laboral te imaginas. Echa un vistazo a las siguientes categorías para empezar tu lluvia de ideas:

- Tecnología (desarrollo de *software*, ciberseguridad, ciencia de datos, animación)

- Atención médica (medicina, enfermería, fisioterapia, investigación médica, salud pública)

- Arte y espectáculo (música, cine, diseño gráfico, moda, escritura, artes escénicas)

- Empresa y finanzas (contabilidad, *marketing*, gestión, recursos humanos, espíritu empresarial)

- Ciencias medioambientales (sostenibilidad, conservación, energías renovables, ingeniería medioambiental, soluciones al cambio climático)

Paso 2: Conviértete en un experto del sector

Una vez que hayas elegido tu sector, es hora de profundizar. Aquí tienes algunos recursos para orientar tu investigación:

- **Red de información ocupacional (O*NET):** Este completo sitio web del Departamento de Trabajo de los Estados Unidos proporciona información detallada sobre cientos de ocupaciones, incluyendo descripciones de puestos de trabajo, rangos salariales y perspectivas de futuro.

- **Sitios web y publicaciones del sector:** Muchas industrias tienen organizaciones o publicaciones profesionales que ofrecen información valiosa. Busca sitios web, artículos o informes que hablen de las oportunidades profesionales, las tendencias de crecimiento y las habilidades necesarias para tener éxito en el campo elegido.

- **Entrevistas:** Una de las mejores formas de aprender sobre un sector es hablar con alguien que trabaje en él. Ponte en contacto con profesionales de tu área de interés y pregúntales sobre su trayectoria profesional, las habilidades que utilizan a diario y sus consejos para los aspirantes.

Concéntrate en estas áreas clave en tu investigación

- **Oportunidades profesionales:** ¿Cuáles son las diferentes trayectorias profesionales dentro de esta industria? ¿Qué tipo de trabajos puedes desempeñar con tus habilidades e intereses?

- **Perspectivas de crecimiento:** ¿Cómo se espera que crezca esta industria en los próximos años? ¿Existen nuevas tecnologías o tendencias que crearán nuevas oportunidades de empleo?

- **Habilidades necesarias:** ¿Qué habilidades y conocimientos son esenciales para tener éxito en esta industria? ¿Se necesitan títulos, certificaciones o programas de formación específicos para entrar en este campo?

Paso 3: Muestra tus hallazgos

Una vez que hayas reunido tu información, es hora de compartir lo que has aprendido. Puedes elegir una de las siguientes opciones para presentar los resultados de tu investigación:

- **Presentación:** Crea una presentación visualmente atractiva utilizando diapositivas o una cartulina. Incluye información sobre el sector, las opciones profesionales, las perspectivas de crecimiento y las aptitudes necesarias.

- **Informe:** Redacta un informe completo que resuma los resultados de tu investigación. Utiliza títulos claros, viñetas y elementos visuales para que tu informe sea fácil de entender.

Desafío extra

Además de las áreas básicas de investigación, considera la posibilidad de incluir lo siguiente en tu presentación o informe:

- **Hechos interesantes:** ¿Has descubierto algún hecho o tendencia sorprendente sobre el sector que has elegido? Compártelos con tu audiencia.

- **Conexión personal:** ¿Cómo se relaciona esta industria con tus objetivos e intereses personales? Explica por qué te atrae esta industria.

Este proyecto de investigación industrial es una oportunidad fantástica para explorar tus opciones profesionales y aprender sobre un campo que te apasiona. Así que coge tu cuaderno, da rienda suelta a tu curiosidad y prepárate para descubrir la industria perfecta para tu futuro.

Actividad: Entrevista informativa

¿Te has preguntado alguna vez cómo es trabajar en un sector concreto? Por supuesto, la investigación en Internet está muy bien, pero no hay nada como obtener la primicia de un profesional real. Esta actividad es tu oportunidad de ponerte en contacto con alguien que trabaja en el campo de tus sueños y aprender más a través de una entrevista informativa.

¿Por qué entrevistas informativas?

Las entrevistas informativas son conversaciones con profesionales de un sector que te interesa. No son entrevistas de trabajo, sino una oportunidad para conocer las trayectorias profesionales, la cultura de la empresa y las habilidades necesarias para el éxito. He aquí algunas ventajas de realizar entrevistas informativas:

- **Obtén conocimientos de primera mano:** Obtén información privilegiada sobre un sector de la mano de alguien con experiencia en el mundo real.

- **Explora las opciones profesionales:** Infórmate sobre los distintos puestos de trabajo dentro de un sector y descubre cuáles se ajustan a tus aptitudes e intereses.

- **Construye tu red:** Amplía tu red profesional conectando con alguien de tu campo de interés. Esto es útil para futuras oportunidades de trabajo o tutoría.

Cómo encontrar al sujeto de la entrevista

- **Acude a tu red de contactos:** ¿Conoces a alguien que trabaje en el sector que has elegido? Pregunta a familiares, amigos, profesores u orientadores si pueden ponerte en contacto con un profesional para una entrevista informativa.

- **Busca en Internet:** Utiliza sitios de redes profesionales como LinkedIn para encontrar profesionales en el campo que desees. Muchos profesionales están abiertos a entrevistas informativas e incluirán su información de contacto en sus perfiles.

Preparación de la entrevista

Una vez que hayas conseguido una entrevista, es hora de prepararse. Aquí tienes algunos consejos:

- **Investiga el sector:** Haz los deberes. Infórmate sobre el sector, las distintas empresas y las funciones laborales cotidianas. Esto te ayudará a formular preguntas perspicaces.

- **Investiga al entrevistado:** Infórmate sobre los antecedentes del profesional y su empresa. Esto demuestra tu interés genuino y te permite adaptar tus preguntas.

- **Prepara las preguntas:** Elabora una lista de preguntas que te gustaría hacer. Céntrate en conocer el sector, las trayectorias profesionales y la vida laboral diaria del entrevistado.

- **Practica tu introducción:** Escribe una introducción clara y concisa que explique quién eres, tu interés por el sector y por qué solicitas una entrevista.

Ejemplos de preguntas

- ¿Cómo es un día normal en tu puesto?

- ¿Qué habilidades y experiencias son más importantes para tener éxito en este campo?

- ¿Qué consejo darías a alguien interesado en seguir una carrera en esta industria?

- ¿Cuáles son los mayores retos y recompensas de trabajar en esta industria?

- ¿Hay alguna certificación o programa de formación específico que recomiendes?

Aprovechar al máximo la entrevista

- **Sé profesional:** Vístete adecuadamente, llega a tiempo y respeta el tiempo del entrevistado.

- **Haz preguntas atractivas:** Muestra un interés genuino y escucha activamente las respuestas del entrevistado.

- **Toma notas:** Anota los puntos clave y las conclusiones de la conversación.

- **Seguimiento:** Agradece al entrevistado su tiempo y envíale un correo electrónico de seguimiento expresando tu agradecimiento y reiterando tu interés por el sector.

Consejo extra: Considera la posibilidad de grabar la entrevista con el permiso del entrevistado. Es una forma estupenda de capturar la conversación para futuras consultas.

Al realizar entrevistas informativas, obtendrás una gran información, establecerás contactos y tendrás una ventaja a la hora de planificar tu futura trayectoria profesional. Así que no seas tímido. Ponte en contacto con un profesional hoy mismo y solicita una entrevista informativa.

Mientras navegas por los diversos paisajes presentados en este capítulo, recuerda que esto es sólo el principio. Lo más importante es mantener la mente abierta. Tus intereses y objetivos profesionales pueden evolucionar, así que explora diversas industrias y no tengas miedo de salir de tu zona de confort. Las posibilidades son infinitas, y con dedicación y una pizca de exploración, descubrirás la industria y la trayectoria profesional perfectas que se ajusten a tus habilidades y aspiraciones.

Capítulo 6: Establecer objetivos: Un mapa hacia el éxito

¿Te imaginas el júbilo de una joven artista, con el corazón palpitando de emoción y expectación, al presentar su obra en su primera exposición individual en una galería? Este sueño, que antes era una aspiración lejana, se hizo realidad gracias a una planificación meticulosa, una dedicación inquebrantable y el poder de establecer objetivos claros. Este es el poder de un sueño hecho realidad. Al igual que este artista, tú también puedes navegar por el vasto mar de la carrera y alcanzar las orillas de tus aspiraciones profesionales. Sin embargo, ¿por dónde empiezas?

Los objetivos son las estrellas guía que iluminan tu trayectoria profesional, impulsándote hacia delante con una determinación centrada [17]

La respuesta está en el poder de los objetivos. Los objetivos son las estrellas guía que iluminan tu trayectoria profesional, impulsándote hacia delante con una determinación centrada. Proporcionan una hoja de ruta para tu desarrollo profesional, un faro en las a veces turbias aguas de la exploración profesional. Establecer objetivos es algo más que un simple deseo. Es un proceso deliberado y estratégico que inyecta dirección, motivación y una sensación de logro en tu vida profesional.

En este capítulo, descubrirás el poder transformador de la fijación de objetivos. Explorarás estrategias para trazar objetivos prácticos, sortear obstáculos y, en última instancia, lograr la realización profesional que mereces.

Soltar las amarras con confianza

Los objetivos claros ofrecen multitud de ventajas para el desarrollo de tu carrera. Con unos objetivos claros en mente, podrás

- **Traza tu rumbo:** Tener un destino definido te ayuda a identificar las habilidades que necesitas desarrollar, los recursos a los que necesitas acceder y los pasos que debes dar para llegar allí. Tus objetivos son puntos de referencia en el mapa de tu carrera, que te guían hacia tu máxima ambición profesional.

- **Alimenta tu motivación:** Los objetivos encienden un fuego interior que te mantiene centrado y motivado en los momentos difíciles. Cada hito conseguido, cada habilidad dominada, se convierte en un peldaño en tu camino, alimentando tu determinación para alcanzar tu destino final.

- **Celebra los hitos:** El camino hacia la carrera de tus sueños debe estar lleno de momentos de celebración. Alcanzar tus objetivos, grandes o pequeños, es un testimonio de tu duro trabajo y dedicación. Reconoce tus logros, recompénsate por tus progresos y saborea la satisfacción del logro.

El enfoque SMART:
Establecer objetivos para el éxito

Una vez que estés animado y listo para trazar el rumbo de tu carrera, tendrás que traducir tus sueños en planes factibles. El marco SMART proporciona un enfoque estructurado para establecer objetivos aspiracionales, alcanzables y mensurables. Al incorporar los criterios SMART, transformarás tus deseos en una hoja de ruta hacia el éxito.

Desglosar el marco SMART

S	Specific
M	Measurable
A	Attainable
R	Relevant
T	Time-bound

El marco **SMART** proporciona un enfoque estructurado para establecer objetivos aspiracionales, alcanzables y medibles [18]

Es hora de explorar cada elemento del marco **SMART** y ver cómo se aplica a tus aspiraciones profesionales:

- **Específicos:** Los objetivos vagos como "conseguir un buen trabajo" carecen de dirección. La especificidad es la clave. En su lugar, apunta a un objetivo como "conseguir un puesto como asociado de *marketing* en una empresa emergente tecnológica en los próximos 6 meses". Cuanto más específico sea tu objetivo, más fácil te resultará desarrollar un plan.

- **Medible:** ¿Cómo sabrás que has alcanzado tu objetivo? Los objetivos medibles te permiten seguir tus progresos y celebrar los hitos. Por ejemplo, si quieres mejorar tus habilidades para hablar en público, un objetivo medible podría ser apuntarte a un club Toastmasters y hacer 3 presentaciones en 3 meses.

- **Alcanzables:** Aunque la ambición es crucial, asegúrate de que tus objetivos son realistas y alcanzables. Ten en cuenta tus habilidades, recursos y limitaciones de tiempo actuales. Un objetivo de convertirse en director general en el plazo de un año podría no ser alcanzable, pero aspirar a un puesto de liderazgo en los próximos 5 años podría ser un paso más realista.

- **Relevantes:** Tus objetivos deben estar en consonancia con tus intereses generales y tus aspiraciones profesionales. Por ejemplo, si sueñas con una carrera en el diseño de moda, aprender a programar puede no ser directamente relevante (aunque podría ser una habilidad valiosa). Céntrate en objetivos que te impulsen hacia la carrera que deseas.

- **Limitado en el tiempo:** Pon una fecha límite a tu objetivo para crear una sensación de urgencia y centrar tus esfuerzos. En lugar de un vago deseo de "aprender un nuevo idioma", fija un objetivo con un plazo, como "adquirir fluidez conversacional en francés en 18 meses".

Poner en marcha la metodología SMART: Elaborar tus objetivos profesionales

Ahora te toca a ti. Coge papel y bolígrafo o abre un documento y prepárate para elaborar tus propios objetivos profesionales SMART. Aquí tienes una guía paso a paso:

1. **Reflexiona sobre tus aspiraciones:** ¿Qué tipo de carrera te entusiasma? ¿Qué habilidades y experiencias quieres adquirir? Anota tus ideas iniciales y tus sueños profesionales.

2. **Identifica objetivos específicos:** Basándote en tus aspiraciones, identifica 2 o 3 objetivos profesionales concretos que quieras alcanzar en un plazo de tiempo definido (por ejemplo, los próximos seis meses, el próximo año o los próximos cinco años).

3. **Aplica el marco SMART:** Para cada objetivo, asegúrate de que cumple los criterios SMART de específico, medible, alcanzable, relevante y limitado en el tiempo. Perfecciona tus objetivos hasta que cumplan todos estos elementos.

4. **Crea un plan de acción:** Divide tus objetivos en pasos más pequeños y manejables. Identifica qué acciones específicas tendrás que emprender para lograr cada paso.

5. **Sigue tu progreso:** Controla tus progresos con regularidad. Celebra tus logros, por pequeños que sean, y ajusta tu plan según sea necesario.

Si adoptas el enfoque SMART, tus aspiraciones profesionales dejarán de ser sueños lejanos para convertirse en una hoja de ruta hacia el éxito. Acepta el proceso, celebra tus hitos y disfruta de la sensación de logro que te da la consecución de los objetivos que te propongas.

Objetivos a corto y largo plazo

Al emprender la aventura de planificar tu carrera profesional, puede que tengas la tentación de fijar la vista únicamente en el horizonte lejano, en ese trabajo de ensueño que imaginas como tu destino final. Aunque los objetivos a largo plazo proporcionan una poderosa estrella polar, no subestimes la importancia de establecer objetivos a corto plazo. Son peldaños estratégicamente colocados para ayudarte a navegar con paso firme hacia el éxito a largo plazo.

Objetivos a corto plazo: Crear impulso a largo plazo

Las metas a corto plazo son objetivos alcanzables que puedes lograr en un plazo más breve, que suele oscilar entre unas semanas y unos meses. Aunque puedan parecer insignificantes en comparación con tus aspiraciones a largo plazo, son cruciales para tu éxito general. He aquí por qué:

- **Crear impulso:** Alcanzar objetivos a corto plazo proporciona una sensación de logro, aumentando tu confianza y motivación. Cada historia de éxito alimenta tu impulso para seguir avanzando hacia tu visión a largo plazo. Cuando terminas un curso en línea relacionado con la carrera de tus sueños, el logro te motiva para afrontar retos mayores y seguir centrado en tus objetivos a largo plazo.

- **Progreso medible:** Los objetivos a corto plazo te permiten realizar un seguimiento tangible de tu progreso. ¿Te fijaste el objetivo de asistir a 3 eventos de *networking* del sector en un plazo de 3 meses? Completar este objetivo a corto plazo demuestra tu compromiso y demuestra que estás trabajando activamente para conseguir tus aspiraciones profesionales a largo plazo.

- **Desarrollar las habilidades necesarias:** Muchos objetivos profesionales a largo plazo requieren el desarrollo de habilidades y conocimientos específicos. Los objetivos a corto plazo son peldaños que te ayudan a adquirir esas habilidades. Por ejemplo, si tu objetivo a largo plazo es convertirte en analista de datos, un objetivo a corto plazo podría ser completar un curso en línea sobre gestión de bases de datos o aprender un nuevo lenguaje de programación.

Ejemplos en acción: Objetivos a corto plazo para el éxito a largo plazo

He aquí una ilustración de este concepto con algunos ejemplos relacionables:

Objetivo a largo plazo: Llegar a ser diseñador gráfico en una importante agencia de publicidad.

Objetivos a corto plazo

- Inscríbete en un breve curso en línea sobre principios de diseño gráfico.
- Rediseña el sitio web de tu portafolio personal para mostrar tus habilidades de diseño.
- Relaciónate con diseñadores gráficos establecidos a través de foros en línea o reuniones locales.

Objetivo a largo plazo: Lanzar tu propio negocio de comercio electrónico.

Objetivos a corto plazo

- Realiza un estudio de mercado para identificar un nicho de producto viable.
- Elabora un plan de empresa detallado en el que describas tu estrategia de *marketing* y tus previsiones financieras.
- Completa un curso en línea sobre fundamentos del comercio electrónico.

Mantener los ojos en la meta

Si estableces y alcanzas objetivos a corto plazo, te mantendrás motivado, seguirás tus progresos y desarrollarás las habilidades y la experiencia necesarias para alcanzar tus aspiraciones profesionales a largo plazo. Los objetivos a corto plazo son tus aliados, no distracciones. Son los componentes básicos que allanan el camino hacia el éxito a largo plazo. Así que traza tu rumbo con una mezcla de ambiciosas metas a largo plazo y objetivos alcanzables a corto plazo, y observa cómo tus sueños profesionales se transforman en una realidad satisfactoria.

Historias de éxito: La fijación de objetivos en acción

Alcanzar tus objetivos profesionales es estimulante, desafiante y está lleno de giros inesperados. Sin embargo, el poder de los objetivos bien definidos brilla en las inspiradoras historias de personas que transformaron sus aspiraciones en logros notables. He aquí algunos ejemplos:

- **Steven Spielberg: La persistencia da sus frutos:** Steven Spielberg es sinónimo de superproducción cinematográfica, pero su vida no siempre estuvo llena de alfombras rojas. Tres cartas de rechazo truncaron su sueño inicial de asistir a la prestigiosa Escuela de Artes Cinematográficas de la Universidad del Sur de California (USC). Sin desanimarse, Spielberg se fijó un nuevo objetivo a corto plazo: asistir a la Universidad Estatal de Long Beach. Perfeccionó su arte, dirigió cortometrajes y, finalmente, consiguió un puesto de director en Universal Studios. Al mismo tiempo, su objetivo a largo plazo de convertirse en un cineasta de éxito seguía siendo su norte. Hoy, Spielberg es una leyenda de Hollywood, un testimonio del poder de la perseverancia y de los objetivos bien definidos.

Steven Spielberg [19]

- **John Grisham: Del rechazo al autor de superventas:** Antes de cautivar a los lectores con thrillers jurídicos como "Tiempo para matar" (en inglés, *A time to Kill*), John Grisham se enfrentó a un obstáculo desalentador. Su primera novela fue rechazada por quince editoriales y treinta agentes literarios. Desanimado pero no derrotado, Grisham no abandonó su sueño. Revisó su manuscrito, se fijó el objetivo de conseguir un contrato editorial y nunca perdió de vista su aspiración a largo plazo de convertirse en un autor de éxito. Su inquebrantable compromiso con su objetivo acabó dando sus frutos, y hoy las novelas de Grisham han vendido más de 60 millones de ejemplares en todo el mundo.

- *Star Wars*: **Una galaxia muy, muy lejana del rechazo:** La icónica saga de "La guerra de las galaxias", amada por generaciones de fans, estuvo a punto de no llegar a la gran pantalla. El guion de esta épica ópera espacial, obra de George Lucas, fue rechazado inicialmente por todos los grandes estudios de Hollywood. Sin inmutarse, Lucas siguió centrado en su objetivo a largo plazo de dar vida a su visión. Perseveró, consiguió financiación de un estudio más pequeño y nació "Star Wars". La película batió récords de taquilla, generó un fenómeno mundial y se convirtió en una piedra angular de la cultura. La historia de "La guerra de las galaxias" pone de relieve la importancia de creer en tus objetivos, incluso cuando te enfrentas a un rechazo abrumador.

Estas historias inspiradoras ilustran el poder transformador del establecimiento de objetivos. Si estableces objetivos claros y alcanzables y mantienes tu compromiso con ellos, incluso ante los contratiempos, podrás convertir tus aspiraciones profesionales en una realidad satisfactoria. El camino hacia el éxito rara vez es lineal, pero con unos objetivos bien definidos como guía, estarás bien equipado para superar los retos y conseguir cosas extraordinarias.

Taller de fijación de objetivos

Bienvenido a tu taller personalizado de fijación de objetivos. Aquí pondrás en marcha el proceso de autodescubrimiento, elaborando una hoja de ruta que te guíe hacia la carrera de tus sueños. Utilizando el poderoso marco SMART, transformarás tus aspiraciones de deseos fugaces en planes factibles para el éxito.

Paso 1: Visualiza tu panorama profesional ideal

Coge papel y bolígrafo, o abre un documento en tu ordenador. Cierra los ojos y respira hondo. Imagínate en tu escenario profesional ideal. ¿En qué tipo de entorno laboral te encuentras? ¿Cuáles son tus tareas y responsabilidades diarias? ¿Qué habilidades y conocimientos posees? Anota tus pensamientos, sueños y aspiraciones para tu futura carrera.

Paso 2: Identificar tus objetivos SMART

Ahora que tienes una visión más clara de tu carrera ideal, es hora de traducir esas aspiraciones en objetivos específicos y alcanzables. El marco SMART te servirá de guía en este proceso. Aquí tienes un desglose de cada elemento:

- **Específico:** En lugar de un vago deseo de "trabajar en un campo creativo", ponte una meta como "conseguir un puesto de diseñador gráfico en una agencia de *marketing* en los próximos seis meses".

- **Medible:** ¿Cómo sabrás que has alcanzado tu objetivo? Tal vez hagas un seguimiento del número de solicitudes de empleo que presentas o de la finalización de un portafolio de diseño relevante.

- **Alcanzable:** Sé realista sobre tus habilidades, recursos y limitaciones de tiempo. Aunque convertirse en director general en un año puede ser ambicioso, aspirar a un puesto directivo en 5 años podría ser factible.

- **Relevantes:** Tus objetivos deben estar en consonancia con tus intereses generales y tus aspiraciones profesionales. Aprender a programar puede no ser directamente aplicable si sueñas con convertirte en diseñador de moda (aunque podría ser una habilidad valiosa).

- **Limitado en el tiempo:** Añade una fecha límite a tu objetivo para crear una sensación de urgencia y centrar tus esfuerzos.

Objetivos SMART frente a objetivos poco concretos: Una historia de dos enfoques

Aquí tienes una ilustración de la diferencia entre objetivos SMART bien definidos y aspiraciones vagas con una tabla:

Función	Objetivo SMART	Objetivo vago
Especificidad	Consigue un puesto como responsable de las redes sociales en una empresa emergente tecnológica en un plazo de seis meses.	Consigue un trabajo en *marketing*.
Medible	Haz un seguimiento del número de solicitudes de empleo presentadas y de entrevistas conseguidas.	No hay una forma clara de medir el progreso.
Alcanzabilidad	Aprovecha tu experiencia en las redes sociales y realiza un breve curso en línea sobre *marketing* en las redes sociales.	Plazos poco realistas o requisitos poco claros para el trabajo deseado.
Relevancia	Esto se alinea con tu interés por las redes sociales y tu pasión por la tecnología.	Puede que no sea directamente relevante para tus objetivos profesionales a largo plazo.
Con límite de tiempo	Crea una sensación de urgencia y concentración para alcanzar el objetivo en 6 meses.	Sin fecha límite, lo que lleva a la procrastinación y a la falta de dirección.

Paso 3: Elabora tus objetivos SMART

Ahora que conoces el marco **SMART**, te toca a ti crear tus propios objetivos profesionales personalizados. Utiliza la siguiente plantilla como guía:

Objetivo: (Inserta aquí tu objetivo específico relacionado con tu carrera)

_____
_____
_____
_____
_____
_____
_____
_____

Resultado medible: (¿Cómo seguirás tu progreso hacia la consecución de este objetivo?)

_____
_____
_____
_____
_____
_____

Pasos alcanzables: (¿Qué acciones concretas vas a emprender para alcanzar este objetivo? Divide los objetivos más grandes en pasos más pequeños y manejables).

_____
_____
_____
_____
_____
_____

Relevante para las aspiraciones profesionales: (¿Cómo se alinea este objetivo con tus intereses profesionales generales y tu visión a largo plazo?)

_____
_____
_____
_____
_____
_____
_____
_____
_____

Plazo: (¿Para cuándo quieres conseguir este objetivo?)

_____
_____
_____
_____
_____
_____
_____
_____
_____

Ejemplo:

Objetivo: Conseguir un puesto como desarrollador web en una empresa de _software_ dentro del año siguiente.

Resultado medible: Realizar un seguimiento del número de solicitudes de empleo presentadas, entrevistas conseguidas y cursos en línea pertinentes completados.

Pasos alcanzables

- Inscribirse en un campo de entrenamiento sobre desarrollo web para adquirir los conocimientos necesarios.

- Completar tutoriales en línea y retos de codificación para construir un sólido portafolio.

- Relacionarse con profesionales del sector del desarrollo web a través de foros en línea y reuniones locales.

- Asistir a ferias profesionales y actos del sector para ponerte en contacto con posibles empleadores.

- Perfeccionar mi currículum y mi carta de presentación para destacar las aptitudes y la experiencia pertinentes.

Relevante para mis aspiraciones profesionales: Este objetivo se alinea con mi pasión por la tecnología y la resolución de problemas y me posiciona para una futura carrera en el desarrollo web.

Con límite de tiempo: Me propongo alcanzar este objetivo en el próximo año.

Paso 4: Actuar y celebrar los hitos

Una vez que definas claramente tus objetivos SMART, es hora de pasar a la acción. Desarrolla un plan para lograr cada paso, utiliza los recursos disponibles y no temas buscar ayuda y orientación de mentores o asesores profesionales. Celebra tus hitos, grandes y pequeños, y ajusta tu plan según sea necesario.

Recursos para fijar objetivos

Este taller te ha proporcionado las herramientas para establecer objetivos profesionales SMART. Para empoderarte aún más, considera la posibilidad de explorar estos recursos:

- **Herramientas de evaluación profesional en línea:** Estas herramientas interactivas pueden ayudarte a identificar tus puntos fuertes, intereses y posibles trayectorias profesionales.

- **Sitios web sobre desarrollo profesional:** Organizaciones gubernamentales y sin ánimo de lucro ofrecen valiosos recursos sobre planificación profesional, redacción de currículos y estrategias de búsqueda de empleo.

- **Entrevistas informativas:** Conecta con profesionales del campo que desees para conocer mejor sus trayectorias profesionales y las aptitudes necesarias para el éxito.

Establecer objetivos es un proceso continuo [20]

Establecer objetivos es un proceso continuo. A medida que adquieres experiencia, tus aspiraciones y tu visión de la carrera pueden evolucionar. Revisa tus objetivos con regularidad, afínalos cuando sea necesario y aprovecha el poder del aprendizaje permanente para mantenerte en el buen camino hacia la consecución de la carrera de tus sueños.

Trazar el rumbo hacia una carrera profesional satisfactoria

Al aprovechar el poder de los objetivos SMART, has dado un paso importante para convertir tus aspiraciones en realidad. Sin embargo, el mercado laboral es dinámico, y tu trayectoria profesional no siempre será lineal.

- **Acepta la flexibilidad:** A medida que adquieres experiencia, te encuentras con distintas oportunidades y te enfrentas a giros inesperados en tu profesión, puede que tus objetivos tengan que adaptarse. Nuevas habilidades, aficiones recién descubiertas u oportunidades inesperadas pueden empujarte a cambiar ligeramente tus aspiraciones. Acepta esta flexibilidad. Tus objetivos son estrellas que te guían, no constelaciones fijas. Permíteles evolucionar mientras navegas por el vasto universo profesional.

- **Afinar tu hoja de ruta:** No dejes que tus objetivos acumulen polvo en una estantería. Programa reuniones periódicas contigo mismo, quizá trimestrales o semestrales. Revisa tus objetivos, evalúa tus progresos y considera los ajustes necesarios. ¿Han cambiado tus intereses? ¿Has adquirido nuevas habilidades que te abren las puertas a diferentes trayectorias profesionales? Reevalúa tus objetivos para comprobar también si siguen alineados con tus sueños y si tus habilidades siguen siendo actuales. Este proceso continuo garantiza que tu hoja de ruta siga siendo relevante y te guíe hacia una carrera satisfactoria.

Ahora es el momento de pasar a la acción. Con tus objetivos SMART como brújula y una hoja de ruta establecida, traza un rumbo hacia su consecución. Desarrolla un plan que describa los pasos que darás, los recursos que necesitarás y los hitos que celebrarás por el camino. Incluso el viaje más meticulosamente planificado requiere ese primer paso. Así que zarpa con una confianza inquebrantable, acepta los retos y las oportunidades que te esperan, y observa cómo tus sueños profesionales se transforman en una realidad satisfactoria.

Capítulo 7: El *networking*:
La clave del éxito en el desarrollo

Eres voluntario en un refugio de animales local, paseando perros adorables y abrazando gatitos juguetones. De repente, entablas conversación con otra voluntaria, una mujer que, según descubres, trabaja como veterinaria. Hablan de su amor por los animales y de su interés por dedicarse a ayudarlos. Intrigada, se ofrece a responder a tus preguntas sobre su profesión e incluso te sugiere que seas su observadora durante un día en la clínica. Este encuentro casual, provocado por una simple conversación, podría abrirte las puertas a un futuro lleno de pacientes peludos y experiencias gratificantes.

Esto, en esencia, es el poder de las red de contactos.

El *networking*: Construyendo tu web de conexión personal

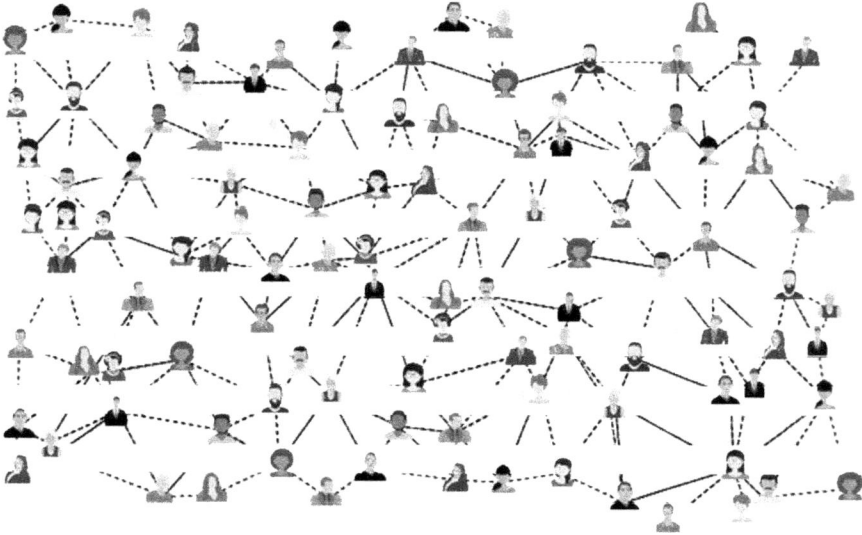

El *networking* no es un acto intimidatorio y formal, sino un proceso de creación de conexiones con personas que comparten tus intereses o trabajan en el campo que te apasiona. Se trata de entablar conversaciones, hacer amistades y establecer relaciones con personas que te proporcionen valiosos conocimientos y orientación mientras navegas por tus opciones profesionales.

Las ventajas del *networking*

Aunque conseguir el trabajo de tus sueños puede ser el objetivo final, formar una red de contactos ofrece un tesoro de beneficios que van más allá de conseguir tu primera entrevista. Aquí tienes una idea de lo que puedes ganar estableciendo contacto:

- **Perspectivas del sector:** ¿Te has preguntado alguna vez cómo es un día normal para un diseñador gráfico o un ingeniero de *software*? El *networking* te permite obtener información directamente de los profesionales del campo que deseas. Obtendrás conocimientos inestimables sobre las realidades del día a día, los retos y los aspectos más gratificantes de las distintas carreras.

- **Descubrir joyas ocultas:** Las oportunidades de negocio actuales son enormes y están en constante evolución. El *networking* te expone a apasionantes trayectorias profesionales que quizá ni siquiera habías considerado. Una conversación casual podría despertar tu interés por un campo que no sabías que existía, abriéndote las puertas a posibilidades inesperadas que encajan perfectamente con tus habilidades y pasiones.

- **La tutoría es importante:** Los mentores son personas con experiencia que te ofrecen orientación y apoyo en tu trayectoria profesional. A través de la creación de contactos, forjarás relaciones con profesionales que te proporcionarán consejos inestimables, responderán a tus preguntas e incluso se convertirán en defensores de tus habilidades y tu potencial.

- **Aprender de los demás:** La trayectoria profesional de cada persona es diferente. Al formar una red de contactos, tendrás la oportunidad de aprender de las experiencias de los demás, de sus éxitos, sus retos y las lecciones que han aprendido por el camino. Estos conocimientos serán muy valiosos a la hora de trazar tu camino hacia una carrera satisfactoria.

La próxima vez que te encuentres en una feria profesional, en la reunión de un club o incluso de voluntario en tu refugio de animales local, recuerda que todas ellas son oportunidades para conectar con personas que podrían moldear significativamente tu futuro. El poder del *networking* reside en tender puentes, forjar relaciones y crear un grupo de personas que te apoyen y te ayuden a alcanzar todo tu potencial. Es hora de profundizar y explorar formas de establecer estas conexiones y aprovecharlas para tu éxito.

Dónde y cómo establecer contactos

Ahora que estás entusiasmado con el poder del *networking*, es hora de explorar el "dónde" y el "cómo" establecer esas valiosas conexiones. La creación de una red de contactos no se limita a las aburridas salas de conferencias, los aburridos cócteles o las intimidantes ferias de empleo. Hay todo un espectro de oportunidades esperando a ser exploradas.

Entornos tradicionales: Peldaños hacia el éxito

- **Ferias de empleo:** Estos eventos reúnen a empresas y empleados potenciales. No te limites a deambular pasivamente de estand en estand. Investiga de antemano las empresas participantes, identifica las que más te interesan y prepara un *elevator pitch* o discurso de ascensor (un resumen conciso de tus habilidades y objetivos) que destaque el valor que puedes aportar. Interactúa activamente con los representantes, haz preguntas sobre la cultura de la empresa y los puestos vacantes, y deja una impresión duradera.

- **Eventos y conferencias del sector:** Sumergirte en el mundo que te apasiona es una forma fantástica de conectar con personas afines y mentores potenciales. Asiste a eventos, talleres o conferencias del sector relacionados con el campo que deseas. Estos encuentros son oportunidades para conocer las últimas tendencias, establecer contactos con profesionales en distintas fases de sus carreras y entablar conversaciones con compañeros que comparten tus intereses. No tengas miedo de presentarte a los demás, intercambiar información de contacto y hacer un seguimiento después del evento para consolidar la conexión.

- **Entrevistas informativas:** Las entrevistas informativas son una joya oculta en el mundo del *networking*. Ponte en contacto con profesionales del campo que desees y solicita una entrevista informativa. Esta conversación sin presiones es una oportunidad para conocer sus trayectorias profesionales, hacer preguntas sobre las realidades cotidianas del trabajo y aprender sobre el sector. Investiga a la persona de antemano, prepara preguntas bien pensadas y agradece su tiempo y orientación.

El poder de las plataformas en línea

La era digital ofrece una gran cantidad de plataformas en línea diseñadas específicamente para la creación de redes profesionales:

- **LinkedIn:** Tu perfil de LinkedIn es tu currículum profesional en línea. Construye un perfil completo que muestre tus habilidades, experiencia y formación académica. Conecta con profesionales del sector, únete a grupos relevantes para participar en debates, aprender de los demás y participar en comunidades en línea relacionadas con tu campo de interés. Siendo activo en

LinkedIn, te estableces como líder de opinión y atraes oportunidades potenciales.

- **Foros específicos del sector:** Muchas industrias tienen foros en línea donde los profesionales debaten tendencias, comparten recursos y se conectan. Participa activamente en las conversaciones ofreciendo tus ideas, haciendo preguntas y demostrando tus conocimientos. La participación en Internet crea reputación en tu sector y te pone en contacto con profesionales que podrían estar interesados en ser tus mentores o colaborar contigo.

- **Estrategias de las redes sociales:** Aunque no sustituyen a la interacción cara a cara, las redes sociales como Twitter son potentes herramientas para establecer contactos. Sigue a líderes del sector, personas influyentes y empresas que admires. Participa en conversaciones relevantes utilizando las etiquetas adecuadas para aumentar tu visibilidad. Participa en debates en línea, compartiendo artículos o planteando preguntas que inviten a la reflexión. Al establecerte como alguien que aporta contenido interesante, atraerás la atención de otros en tu campo y abrirás puertas a posibles conexiones.

Entablar relaciones

El éxito de una red de contactos consiste en establecer conexiones auténticas, no sólo en coleccionar tarjetas de visita o acumular seguidores en Internet. He aquí algunos puntos clave:

- **Prepárate:** Investiga a la persona u organización con la que quieres reunirte. Muestra un interés genuino por su trabajo y sus experiencias. Tómate tu tiempo para preparar preguntas bien pensadas que demuestren que has hecho los deberes.

- **Sé accesible y participativo:** Entabla conversaciones en eventos del sector, foros en línea o entornos informales como reuniones de voluntarios. Muéstrate accesible e irradia energía positiva. Escucha activamente las respuestas de los demás, haz preguntas de seguimiento y encuentra puntos en común para entablar relaciones.

- **Ofrece valor:** No te centres únicamente en lo que ganas con la interacción. Piensa en cómo aportas valor a la persona con la que estás conectando. ¿Tienes un conjunto de habilidades o una base de conocimientos que pueda beneficiarles? ¿Puedes ofrecerle ponerle en contacto con otra persona de tu red? Si demuestras tu disposición a dar y a recibir, establecerás una conexión más significativa.

- **Sé tú mismo:** Deja que brille tu personalidad. La gente conecta con las interacciones genuinas, así que muéstrate cómodo y auténtico en tus conversaciones. Aunque la profesionalidad es importante, no tengas miedo de mostrar tu entusiasmo y pasión por tu campo.

Siguiendo estos consejos y explorando las diversas oportunidades de trabajo en red disponibles, estarás en el buen camino para construir una sólida red de conexiones que te capacite para alcanzar tus objetivos profesionales. El *networking* es un proceso continuo, así que sé paciente y persistente, y disfruta forjando conexiones que darán forma a tu éxito futuro.

Deja tu huella

Has identificado tus objetivos y has explorado el *networking*, y ahora es el momento de trabajar en tus habilidades de comunicación para causar impresión durante tus interacciones. La comunicación eficaz es la piedra angular del éxito en la creación de contactos, ya que te permite establecer una buena relación, mostrar tu valor y dejar una impresión duradera. He aquí algunas estrategias que te ayudarán a dejar huella a través del *networking*:

Cómo desarrollar tu discurso de ascensor: Un resumen de 30 segundos

Un discurso de ascensor eficaz es tu arma secreta [22]

Imagina que estás atrapado en un ascensor con un contacto de ensueño, alguien que podría influir significativamente en tu trayectoria profesional. Tienes 30 segundos para presentarte, mostrar tus habilidades y despertar su interés. Aquí es donde entra en juego tu discurso de ascensor. Un discurso de ascensor eficaz es tu arma secreta en este escenario. Es una introducción concisa y convincente que destaca tus habilidades, experiencias y aspiraciones profesionales.

Aquí tienes una guía paso a paso para elaborar tu discurso de ascensor ganador:

1. **Preséntate y engancha a tu audiencia**
   - Empieza con una frase inicial cautivadora que llame la atención. Puede ser una estadística relevante sobre tu campo, una pregunta que invite a la reflexión o una declaración breve e impactante sobre tu pasión.

Ejemplo: *"¿Sabías que tus elecciones de diseño tienen un impacto significativo en la huella medioambiental de un producto? Me apasiona gestionar cómo tiene lugar ese proceso para que sea estéticamente agradable y respetuoso con el medio ambiente".*

2. **Destaca tus habilidades y tu propuesta de valor**
   - Muestra brevemente tus habilidades y experiencias más relevantes.
   - Céntrate en lo que te hace destacar y en el valor que aportas a su organización o campo.
   - Cuantifica tus habilidades siempre que sea posible para añadir impacto.

Ejemplo: *"Domino programas de diseño gráfico como Adobe Creative Suite y tengo experiencia en el desarrollo de soluciones de envasado sostenibles que supusieron una reducción del 15% en el uso de materiales para un cliente anterior".*

3. **Articula tus objetivos y cómo les beneficias**
   - Expresa brevemente tus aspiraciones profesionales y cómo la conexión con ellos podría ser mutuamente beneficiosa.
   - ¿Buscas un mentor? ¿Una oportunidad de prácticas? Hazles saber cómo pueden desempeñar un papel en tu viaje.
   - Sé claro y conciso.

Ejemplo: *"Busco unas prácticas en una empresa de diseño centrada en crear soluciones de marca sostenibles. Confío en que mis habilidades y mi pasión por el diseño ecológico puedan ser valiosas para su equipo".*

4. **Termina con una llamada a la acción (opcional)**
   - Dependiendo de la situación, puedes concluir con una llamada a la acción, como expresar interés en una entrevista o solicitar conectar en LinkedIn.

Plantilla

Capta la atención: (Por ejemplo, un hecho interesante, una pregunta o una declaración concisa de lo que te apasiona)

_____
_____
_____
_____
_____
_____
_____
_____

Quién soy: (Breve introducción y habilidades relevantes)

_____
_____
_____
_____
_____
_____
_____
_____

Qué hago: (Ejemplos concretos y logros cuantificables)

_____
_____
_____
_____
_____
_____
_____
_____

Mis objetivos: (Aspiraciones profesionales y cómo conectas con ellas)

_____

_____

_____

_____

_____

_____

_____

_____

Llamada a la acción: (Opcional)

_____

_____

_____

_____

_____

_____

_____

Consejos

- Practica tu discurso en voz alta para asegurarte de que es claro, conciso y se pronuncia con seguridad y naturalidad.
- Adapta tu discurso a tu público y a la situación concreta.
- Mantenlo por debajo de 30 segundos.

Siguiendo estos pasos y utilizando la plantilla proporcionada, estarás en el buen camino para elaborar un discurso de ascensor ganador que dejará una impresión duradera y te abrirá las puertas a interesantes oportunidades en la carrera que hayas elegido.

Establecer conexiones significativas

El _networking_ no consiste sólo en dar tu discurso de ascensor. Se trata de iniciar conversaciones, fomentar conexiones y demostrar un interés genuino por los demás. Aquí tienes algunos consejos para mantener conversaciones eficaces:

- **Rompe el hielo:** Iniciar conversaciones es desalentador, pero una simple presentación, un cumplido o una pregunta sobre su función pueden romper el hielo. Encuentra puntos en común y utilízalos para establecer una buena relación. Busca iniciadores de conversación en el evento o en el foro en línea. Tal vez un evento común del sector, un artículo relevante que ambos hayan comentado o una conexión mutua puedan servir de trampolín para una conversación interesante.

- **Haz preguntas perspicaces:** No te centres sólo en ti. Prepara preguntas reflexivas que demuestren tu interés por su trabajo y sus experiencias. Pregúntales sobre su trayectoria profesional, los retos a los que se enfrentan o sus opiniones sobre el sector. En lugar de preguntas genéricas como "*¿A qué te dedicas?*", prueba con algo más específico como "*¿Cuáles son algunos de los mayores cambios que has visto en la industria del diseño a lo largo de tu carrera?*".

- **Escucha activamente:** Presta toda tu atención a la otra persona. Escucha atentamente sus respuestas, haz preguntas de seguimiento para demostrar que estás interesado y evita interrumpir. Demuestra que te interesa de verdad lo que tiene que decir. Presta atención a las señales verbales y no verbales para captar el mensaje completo que transmite.

Dejar una impresión duradera

La primera impresión es crucial, y la comunicación no verbal desempeña un papel importante. He aquí cómo causar un impacto positivo a través de tu lenguaje corporal:

- **Comportamiento confiado:** Mantén una buena postura, establece contacto visual y sonríe genuinamente: proyecta confianza y entusiasmo a través de tu lenguaje corporal. Un apretón de manos firme (ni demasiado apretado ni demasiado flojo) es también un elemento clave de una primera impresión positiva.

- **Etiqueta profesional:** Vístete adecuadamente para el entorno. Una apariencia profesional demuestra respeto y crea una impresión positiva. Si no estás seguro del código de vestimenta, peca de prudente y opta por un atuendo más formal.

- **Interés genuino:** Muestra un interés genuino por la otra persona y su trabajo. Inclínate ligeramente cuando hable, asiente para reconocer sus argumentos y mantén el contacto visual para transmitir tu atención. Reflejar sutilmente su lenguaje corporal también puede crear una relación subconsciente.

Mantener la conversación fluida

Crear una red sólida es un proceso continuo [23]

Crear una red de contactos sólida es un proceso continuo. No dejes que la interacción termine tras intercambiar tarjetas de visita o seguirse en las redes sociales. Aquí tienes algunos consejos para mantener las conexiones:

- **Haz un seguimiento inmediato:** Envía un correo electrónico de agradecimiento en las 24 horas siguientes a la conversación. Reitera tus puntos clave y expresa tu agradecimiento por su tiempo e interés. Menciona brevemente algo concreto de lo que hablaron para personalizar el correo electrónico y demostrar que participaste en la conversación.

- **Mantente en su radar:** Sin ser intrusivo, mantén activa tu conexión enviando de vez en cuando artículos relevantes, noticias del sector o recursos que creas que pueden resultarles interesantes. Esto demuestra tu interés continuado y te mantiene en primer plano.

- **Asiste a eventos de la industria:** Sigue asistiendo a actos, conferencias o foros en línea del sector. Esto te permitirá reconectar con contactos anteriores, aprovechar las relaciones existentes y forjar nuevas conexiones dentro de tu campo.

- **Ofrece apoyo cuando sea posible:** La creación de redes es una calle de doble sentido. Si te encuentras con una oportunidad o un recurso que puede beneficiar a alguien de tu red, no dudes en compartirlo. Ofrece apoyo siempre que sea posible y sé un activo valioso para tu red, no sólo alguien que busca favores.

Estas estrategias de comunicación te transforman de un relacionista ocasional en un maestro de las conexiones. La comunicación eficaz es la clave para establecer relaciones sólidas, causar una impresión duradera y convertir las interacciones fugaces en conexiones valiosas que te permitan navegar por tu carrera con confianza y triunfar.

Simulacro de una actividad de *networking*

Escenario: Estás en una feria de empleo y has visto un estand de una empresa que te interesa mucho. GreenLeaf Solutions es una empresa líder en arquitectura sostenible. Están especializados en diseñar edificios ecológicos que sean eficientes energéticamente y minimicen el impacto medioambiental. Esto encaja perfectamente con tu pasión por la sostenibilidad medioambiental y tus estudios de ingeniería civil centrados en las prácticas de construcción ecológica.

Tu papel: Eres un estudiante universitario con un gran interés en la arquitectura sostenible y un deseo de aprender más sobre las posibles oportunidades de prácticas o de trabajo para principiantes en GreenLeaf Solutions.

Personajes

- **Tú:** Un estudiante universitario entusiasta y apasionado por las prácticas de construcción sostenible.

- **Jennifer Scott:** Una arquitecta amable y experimentada que trabaja en el estand de GreenLeaf Solutions.

Objetivo: Practica tu discurso de ascensor, haz preguntas perspicaces y causa una impresión positiva en Jennifer para explorar potencialmente futuras oportunidades con GreenLeaf Solutions.

¿Estás preparado?

(Te acercas al estand de GreenLeaf Solutions y haces contacto visual con Jennifer).

Tú: Hola. Me llamo [tu nombre] y soy estudiante de ingeniería civil en [tu universidad]. Mis estudios se centran especialmente en las prácticas de construcción sostenible. Me impresionó mucho el trabajo de GreenLeaf Solutions en el [nombre de un proyecto concreto de GreenLeaf Solutions que admires].

(Aprovecha la oportunidad para pronunciar tu discurso de ascensor, destacando tu pasión por la sostenibilidad, las habilidades relevantes que has adquirido [por ejemplo, dominio del *software* de modelado de información de edificios, cursos de certificación LEED {sigla de Leadership in Energy & Environmental Design}] y tu interés en trabajar con una empresa como GreenLeaf Solutions).

Después de exponer tu argumento, continúa la conversación con Jennifer haciéndole preguntas perspicaces como las siguientes:

- *¿Cuáles son algunos de los mayores retos a los que te enfrentas al diseñar edificios sostenibles?*

- *¿Cuáles son los aspectos más gratificantes de trabajar en proyectos que dan prioridad al impacto medioambiental?*

- *¿Ofrece GreenLeaf Solutions oportunidades de prácticas o tutorías para estudiantes interesados en la arquitectura sostenible?*

Escucha atentamente las respuestas de Jennifer y haz preguntas de seguimiento para demostrar tu interés genuino.

Antes de concluir la conversación, puedes decir algo como:

"Muchas gracias por tu tiempo y tu información, Jennifer. Esta conversación ha sido increíblemente útil. Estoy muy interesado en saber

más sobre GreenLeaf Solutions y las posibles oportunidades. ¿Te parece bien que conecte contigo en LinkedIn para seguir en contacto?".

Intercambia información de contacto o conéctate en LinkedIn antes de terminar la conversación.

Informe

Tras el juego de rol, reflexiona sobre la experiencia. Plantéate las siguientes preguntas:

- ¿Cómo te sentiste al pronunciar tu discurso de ascensor?

- ¿Qué preguntas te han parecido más valiosas para conocer GreenLeaf Solutions y las posibles trayectorias profesionales?

- ¿Cómo puedes mejorar tus habilidades de comunicación para futuras interacciones en red?

Al participar activamente en este escenario simulado, has tenido la oportunidad de practicar tus habilidades de networking en un entorno seguro y controlado. Cuanto más practiques, más seguro y cómodo te sentirás en situaciones reales de redes de contactos. Pule tu discurso de ascensor, prepárate para hacer preguntas perspicaces y empieza a crear conexiones valiosas que potenciarán tu carrera.

Crear conexiones duraderas

Has dado un gran salto. Equipado con potentes estrategias de creación de redes, estás listo para encontrar conexiones profesionales apasionantes. Céntrate en la calidad, no en la cantidad. Construye relaciones auténticas, fomenta el beneficio mutuo y establécete como un activo valioso.

- **El interés genuino es la clave:** La gente conecta con quienes se interesan. Escucha activamente, haz preguntas reflexivas y muestra interés por su trabajo. Esto genera confianza y abre las puertas a nuevas posibilidades.

- **Cultivar tu red:** Tu red de contactos es un jardín. Un cuidado constante es vital. Mantente conectado con mensajes ocasionales, actualizaciones del sector o felicitaciones por sus logros. Ofrece apoyo cuando puedas, porque una red de contactos sólida beneficia a todos.

- **Esfuerzo continuo:** El *networking* es un proceso que dura toda la vida. Cuanto más practiques, más confianza adquirirás. No te desanimes. Crear una red de contactos sólida requiere tiempo y dedicación. Conecta con personas inspiradoras y aprovecha tu red para impulsar tu carrera.

Siguiendo estos pasos y aprovechando al máximo las oportunidades de establecer contactos, cultivarás un círculo poderoso que te ayudará a alcanzar tus objetivos profesionales y a allanar el camino hacia un futuro satisfactorio. Así pues, sal ahí fuera, conéctate y deja que comience tu aventura de *networking*.

Capítulo 8: Cómo crear una marca

Un estudiante de último curso de secundaria apasionado por la programación dedica horas a construir un sitio web cautivador que muestre sus habilidades de programación. Participa activamente en comunidades de programación en línea, comparte tutoriales e incluso desarrolla una aplicación móvil que gana adeptos. Esta impresionante presencia en Internet llama la atención de una conocida empresa tecnológica, lo que le ofrece una oportunidad de hacer prácticas. Es un sueño hecho realidad impulsado por el poder de la marca personal.

¿Qué es la marca personal?

La marca personal consiste en crear una reputación positiva en el panorama digital que refleje tus habilidades, intereses y ambiciones[24]

La marca personal es como tu currículum en línea, sí, pero también *es mucho más genial.* Se trata de crear una reputación positiva en el panorama digital que refleje tus habilidades, intereses y ambiciones. Al igual que tus marcas favoritas tienen una identidad propia, tú puedes crear una marca personal que te distinga de la multitud.

¿Por qué hacerte una marca?

Hoy en día, las primeras impresiones suelen producirse en Internet, por lo que tener una marca personal fuerte es más importante que nunca. He aquí por qué es importante construir tu marca:

- **Destaca entre la multitud:** El mercado laboral es competitivo. Mostrando tus habilidades y experiencias en Internet, te diferencias de otros candidatos y captas la atención de posibles empleadores o reclutadores.

- **Causa una poderosa primera impresión:** Los responsables de admisiones universitarias, posibles empleadores o incluso futuros colaboradores podrían buscarte en Internet. Una presencia en Internet bien cuidada crea una primera impresión positiva, destacando tus puntos fuertes y logros antes incluso de conocerse en persona.

- **Muestra tu propuesta de valor:** Tu marca es tu oportunidad de decirle al mundo lo que te hace especial. Es tu plataforma para demostrar tus habilidades, conocimientos y pasiones. Esto te permite atraer oportunidades que se alineen con tu propuesta de valor y tus objetivos profesionales.

¿Estás preparado para tomar el control de tu narrativa en línea y construir una marca personal que te permita alcanzar tus sueños? Es hora de crear tu identidad digital.

Construir los cimientos de tu marca

La creación de una marca personal poderosa empieza desde dentro. Antes de mostrarte al mundo digital, es crucial identificar lo que te hace ser TÚ. Este proceso de autodescubrimiento formará los cimientos de tu marca, garantizando que tu presencia en línea sea auténtica, convincente y refleje tu pasión.

Identificar tus puntos fuertes

Todo el mundo posee habilidades y talentos. El primer paso es identificar los tuyos. Aquí tienes algunos ejercicios para empezar:

- **La lista de "soy bueno en...":** Coge papel y bolígrafo y haz una lluvia de ideas sobre todo aquello en lo que destaques. Esto podría incluir cualquier cosa, desde habilidades técnicas como la codificación o el diseño gráfico hasta talentos creativos como la escritura o la música. No tengas miedo de incluir habilidades blandas como la comunicación, el trabajo en equipo o la resolución de problemas.

- **Logros y reconocimientos pasados:** Reflexiona sobre tus logros pasados. ¿Ganaste un premio en la feria de ciencias? ¿Recibiste elogios por tu liderazgo en una actividad del club? Incluso los logros personales, como dominar una habilidad difícil o superar un reto, revelan valiosos puntos fuertes.

- **Buscar opiniones:** A veces, no eres consciente de tus puntos fuertes. Pide a amigos de confianza, mentores o incluso profesores que te den su opinión sincera. ¿Cuáles son tus cualidades más fuertes? ¿Qué habilidades admiran sistemáticamente?

Al completar estos ejercicios, conocerás tus puntos fuertes y tus talentos, que son elementos cruciales para construir tu marca.

Valores y pasiones

¿Qué te impulsa? ¿Cuáles son los valores básicos que guían tus acciones y decisiones? Aquí tienes algunas preguntas que hacerte:

- ¿Qué te apasiona?
- ¿Qué tipo de entorno laboral sería más satisfactorio para ti?
- ¿Qué impacto quieres causar en el mundo?

Tus valores influirán en tu carrera y también darán forma a tu presencia en Internet. Por ejemplo, si valoras la sostenibilidad, podrías mostrar tu participación en iniciativas medioambientales en las redes sociales.

El factor "tú"

Tu marca es sobre TI. No intentes ser alguien que no eres. La gente conecta con personalidades auténticas. Acepta tus peculiaridades, muestra tus intereses y deja que brille tu voz. La autenticidad genera confianza y atrae oportunidades y conexiones que resonarán con tu verdadero yo.

Construir los cimientos de tu marca es un proceso continuo. Estos ejercicios son un trampolín para el autodescubrimiento. A medida que adquieras nuevas experiencias y explores distintos intereses, tu marca evolucionará de forma natural. La clave es mantenerte fiel a tus valores fundamentales, mostrar tus puntos fuertes y tus pasiones, y dejar que tu personalidad auténtica ocupe un lugar central en tu presencia en Internet.

Actividad: Elabora tu declaración de marca

Tu declaración de marca es un titular cautivador, una frase concisa e impactante que resume tu propuesta de valor. Encierra tus puntos fuertes, valores y aspiraciones profesionales, captando al instante la atención de posibles empleadores, educadores o colaboradores.

Aquí tienes una guía paso a paso para elaborar tu declaración de marca personal ganadora:

1. **Haz una lluvia de ideas y organiza tus pensamientos:** La tabla siguiente te ayudará a reunir tus ideas:

Categoría	Indicaciones	Tus respuestas
Puntos fuertes	¿Cuáles son tus tres principales habilidades o talentos? ¿En qué destacas?	
Valores	¿Cuáles son tus valores fundamentales? ¿Qué principios guían tus acciones?	
Objetivos	¿Qué tipo de trayectoria profesional te interesa? ¿Qué impacto quieres causar?	

2. **Identifica tu mensaje central:** Una vez que hayas completado la tabla, reflexiona sobre tus respuestas. ¿Cuál es el hilo unificador que conecta tus puntos fuertes, valores y objetivos? ¿Qué mensaje quieres transmitir sobre ti y tus aspiraciones?

Ejemplo:

- o **Puntos fuertes:** Resolución creativa de problemas, comunicación eficaz, pasión por la sostenibilidad medioambiental.
- o **Valores:** Innovación, colaboración, generar un impacto positivo.
- o **Objetivos:** seguir una carrera en diseño sostenible, desarrollar soluciones ecológicas e inspirar a otros para que abracen la vida verde.

Mensaje central: "Solucionador creativo de problemas alimentado por la pasión por la sostenibilidad, aprovecho mis sólidas habilidades de comunicación para colaborar y desarrollar soluciones innovadoras que inspiren un cambio positivo en la industria del diseño".

3. **Elabora tu declaración:** Una vez que tengas tu mensaje central, utilízalo para crear una declaración de marca personal concisa e impactante. Aquí tienes una plantilla para empezar:

Soy un(a) [adjetivo que describe tus habilidades/experiencia] [profesión/área de interés] apasionado(a) por [tus valores]. Aprovecho mis habilidades en [tus puntos fuertes] para [tus objetivos].

4. **Afina y pule:** Lee tu declaración en voz alta. ¿Fluye con fluidez? ¿Es clara y concisa? Afina tu redacción y asegúrate de que capta eficazmente tu esencia.

La declaración de tu marca es un trabajo en curso. A medida que evoluciones y explores nuevas oportunidades, no dudes en revisar y perfeccionar tu declaración para reflejar tu trayectoria en curso.

Ejemplos de declaraciones de marca personal

- Soy una profesional del *marketing* apasionado y orientado a los resultados, con talento para elaborar contenidos convincentes. Aprovecho mi gran capacidad analítica y de comunicación para desarrollar campañas de *marketing* basadas en datos que generen clientes potenciales e impulsen el conocimiento de la marca.

- Soy un diseñador gráfico creativo e innovador que se centra en el diseño de la experiencia del usuario (UX). Me apasiona crear interfaces fáciles de usar que sean a la vez estéticamente agradables y funcionales. Me esfuerzo por utilizar mis habilidades de diseño para desarrollar productos digitales que mejoren la experiencia del usuario y potencien a las empresas.

Siguiendo estos pasos y utilizando las indicaciones y la tabla proporcionadas, estarás en el buen camino para elaborar una poderosa declaración de marca personal que te presente eficazmente al mundo y te posicione para el éxito en el campo que elijas.

Crear la historia de tu marca

Tu historia mostrará tu propuesta de valor al mundo y atraerá oportunidades que se alineen con tus objetivos [25]

Una vez que hayas descubierto tu esencia y redactado una declaración de marca personal cautivadora, traduce esa esencia en una historia en línea convincente. Esta historia mostrará tu propuesta de valor al mundo y atraerá oportunidades que se alineen con tus objetivos. Aquí tienes varias formas de dar vida a la historia de tu marca.

Curar tu presencia en Internet: Experto en redes sociales

Las plataformas de las redes sociales son herramientas poderosas para construir tu presencia en Internet. Sin embargo, no se trata sólo de acumular seguidores. He aquí cómo gestionar estratégicamente tus perfiles en las redes sociales para que reflejen tu imagen de marca:

- **El contenido es el rey (y la reina):** Comparte contenido de alta calidad relevante para tus intereses y objetivos profesionales. Esto podría incluir artículos del sector, proyectos creativos o incluso citas inspiradoras.

- **Participa y conecta:** Las redes sociales son una calle de doble sentido. No te limites a transmitir. Participa activamente en las conversaciones, responde a los comentarios y únete a las comunidades en línea relevantes.

- **Cuestiones de privacidad:** Revisa tu configuración de privacidad en todas las plataformas de las redes sociales. Proyecta una imagen profesional y evita compartir en exceso información personal que pueda perjudicar potencialmente a tu marca.

Construir tu portafolio digital: Una exhibición de tus habilidades

Considera la posibilidad de crear un sitio web personal o un portafolio en línea. Este espacio dedicado te permite mostrar tus mejores trabajos, habilidades y logros, y proporciona una plataforma para que posibles empleadores o colaboradores sepan más de ti.

- **Destaca tus puntos fuertes:** Muestra proyectos, logros o premios que demuestren tus habilidades y experiencias clave.

- **El atractivo visual importa:** Utiliza un diseño limpio y profesional que complemente tu marca. Las fotos, vídeos o infografías de alta calidad mejorarán significativamente tu portafolio.

- **Mantenlo actualizado:** Tu portafolio en línea es un espacio dinámico. Actualízalo regularmente con nuevos proyectos, habilidades que hayas adquirido o logros significativos para mantener una presencia fresca y relevante.

El poder del currículum: Tu marca en acción

Tu currículum es una herramienta vital en cualquier búsqueda de empleo, y es una oportunidad excelente para mostrar tu marca en acción. He aquí cómo adaptar tu currículum para que resuene con tu marca:

- **Optimización de palabras clave:** Integra palabras clave relevantes para tu campo deseado y tus puntos fuertes en todo tu currículum. Esto ayudará a que tu currículum llame la atención de posibles empleadores que utilicen sistemas de seguimiento de candidatos.

- **Destaca las habilidades y logros relevantes:** Selecciona cuidadosamente experiencias y logros que se ajusten a la descripción específica del puesto y muestren las habilidades y cualidades que identificaste como parte de la base de tu marca.

- **Cuantifica tu impacto:** Siempre que sea posible, cuantifica tus logros utilizando datos y métricas. Esto demuestra el valor tangible que aportas a un posible empleador.

Si sigues estos consejos y utilizas las redes sociales, los portafolios en línea y tu currículum de forma estratégica, crearás una narrativa en línea convincente que comunique eficazmente la historia de tu marca y te sitúe en una posición de éxito para alcanzar tus objetivos profesionales.

Actividad: Auditoría de la huella digital

Tu presencia en Internet es un currículum digital. Es la primera impresión que das a posibles empleadores, educadores o incluso futuros colaboradores. Antes de elaborar activamente tu historia de marca, haz balance de tu huella en línea actual. Realiza una autoauditoría para identificar las áreas de mejora y asegurarte de que tu persona en línea se alinea con la imagen de marca que te esfuerzas por crear.

Reúne tus herramientas: Coge papel y bolígrafo o abre un documento digital. Vas a crear una lista de comprobación para evaluar tu presencia digital en varias plataformas.

Paso 1: Inventario de la plataforma

- Enumera todas las plataformas de redes sociales que utilizas habitualmente (por ejemplo, Instagram, Facebook, Twitter).

- Incluye los foros en línea, foros de discusión o plataformas de juego en los que participes.

- ¿Tienes un sitio web personal o un portafolio digital? Inclúyelo también aquí.

Paso 2: Auditoría de contenidos

Ten en cuenta estos factores al revisar tu contenido:

- **Profesionalidad:** ¿Consideraría un empleador o educador potencial que este contenido es apropiado?

- **Relevancia:** ¿Se alinea tu contenido con tu imagen de marca y tus aspiraciones profesionales?

- **Configuración de privacidad:** ¿Tus ajustes de privacidad están configurados para proteger tu información y proyectar una imagen profesional?

Ahora, profundiza en cada plataforma de tu lista. Aquí tienes una tabla para guiar tu evaluación:

Plataforma	Revisión del contenido	Puntuación (1-3) (necesita mejorar/ excelente)	Acciones
(Nombre de la plataforma)	1. Revisa tus publicaciones, fotos y pies de foto. 2. ¿Hay alguno que contradiga tu imagen de marca deseada (por ejemplo, contenido poco profesional o negativo)? 3. ¿Muestran tus publicaciones tus habilidades e intereses?		Enumera cualquier contenido que debas eliminar o editar.
(Nombre de la plataforma)			
(Nombre de la plataforma)			

Paso 3: Pasar a la acción

Según los resultados de tu auditoría, es hora de actuar. Aquí tienes algunas ideas:

- **Renueva tus perfiles:** Actualiza tus fotos de perfil y biografías en las redes sociales para reflejar tu imagen de marca.

- **Limpia tus actos:** Si descubres resultados de búsqueda negativos o irrelevantes sobre ti en Internet, considera la posibilidad de tomar medidas para eliminarlos (si es posible) o mitigar su impacto creando contenido positivo de alta calidad que desplace esos resultados hacia abajo en la clasificación de los motores de búsqueda.

- **Configuración de la privacidad:** Revisa y ajusta tu configuración de privacidad en todas las plataformas de las redes sociales para asegurarte de proyectar una imagen profesional y evitar compartir información personal en exceso.

Tú tienes el control sobre tu narrativa en línea. Realizar auditorías periódicas de tu huella digital garantiza que tu presencia en Internet sea siempre un reflejo positivo de tu marca.

Construir tu marca para el éxito a largo plazo

Explorar tus puntos fuertes, valores y aspiraciones sienta una base sólida para crear una marca personal poderosa que te distinga. La clave del éxito reside en la coherencia y la autenticidad.

- **Sé tu verdadero yo:** Tu marca es un reflejo de TI. No intentes ser alguien que no eres. La gente conecta con personalidades auténticas. Acepta tus peculiaridades, muestra tus pasiones y deja que brille tu voz. La autenticidad genera confianza y te permite atraer oportunidades y conexiones que se relacionarán con tu verdadero yo.

- **Construir una marca duradera:** Tu marca no es estática. A medida que adquieras nuevas experiencias, explores diferentes intereses y desarrolles tus habilidades, tu marca evolucionará de forma natural. Acepta este crecimiento. Revisa continuamente los cimientos de tu marca, actualiza tu presencia en Internet y perfecciona tu historia a medida que avanzas en tu carrera.

- **Potenciar tu futuro:** Crear una marca personal sólida es una inversión en tu futuro. Gestionando activamente tu presencia en Internet, mostrando tus talentos y comunicando estratégicamente tu propuesta de valor, te posicionarás para el éxito.

Sigue explorando y creando para que la historia de tu marca siga siendo vibrante y atractiva. Toma el control de tu narrativa en línea y construye una marca personal que refleje tu esencia y allane el camino hacia un futuro satisfactorio.

Capítulo 9: Diferentes trayectorias de educación y formación

Aunque durante mucho tiempo se ha considerado que un título universitario de cuatro años es el billete de oro para el éxito profesional, el panorama está evolucionando. La Dra. Priya Gandhi, renombrada cirujana ocular, navega hábilmente por las complejidades del quirófano. Al otro lado del país, Vikas Gill, desarrollador de *software*, crea soluciones innovadoras que revolucionan el sector tecnológico.

Un camino llevó a la Dra. Gandhi por la rigurosa facultad de medicina, mientras que Vikas perfeccionó sus habilidades de codificación mediante cursos en línea y campamentos de entrenamiento. Sus trayectorias hacia el éxito ponen de relieve una poderosa verdad: no existe una única hoja de ruta hacia una carrera satisfactoria.

Alinear la educación con tus objetivos

Navegar por las opciones educativas puede ser desalentador, pero con el proceso adecuado, lo resolverás en un santiamén[26]

Navegar por las opciones educativas es como elegir el sabor perfecto en una tienda de helados en un caluroso día de verano. La clave para elegir el camino educativo que haga cantar a tus papilas gustativas (o, en este caso, que haga florecer tu carrera) reside en comprender tus necesidades, estilos de aprendizaje y, lo que es más importante, tus objetivos profesionales. He aquí un desglose de algunas opciones educativas populares para ayudarte a encontrar la opción perfecta:

Universidad tradicional de cuatro años

- **Puntos fuertes:** Un plan de estudios completo te permite explorar varias materias antes de especializarte en una que te guste. Esto amplía tu perspectiva y fomenta la integridad. La universidad también ofrece una vibrante vida universitaria repleta de actividades extraescolares, actos sociales y la oportunidad de forjar amistades para toda la vida.

- **Estilos de aprendizaje:** Esta opción es ideal para los estudiantes que prosperan en un entorno de aprendizaje estructurado y saborean la interacción que conlleva la enseñanza en el aula, las conferencias y los debates. Es una visita guiada por el vasto paisaje del conocimiento, con los profesores como guías expertos.

- **Objetivos profesionales:** Una universidad de cuatro años es la plataforma de lanzamiento para carreras que requieren una base sólida en artes liberales y ciencias, como derecho, medicina, ingeniería o investigación. Muchos programas profesionales exigen una licenciatura como prerrequisito, por lo que este camino te asegura tener los cimientos esenciales para el éxito.

Universidad comunitaria de dos años

- **Puntos fuertes:** Considera que una universidad comunitaria o instituto de enseñanza superior es una alternativa más centrada y económica. Ofrecen titulaciones de grado superior y certificados profesionales en campos específicos, lo que te permite desarrollar habilidades específicas e incorporarte más rápidamente al mercado laboral. Muchos institutos de enseñanza superior también colaboran con instituciones de cuatro años, lo que permite una transferencia fluida de créditos si decides cursar una licenciatura más adelante.

- **Estilos de aprendizaje:** Si eres un estudiante práctico que se inquieta en las aulas y prospera en entornos prácticos, un instituto de enseñanza superior puede ser perfecto para ti. Estos programas suelen tener clases más reducidas y un plan de estudios más pragmático y orientado a la carrera, lo que te brinda la oportunidad de aprender haciendo.

- **Objetivos profesionales:** Los institutos de enseñanza superior son plataformas de lanzamiento para carreras en campos técnicos muy demandados. Piensa en informática, atención médica u oficios cualificados como carpintería o fontanería. Un título de grado medio puede dotarte de las habilidades necesarias para que te contraten, y también puede servirte de trampolín hacia una licenciatura si decides ampliar tus estudios.

Escuelas vocacionales o de oficios

- **Puntos fuertes:** Si estás deseoso de sumergirte de lleno en una carrera específica y no quieres pasar años en estudios generales, las escuelas vocacionales o de oficios son programas enfocados a conseguir que estés preparado para el trabajo en poco tiempo. Estos programas proporcionan una formación intensiva en un oficio o habilidad concretos, y muchos culminan con certificaciones prácticas valoradas por las empresas.

- **Estilos de aprendizaje:** Los estudiantes cinestésicos que destacan en el aprendizaje práctico se encontrarán como en casa en las escuelas vocacionales o de oficios. Estos programas dan prioridad a las experiencias prácticas de aprendizaje en talleres y laboratorios, permitiéndote desarrollar las habilidades técnicas y la memoria muscular necesarias para el campo que elijas.

- **Objetivos profesionales:** Las escuelas vocacionales o de oficios son ideales para quienes buscan carreras en campos prácticos como la carpintería, la fontanería, la mecánica del automóvil, la cosmetología o las artes culinarias. Estos programas te dotan de las habilidades prácticas necesarias para empezar a trabajar de inmediato y convertirte en un valioso activo en el sector que elijas.

Aprendizaje en línea

- **Puntos fuertes:** La flexibilidad es la clave del aprendizaje en línea. Estos programas se adaptan a las agendas ocupadas y a los estudiantes autodidactas, permitiéndote aprender a tu propio ritmo y en tu tiempo libre. La educación en línea se presenta en varios formatos, desde cursos certificados a titulaciones completas, ofreciendo una amplia gama de opciones que se adaptan a tus necesidades.

- **Estilos de aprendizaje:** Si eres una persona automotivada y disciplinada que se desenvuelve bien en entornos de estudio independiente, el aprendizaje en línea podría ser una gran opción para ti. Estos programas requieren una gran capacidad de gestión del tiempo y de organización para garantizar que sigues el curso.

- **Objetivos profesionales:** La belleza de la educación en línea es su adaptabilidad. Puedes obtener certificados en línea para mejorar tus habilidades en tu campo actual, o puedes completar titulaciones en línea en varias disciplinas para optar a nuevas trayectorias profesionales. Con el aprendizaje en línea, el océano del conocimiento está realmente al alcance de tu mano.

Esto es sólo un atisbo del vasto panorama educativo. Existen muchas otras opciones interesantes, como el aprendizaje, los campos de entrenamiento e incluso el aprendizaje autodirigido a través de recursos en línea. La clave es explorar tus opciones, evaluar tu estilo de aprendizaje y tus aspiraciones profesionales, y elegir un camino que te permita alcanzar tus objetivos.

Consejos adicionales

- **Habla con un orientador:** Los orientadores de tu centro de estudios son recursos inestimables. Pueden ayudarte a evaluar tus puntos fuertes académicos, tus intereses y tus objetivos profesionales. También pueden proporcionarte información sobre diferentes itinerarios educativos y oportunidades de becas, e incluso ponerte en contacto con prácticas relevantes o experiencias de observación laboral.

- **Investiga y explora:** No tengas miedo de explorar más a fondo. Investiga las universidades, institutos de enseñanza superior, escuelas vocacionales y plataformas de aprendizaje en línea que te interesen. Visita sus sitios web, asiste a sesiones informativas virtuales o presenciales, y ponte en contacto con estudiantes actuales o antiguos alumnos para obtener una perspectiva de primera mano sobre el entorno de aprendizaje y los resultados profesionales.

- **Considera tu estilo de aprendizaje:** Reflexiona sobre cómo aprendes mejor. ¿Progresas en aulas interactivas, o prefieres un entorno en línea a tu propio ritmo? ¿Te gustan las experiencias prácticas de aprendizaje, o te sientes más cómodo con los conceptos teóricos? Comprender tu estilo de aprendizaje te ayudará a elegir un itinerario educativo.

- **Piensa en tu presupuesto:** La educación es una inversión, pero no debería arruinarte. Considera factores como las tasas académicas, los gastos de manutención (si aplica) y la disponibilidad de becas o programas de ayuda económica para tomar una decisión informada sobre la asequibilidad de cada opción.

- **No temas cambiar de rumbo:** La vida es un largo camino, y tu trayectoria educativa puede dar algunos giros inesperados. No pasa nada. La belleza de la educación es su flexibilidad. Si descubres una nueva pasión o interés profesional por el camino, no tengas miedo de explorar nuevas opciones y ajustar tu trayectoria educativa en consecuencia.

Siguiendo estos consejos y considerando detenidamente las opciones disponibles, descubrirás la opción perfecta. Encontrarás una experiencia de aprendizaje que te capacitará para adquirir valiosos conocimientos y habilidades que te situarán en una trayectoria profesional satisfactoria y de éxito. La educación es una aventura para toda la vida, así que explora tus opciones y elige un camino que encienda tu pasión y te impulse hacia un futuro brillante.

Factor	Universidad tradicional de cuatro años	Instituto de enseñanza superior de dos años	Escuela vocacional/de oficios	Aprendizaje en línea
Coste	Más alto (matrícula, tasas, alojamiento y comida)	Moderado (matrícula y tasas)	Varía (los programas se basan en la matrícula o requieren tasas de aprendizaje)	Varía (depende del programa y la plataforma)
Compromiso de tiempo	Cuatro años (licenciatura)	Dos años (titulación de grado superior)	Varía (los programas pueden durar desde unos meses hasta dos años)	Varía (ritmo flexible, pero los programas pueden tardar de meses a años en completarse)
Estilo de aprendizaje	Aprendizaje estructurado, basado en el aula, con clases, debates y tareas	Puede incluir clases teóricas, laboratorios y proyectos prácticos, y a menudo clases reducidas.	Se centra en el aprendizaje práctico mediante talleres, laboratorios y prácticas.	Entorno de aprendizaje autónomo e independiente. Requiere una gran capacidad de gestión del tiempo.

Resultados profesionales típicos	Prepara a los estudiantes para una amplia gama de carreras en diversos campos (derecho, medicina, ingeniería, empresariales, etc.)	Califica a los graduados para puestos de nivel inicial en campos técnicos o proporciona una base para la transferencia a un grado de cuatro años.	Esto conduce a carreras en oficios cualificados (carpintería, fontanería, electricidad, etc.) o campos técnicos especializados.	Puede mejorar las aptitudes existentes en una carrera actual o capacitar a los titulados para nuevas trayectorias profesionales, dependiendo del programa elegido.
Consideraciones adicionales	Fuerte énfasis en el plan de estudios de artes liberales y ciencias, fomentando la integridad. Vibrante vida en el campus con actividades extracurriculares.	Opción más asequible. Puede ofrecer una transición más fácil a la vida laboral o a la universidad de cuatro años.	El camino más rápido hacia la preparación profesional en oficios específicos. Puede requerir aprendizaje o certificaciones adicionales.	La flexibilidad permite a los estudiantes aprender a su propio ritmo y en su propio tiempo. Requiere una gran autodisciplina.

Nota importante: Esta tabla es una comparación general, y los programas específicos dentro de cada categoría pueden variar. Es fundamental investigar los programas individuales para obtener una imagen más detallada de su plan de estudios, costes y resultados profesionales.

Actividad: Planificación de la trayectoria

Planifica cuidadosamente tu trayectoria personalizada [27]

Ahora que has explorado las apasionantes opciones educativas, ha llegado el momento de planificar tu trayectoria personalizada. Esta actividad interactiva te guiará a través del proceso de identificación de trayectorias educativas que se ajusten a tus objetivos y aspiraciones.

Paso 1: Descubrir tus pasiones

- Coge un bolígrafo, papel o tu aplicación favorita para tomar notas, porque ha llegado la hora de la lluvia de ideas.

- ¿Cuáles son tus intereses profesionales? ¿Qué tipo de entorno laboral te entusiasma?

- ¿Tienes alguna habilidad o talento específico que te gustaría desarrollar más?

- Anota todo lo que se te ocurra, ya que no hay respuestas incorrectas.

Paso 2: Hoja de planificación de la trayectoria (descargable o imprimible)

Aquí tienes tu hoja de planificación personalizada para guiarte en los siguientes pasos:

Trayectoria educativa	Universidad tradicional de cuatro años	Instituto de enseñanza superior de dos años	Escuela vocacional/ de oficios	Aprendizaje en línea
Carrera potencial (basada en tus intereses)				
Estilo de aprendizaje (¿Esta trayectoria se ajusta a tu estilo de aprendizaje preferido?)				
Presupuesto (considera las tasas de matrícula, los gastos de manutención y las posibles becas/ayudas económicas)				
Compromiso de tiempo (¿Cuánto tiempo estás dispuesto a dedicar a tu educación?)				
Habilidades adquiridas (¿Qué habilidades clave desarrollarás a través de esta trayectoria?)				

Próximos pasos (¿Qué acciones puedes emprender para saber más sobre este trayectoria?)				

Paso 3: Explorar cada trayectoria

Ahora, explora cada una de las trayectorias educativas que aparecen en la tabla. Para cada trayectoria, considera los siguientes factores y rellena las secciones correspondientes de tu hoja de trabajo:

1. **Posibles carreras profesionales:** Piensa en tus intereses profesionales y haz una lluvia de ideas sobre posibles trayectorias profesionales que se ajusten a cada trayectoria educativa.

2. **Estilo de aprendizaje:** Reflexiona sobre tu estilo de aprendizaje preferido. ¿Te conviene más la estructura de una universidad tradicional de cuatro años o el enfoque práctico de una escuela vocacional?

3. **Presupuesto:** Investiga el coste medio de la matrícula, los gastos de manutención (si aplica) y las oportunidades de becas o ayudas económicas asociadas a cada trayectoria.

4. **Compromiso de tiempo:** Considera cuánto tiempo estás dispuesto a dedicar a tu educación. Las universidades tradicionales requieren cuatro años, mientras que los programas de formación vocacional se completan en un plazo más corto.

5. **Habilidades adquiridas:** Identifica las habilidades y conocimientos clave que adquirirás a través de cada trayectoria educativa.

6. **Próximos pasos:** Enumera las acciones específicas que puedes emprender para obtener más información sobre cada trayectoria. Esto podría implicar investigar sobre universidades o programas específicos, asistir a sesiones informativas virtuales o hablar con orientadores o profesionales del campo que deseas.

Paso 4: Comparar y contrastar

Una vez que hayas rellenado la hoja de trabajo para cada trayectoria, tómate un momento para comparar y contrastar tus conclusiones. Identifica la vía o vías que mejor se ajusten a tus intereses, estilo de aprendizaje, presupuesto y compromiso de tiempo. Esto es sólo un punto de partida. No tengas miedo de explorar diferentes opciones y revisar tu plan a medida que aprendas más sobre ti y tus aspiraciones profesionales.

Consejo extra: Habla con tus amigos, familiares, profesores o mentores que hayan navegado recientemente por el panorama educativo. Sus puntos de vista y experiencias serán muy valiosos a la hora de trazar tu camino hacia el éxito.

Completando cuidadosamente esta actividad interactiva, tendrás una mejor idea de las trayectorias educativas que necesitas para tus objetivos profesionales. Coge tu hoja de trabajo, da rienda suelta a tu explorador interior y planifica tu trayectoria personalizada.

Más allá del aula

Los institutos educativos te dotan de conocimientos y marcos teóricos. Sin embargo, lo que realmente distingue a las personas de éxito es su capacidad para traducir esos conocimientos en habilidades prácticas y experiencia en el mundo real. Aquí es donde entra en juego el aprendizaje experimental.

El valor de la experiencia

El aprendizaje experimental va más allá de las aulas tradicionales. Se trata de participar activamente en experiencias que te permitan aplicar tus conocimientos en escenarios del mundo real. He aquí algunas apasionantes vías de aprendizaje experimental que pueden mejorar significativamente tu trayecto educativo:

- **Prácticas:** Las prácticas ofrecen oportunidades inestimables para seguir de cerca a profesionales de tu campo de interés. Adquirirás experiencia práctica en las tareas diarias, contribuirás a los proyectos en curso y conocerás de primera mano el funcionamiento interno del sector.

- **Voluntariado:** El voluntariado te permite devolver algo a tu comunidad al tiempo que desarrollas valiosas habilidades. Desarrollarás habilidades de trabajo en equipo y de comunicación y conocerás distintos entornos de trabajo.

- **Trabajos a tiempo parcial:** Incluso los trabajos a tiempo parcial son trampolines para el aprendizaje experimental. Desarrollarás habilidades laborales esenciales como la gestión del tiempo, la atención al cliente y la resolución de problemas. Todos ellos son activos valiosos para tu futura carrera.

Adquirir habilidades prácticas

El aprendizaje experimental es un tesoro para el desarrollo de habilidades prácticas. He aquí cómo pueden beneficiarte estas experiencias:

- **Experiencia práctica:** Olvídate de la teoría. El aprendizaje experimental te permite poner a prueba tus conocimientos en situaciones del mundo real, solidificando tu comprensión y fomentando habilidades prácticas para resolver problemas.

- **Conocimiento de la industria:** Sumérgete en la industria de la que aspiras a formar parte. Mediante prácticas, voluntariado o incluso trabajos a tiempo parcial, aprenderás las prácticas, tendencias y expectativas de la industria. Este conocimiento te convertirá en un candidato más informado y competitivo en el mercado laboral.

- **Construir tu red:** El aprendizaje experimental a menudo implica interactuar con profesionales del campo que deseas. Estas interacciones pueden convertirse en valiosas conexiones, que pueden dar lugar a oportunidades de tutoría, recomendaciones o incluso futuras perspectivas laborales.

Mejorar tu currículum

Un currículum sólido es una herramienta crucial en cualquier búsqueda de empleo. He aquí cómo las experiencias de aprendizaje vivencial pueden elevar tu currículum:

- **Iniciativa demostrada:** Los empresarios valoran a los candidatos que toman la iniciativa de adquirir experiencia relevante. Si incluyes en tu currículum prácticas, trabajo voluntario o incluso empleos a tiempo parcial relevantes, demostrarás que eres proactivo en el desarrollo de tu carrera profesional.

- **Muestra de habilidades:** El aprendizaje experimental te permite desarrollar y perfeccionar multitud de habilidades. Destaca las habilidades adquiridas en tu currículum, mostrando tus capacidades prácticas a posibles empleadores.

- **Ejemplos del mundo real:** El aprendizaje experiencial te proporciona un tesoro de ejemplos del mundo real para utilizar durante las entrevistas de trabajo. Puedes hablar de retos concretos a los que te enfrentaste, soluciones que pusiste en práctica o proyectos a los que contribuiste, demostrando tu capacidad para aplicar tus conocimientos y habilidades en un entorno profesional.

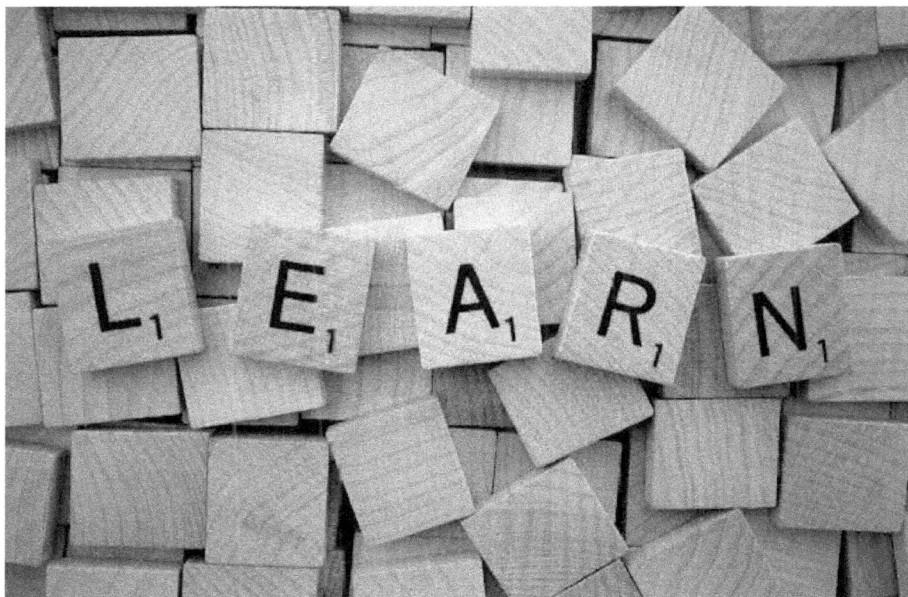

El aprendizaje experimental es un proceso continuo [28]

El aprendizaje experimental es un proceso continuo. Aprovecha las oportunidades para hacer voluntariado, buscar prácticas o incluso explorar el trabajo por cuenta propia relacionado con tu campo de interés. Cada experiencia, grande o pequeña, contribuye a tu desarrollo como candidato completo y altamente cualificado para la carrera de tus sueños.

Actividad: Tarea de entrevista

Has explorado varias trayectorias académicas y el aprendizaje experimental. Ahora es el momento de llevar tu exploración un paso más allá con una emocionante "tarea de entrevista".

Tienes un asiento en primera fila para conocer las experiencias de profesionales que han navegado por diferentes trayectorias educativas para alcanzar sus objetivos profesionales. A través de esta entrevista, obtendrás información de primera mano sobre las ventajas y los retos de las distintas opciones educativas, lo que te permitirá tomar decisiones informadas sobre tu futuro.

Paso 1: Identifica a tus entrevistados

Piensa en las trayectorias educativas que exploraste en la "actividad de planificación de trayectorias". Selecciona dos o tres trayectorias que se ajusten especialmente a tus intereses. Ahora es el momento de encontrar profesionales que hayan seguido estas vías.

- **Aprovecha tu red de contactos:** Habla con amigos, familiares o profesores que puedan conocer a profesionales en los campos que deseas.

- **El poder de las redes sociales:** Utiliza LinkedIn u otras plataformas de redes profesionales para conectar con profesionales cuyos perfiles coincidan con tus intereses.

- **Conexión con el orientador:** El orientador de tu centro educativo es un valioso recurso para ponerte en contacto con antiguos alumnos o profesionales de tu área de interés.

Paso 2: Elabora preguntas convincentes para la entrevista

Una vez que hayas identificado a tus entrevistados, es hora de preparar preguntas bien pensadas. Aquí tienes algunas pistas para empezar:

- **Trayectoria educativa:** ¿Puedes hablarme de la trayectoria educativa que elegiste (por ejemplo, universidad de cuatro años, escuela de formación profesional, aprendizaje en línea)? ¿Qué factores influyeron en tu decisión?

- **Habilidades y conocimientos:** ¿Qué habilidades y conocimientos clave aprendiste a través de tu educación? ¿Cómo te han ayudado en tu carrera?

- **Ventajas y retos:** ¿Cuáles fueron las mayores ventajas y retos asociados a la trayectoria educativa que elegiste?

- **Aprendizaje experiencial:** ¿Participaste en algún periodo de prácticas, voluntariado o trabajo a tiempo parcial durante tus estudios? ¿Cómo contribuyeron estas experiencias al desarrollo de tu carrera?

- **Consejos para el futuro:** ¿Qué consejo le darías a alguien que esté considerando seguir una trayectoria educativa similar?

Paso 3: Realizar las entrevistas

Programa llamadas telefónicas, videoconferencias o incluso reuniones en persona (si es posible) con los entrevistados que hayas elegido. Sé profesional y cortés, y toma notas detalladas para captar sus puntos de vista.

Paso 4: Reflexionar y analizar

Tras realizar tus entrevistas, tómate un tiempo para reflexionar sobre la información que has recopilado. Considera lo siguiente:

- **Similitudes y diferencias:** ¿Notaste similitudes o diferencias en las experiencias de los profesionales que siguieron distintas trayectorias educativas?

- **Habilidades y conocimientos destacados:** ¿Qué habilidades y conocimientos clave destacó cada entrevistado? ¿Cómo se alinean con tus propios objetivos profesionales?

- **Conexiones personales:** ¿Alguna de las entrevistas te conmovió a nivel personal? ¿Solidificaron tu interés en una vía concreta, o despertaron nuevas ideas?

Consejo extra: Considera la posibilidad de grabar tus entrevistas (con permiso) para volver a verlas más tarde y obtener información aún más valiosa.

Esta tarea de entrevista es una valiosa oportunidad para obtener perspectivas del mundo real sobre diferentes trayectorias educativas. Al relacionarte activamente con profesionales y reflexionar sobre sus puntos de vista, pasarás de ser un observador pasivo a un participante activo en la configuración de tu futuro.

La mejor trayectoria educativa y formativa es la que cumple todos tus requisitos. No existe una única vía educativa "correcta". La opción ideal tiene en cuenta tus puntos fuertes, intereses, aspiraciones profesionales e incluso tu estilo de aprendizaje preferido. Tal vez te sientas mejor en un aula estructurada, o tal vez destaques en el aprendizaje práctico basado en proyectos. Quizá tu sueño sea una universidad tradicional de cuatro años, o tal vez una escuela vocacional o una plataforma de aprendizaje en línea se ajusten mejor a tus objetivos.

Si consideras detenidamente tus opciones, participas activamente en el aprendizaje experimental y adoptas un amor permanente por el aprendizaje, alcanzarás el éxito académico y construirás una carrera satisfactoria y gratificante.

Capítulo 10: Haz el trabajo ahora: Veinte pasos a dar en la escuela secundaria

Eleanor Roosevelt [29]

"El futuro pertenece a quienes creen en la belleza de sus sueños".
Eleanor Roosevelt

Esta poderosa cita de Eleanor Roosevelt capta perfectamente la esencia de este capítulo. Aunque tu carrera soñada pueda parecer lejana en la distancia ahora mismo, la escuela secundaria es el momento para plantar las semillas que te ayudarán a conseguirla.

- **El poder del ahora:** Puede que estés pensando: "¿No es demasiado pronto para empezar a preocuparme por mi carrera?". La respuesta es un rotundo no. Tomar medidas proactivas en la secundaria marca una gran diferencia en tu éxito futuro. Si empiezas pronto, adquirirás habilidades y experiencias valiosas, explorarás distintas opciones y construirás una base sólida para la carrera de tus sueños.

- **Pequeñas victorias, grandes resultados:** Es abrumador pensar en el panorama general. Sin embargo, la clave está en centrarse en conseguir "pequeñas victorias" ahora mismo. Las pequeñas victorias aumentarán tu confianza a medida que avances en tu carrera.

Este capítulo es tu hoja de ruta para pasar a la acción y conseguir esas "pequeñas victorias" cruciales en la escuela secundaria. Descubrirás veinte pasos prácticos que puedes dar en diversas áreas para allanar el camino hacia tu éxito futuro. ¿Estás preparado para tomar el control y empezar a dar forma a la carrera de tus sueños?

Académicos

Tu trayectoria académica en la secundaria es la base sobre la que construirás tu futura carrera. Las decisiones que tomes ahora te abrirán las puertas a interesantes oportunidades más adelante. Aquí tienes cinco pasos clave para tomar las riendas de tu trayectoria académica y prepararte para el éxito:

1. Selección estratégica de cursos

   Investiga un poco. Explora diferentes trayectorias profesionales que te interesen e identifica las habilidades y conocimientos que requieren. Luego, elige cursos de secundaria que se ajusten a esos intereses. Por ejemplo, si te interesa la ingeniería, será beneficioso que sigas cursos avanzados de matemáticas y física. No olvides investigar los requisitos previos para las universidades o programas específicos que puedas considerar en el futuro.

2. Centrarse en las materias básicas

Aunque explorar tus intereses es importante, recuerda el valor de una base sólida en materias básicas como matemáticas, ciencias, inglés y redacción. Estas habilidades son esenciales para el éxito en muchas carreras diferentes, y destacar en estas áreas básicas demostrará tu potencial académico a las universidades y a los futuros empleadores.

3. Desafíate a ti mismo

No tengas miedo de salir de tu zona de confort. Considera la posibilidad de tomar clases honoríficas o cursos que sirvan como créditos para la universidad en materias que te interesen. Estos cursos exigentes te permitirán desarrollar habilidades avanzadas, demostrar tu capacidad académica y, potencialmente, obtener créditos universitarios.

4. Mantén buenas notas

El esfuerzo constante y el buen rendimiento académico son cruciales para desbloquear oportunidades futuras como becas, admisiones en la universidad e incluso ciertos programas de prácticas. Desarrolla buenos hábitos de estudio, organízate y pide ayuda a profesores o tutores cuando la necesites. Incluso las pequeñas mejoras en tus notas marcan una gran diferencia.

5. Construye un portfolio diverso

Aunque centrarse en cursos relacionados con tus intereses es importante, no descuides el valor de explorar diferentes optativas. Un portafolio académico completo demuestra tu curiosidad intelectual y tu capacidad de adaptación, que son cualidades que buscan muchos empresarios.

Exploración y experiencia

La escuela secundaria no consiste sólo en libros de texto y exámenes. Es una época de exploración, descubrimiento y experiencias que darán forma a tu futuro. Aquí tienes cinco pasos clave para aprovechar esta emocionante época y construir un conjunto de habilidades bien formadas al tiempo que descubres tus pasiones:

1. Actividades extraescolares

Sal del aula y participa en clubes, deportes o en el gobierno estudiantil. Las actividades extraescolares ofrecen una oportunidad fantástica para desarrollar habilidades sociales esenciales como el trabajo en equipo, el liderazgo, la comunicación y la resolución de problemas. Estas habilidades son muy buscadas por los empresarios. Participar en actividades que te gustan también puede ser una forma estupenda de conocer gente nueva con intereses similares y forjar amistades duraderas.

2. Voluntariado

Aportar tu tiempo y talento a una causa que te importa es gratificante y una forma estupenda de adquirir una valiosa experiencia. El voluntariado te permite explorar distintos campos, desarrollar nuevas habilidades y construir tu red de contactos.

4. Trabajos a tiempo parcial

Aunque los estudios son importantes, no subestimes el poder de un trabajo a tiempo parcial. Busca oportunidades relacionadas con tus intereses. Trabajar a tiempo parcial te da experiencia en el mundo real, desarrolla habilidades laborales esenciales como la responsabilidad y la gestión del tiempo, y te permite explorar posibles trayectorias profesionales.

5. Busca prácticas

Las prácticas son una forma increíble de adquirir experiencia práctica en un campo específico. Busca oportunidades de prácticas que te permitan seguir de cerca a profesionales, aprender sobre las tareas diarias y contribuir a proyectos reales. Las prácticas proporcionan valiosos conocimientos sobre diferentes carreras, te ayudan a desarrollar habilidades específicas del sector e incluso pueden conducir a futuras oportunidades de empleo.

6. Explora tus pasiones

Dedica tiempo a tus aficiones e intereses al margen de los estudios y la exploración profesional. Ya sea la música, el arte, la escritura o la electrónica, dedicar tiempo a tus pasiones es increíblemente gratificante. Tus aficiones pueden dar lugar a conexiones profesionales inesperadas o a nuevas ideas para tu futuro. Una persona polifacética con un conjunto de habilidades diversas resulta muy atractiva para posibles empleadores y universidades.

Cultivar conexiones y encontrar mentores

Tu viaje hacia el éxito no será una aventura en solitario. Crear una red sólida y conseguir mentores valiosos puede proporcionarte orientación, abrirte puertas a oportunidades y ofrecerte un sistema de apoyo mientras navegas por tu trayectoria profesional. Aquí tienes cinco pasos clave para tomar las riendas y cultivar una red que te capacite:

1. **Conecta con profesores y orientadores**

   Tus profesores y orientadores profesionales son recursos inestimables. No dudes en pedirles orientación y consejo sobre la selección de cursos, las solicitudes de ingreso en la universidad y la planificación de la carrera. Pueden ofrecerte ideas personalizadas basadas en tus puntos fuertes, intereses y rendimiento académico. Utiliza su experiencia para tomar decisiones informadas sobre tu futuro.

2. **La tutoría importa**

   Encontrar un mentor cambia las reglas del juego. Un mentor es un asesor de confianza, normalmente un profesional del campo que deseas, que puede compartir sus experiencias y ofrecerte orientación. Busca mentores a través de programas escolares, organizaciones profesionales o incluso poniéndote en contacto directamente con profesionales a los que admires. La tutoría es una calle de doble sentido. Prepárate para aprender, hacer preguntas y mostrar verdadero interés por la experiencia de tu mentor.

3. **Relaciónate con profesionales del sector**

   Amplía tu red asistiendo a actos, conferencias o talleres del sector relacionados con tus intereses. Estos eventos ofrecen fantásticas oportunidades para conectar con profesionales del campo que deseas. Otro enfoque es conectar con profesionales en línea a través de plataformas como LinkedIn. También puedes plantearte ponerte en contacto con profesionales para mantener entrevistas informativas y conversaciones breves en las que les hagas preguntas sobre sus carreras y aprendas de ellos.

4. **Crear una presencia profesional en Internet**

   Crea un perfil en LinkedIn que muestre tus habilidades, experiencias y formación académica. Considera la posibilidad de crear un sitio web personal para destacar tus logros, proyectos o muestras de escritura. Tu presencia en Internet es tu apretón de manos digital, así que asegúrate de que crea una impresión positiva y profesional.

5. Aprovechar las redes sociales estratégicamente

Las redes sociales no son sólo para conectar con los amigos. Utiliza plataformas como Twitter o foros específicos del sector para seguir a líderes de opinión, publicaciones del sector y empresas que te interesen. Involúcrate en conversaciones relevantes, comparte artículos interesantes y participa en debates en línea. Esto te ayudará a estar al día de las tendencias del sector, conectar con personas afines y, potencialmente, descubrir nuevas oportunidades profesionales.

Nutrirte y abrazar el crecimiento

El camino hacia el éxito es un maratón, no un carrera corta [30]

El camino hacia el éxito es un maratón, no una carrera corta. Aunque tomar medidas proactivas y construir una base sólida son cruciales, da prioridad a tu bienestar a lo largo de tu escuela secundaria. He aquí cinco pasos clave para garantizar una experiencia equilibrada y enriquecedora:

1. Priorizar el bienestar

Tu salud mental y física son las piedras angulares de tu éxito. Duerme lo suficiente, mantén una dieta sana y practica una actividad física regular. Da prioridad a las actividades que te ayuden a gestionar el estrés con eficacia, ya sea pasar tiempo en la naturaleza, escuchar música o dedicarte a aficiones que te gusten. Una persona sana y descansada afrontará mejor los retos académicos y explorará mejor las oportunidades profesionales.

2. **Explora y descubre**

    La secundaria es una época de exploración y descubrimiento.
    Toma asignaturas optativas en materias que despierten tu interés,
    únete a un club nuevo o hazte voluntario en una causa que te
    interese. Acepta las nuevas experiencias porque nunca sabes qué
    talentos o pasiones ocultos puedes descubrir. Estas exploraciones
    te enriquecerán personalmente y te conducirán a trayectorias
    profesionales inesperadas que quizá no habías considerado antes.

3. **Celebra tus logros**

    Reconoce tus logros, grandes o pequeños. Ya sea sacar una buena
    nota en un examen difícil, conseguir tus primeras prácticas o
    dominar una nueva habilidad, dedica tiempo a celebrar tus
    victorias. Reconocer tus progresos te mantendrá motivado e
    inspirado para seguir luchando por tus objetivos.

4. **Acepta el cambio**

    Tus objetivos e intereses pueden evolucionar, y eso está
    perfectamente bien. A medida que tengas nuevas experiencias y
    aprendas más sobre ti mismo, tu visión del futuro puede cambiar.
    Mantente abierto a adaptar tus planes y explorar nuevas
    posibilidades. Tu trayectoria profesional no tiene por qué estar
    grabada en piedra. Acepta la flexibilidad para ajustar tu rumbo a
    medida que descubras nuevas pasiones e intereses.

5. **Nunca dejes de aprender**

    Cultiva un amor permanente por el aprendizaje. Sigue buscando
    oportunidades para ampliar tus conocimientos y desarrollar
    nuevas habilidades, tanto dentro como fuera del aula. Lee libros y
    artículos sobre temas que te fascinen, haz cursos en línea o asiste a
    talleres relacionados con tus intereses. Cuanto más aprendas, más
    preparado estarás para navegar por un mundo en constante
    cambio y aprovechar las apasionantes oportunidades profesionales
    del futuro.

Éste es sólo el principio de tu increíble viaje. Siguiendo los pasos
descritos en este libro, tomando medidas proactivas y adoptando una
mentalidad de crecimiento, estarás en el buen camino para construir una
base sólida para una carrera profesional satisfactoria y de éxito.

Conclusión

Has llegado al capítulo final de esta completa guía de planificación profesional para adolescentes. Este libro ha sido tu compañero en un viaje de autodescubrimiento, exploración y preparación para el apasionante mercado laboral. La planificación de la carrera no es un acontecimiento puntual. Es un viaje continuo de aprendizaje, crecimiento y adaptación, y puede durar toda la vida.

Puntos clave

- **Una base construida sobre el autoconocimiento:** Los capítulos iniciales de este libro hacían hincapié en la importancia de comprenderte a ti mismo. A través de evaluaciones de personalidad, inventarios de intereses y una honesta autorreflexión, has obtenido valiosos conocimientos sobre tus puntos fuertes, tus valores y lo que realmente te motiva. Este autoconocimiento es la base sobre la que construirás tus aspiraciones profesionales.

- **Explorar el panorama de oportunidades:** Con una imagen más clara de quién eres, exploraste diversas industrias y trayectorias profesionales. Aprendiste sobre el mercado laboral en constante evolución, exploraste campos específicos que despertaban tu interés, y quizás incluso descubriste pasiones ocultas que no sabías que existían. La exploración es un proceso continuo. A medida que surgen nuevas tecnologías y las industrias se transforman, mantén la mente abierta y la curiosidad por las oportunidades profesionales en constante expansión.

- **Trazar tu rumbo con objetivos SMART:** Una vez que averiguaste las posibles trayectorias profesionales, aprendiste el poder de establecer objetivos SMART. Los objetivos específicos, medibles, alcanzables, relevantes y limitados en el tiempo proporcionan una hoja de ruta para tu carrera. Estos objetivos te mantendrán centrado y motivado y garantizarán que das pasos concretos hacia tus aspiraciones profesionales.

- **El poder de construir tu red de contactos:** El libro hace hincapié en la importancia de establecer contactos y relaciones con profesionales. Estas conexiones pueden abrirte las puertas a periodos de prácticas, oportunidades de observación laboral y una tutoría inestimable. Al relacionarte activamente con profesionales, obtendrás conocimientos del mundo real, aprenderás de sus experiencias y, potencialmente, encontrarás defensores que puedan abogar por tus habilidades y tu potencial.

- **Destacar entre la multitud:** En el competitivo mercado laboral actual, una marca personal fuerte es esencial. Has aprendido a aprovechar las plataformas en línea y las interacciones fuera de internet para mostrar tu propuesta de valor. Elaborando estratégicamente la historia de tu marca, causarás una impresión duradera en los posibles empleadores y destacarás entre la multitud.

- **La educación:** Esta guía explora varias trayectorias educativas, incluidas las universidades tradicionales de cuatro años, los institutos de enseñanza superior, las escuelas vocacionales y las plataformas de aprendizaje en línea. Has aprendido que la "mejor" trayectoria es la que se ajusta a tus objetivos individuales, estilo de aprendizaje y presupuesto. La educación es un proceso que dura toda la vida. Aprovecha las oportunidades de aprendizaje continuo a lo largo de tu carrera para mantener tus habilidades actualizadas y seguir siendo relevante en un mercado laboral en constante cambio.

- **Actuar ahora:** El último capítulo te insta a no esperar hasta la graduación para empezar a construir los cimientos de tu carrera profesional. Exploraste varias oportunidades disponibles para los estudiantes de secundaria, incluidas las prácticas, el trabajo voluntario e incluso trabajos relevantes a tiempo parcial. Estas experiencias reforzarán tu currículum, te proporcionarán un valioso aprendizaje práctico y te permitirán tantear el terreno en el campo que desees.

Al cerrar este libro, recuerda que tu viaje profesional no ha hecho más que empezar. Acepta la exploración, establece objetivos ambiciosos pero alcanzables, y nunca dejes de aprender. El panorama profesional está esperando tus aportaciones. Da un paso adelante con confianza, armado con los conocimientos y herramientas que has adquirido, y lánzate hacia una carrera satisfactoria y de éxito. Es tu historia la que tienes que escribir, y las posibilidades son infinitas.

Segunda Parte: Guía de supervivencia universitaria

Cómo desenvolverse en el mundo académico, las experiencias sociales y la vida cotidiana durante toda la etapa universitaria

JOSS REED

GUÍA DE SUPERVIVENCIA UNIVERSITARIA

Cómo Desenvolverse en el Mundo Académico, las Experiencias Sociales y la Vida Cotidiana Durante Toda la Etapa Universitaria

Introducción

¿Acaban de aprobar su solicitud universitaria y consiguió un lugar en la universidad de sus sueños? ¿Está entusiasmado con la vida universitaria? Libertad, vida en el campus, aventuras nocturnas... todo está a punto de llegar. ¿Ya se imagina comiendo con sus nuevos amigos? Imagínese, por fin libre de las normas que rigen su hogar familiar. La vida universitaria es épica. ¿Le preocupa compartir habitación con alguien con quien no se lleve bien? No se preocupe. Esta guía le ayuda a lidiar con eso y con todo lo que le depara la universidad. Abróchese el cinturón, universitario estrella.

Entrar en un campus universitario es entrar en un mundo completamente nuevo. Es emocionante, abrumador y un poco aterrador. Hay mucho por hacer entre las clases, hacer nuevos amigos y descubrir los mejores sitios para comer. Si es la primera vez que vive en una residencia de estudiantes, compartir su espacio con un desconocido puede ser un desafío.

Este libro es una guía para prosperar en la universidad. Entre otras cosas, le proporciona las herramientas necesarias para dominar su carrera, gestionar su tiempo eficazmente y evitar sesiones nocturnas de estudio. Aprenderá a crear un horario que le permita disfrutar la vida social de la universidad sin sacrificar sus notas, a gestionar su dinero para permitirse esa pizza ocasional con amigos y a convertir su habitación en el origen de increíbles recuerdos universitarios.

A diferencia de otros libros sobre la vida universitaria, que están llenos de palabras complicadas y consejos genéricos, la *Guía de supervivencia universitaria* habla su idioma. Como estudiante universitario, necesita un libro con un lenguaje claro y conciso. Esta guía de fácil comprensión está repleta de consejos prácticos y trucos que le ayudarán a conseguir muchas cosas, desde la diplomacia en su habitación hasta un buen horario de clases.

La universidad no consiste solo en asistir a clase y estudiar (aunque eso también es importante). Se trata de explorar sus intereses, hacer amigos para toda la vida e incluso descansar. Este libro le enseña a crear un horario equilibrado que le permita sobresalir en sus clases mientras tiene una vida social activa y se cuida.

¿Está listo para dejar de sentirse como un estudiante perdido de primer año y convertirse en un estudiante universitario seguro de sí mismo que prospera dentro y fuera de las aulas? Entonces, siga leyendo. Todo tiene un principio; la vida universitaria marca el comienzo del resto de su vida como adulto. Buena suerte.

Capítulo 1: Locuras de novato: sobrevivir al primer año con estilo

Después de leer este capítulo, sabrá todo lo que necesita antes de entrar a la universidad. Conocerá los retos iniciales a los que puede enfrentarse y cómo sortearlos. Comprenderá que, con la mentalidad adecuada, puede transformar los obstáculos en oportunidades. La vida universitaria conlleva nuevas y considerables responsabilidades. Sin embargo, si sabe qué esperar y mantiene una mentalidad positiva durante todo el proceso, podrá gestionar el tiempo y el estrés, la estabilidad financiera y la atención plena, que le ayudarán por el resto de su vida. Entenderá por qué participar en la vida social universitaria y hacer amigos ayuda a prosperar y comprenderá la importancia del autocuidado para superar las dificultades que llegan con esta etapa de transición.

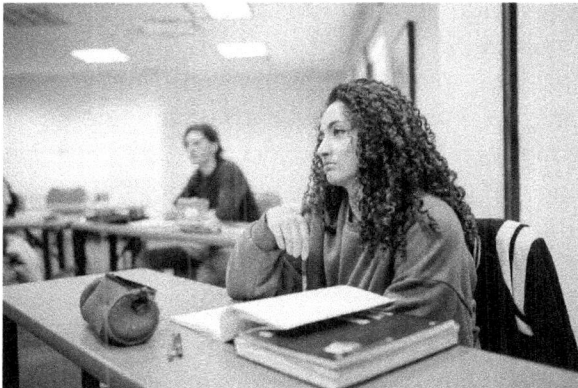

Tener una mentalidad positiva ayuda a superar los retos universitarios[91]

Los retos a los que se puede enfrentar en la universidad

Nostalgia

No importa lo ocupado que esté, los nuevos amigos que haga o incluso lo entusiasmado que esté, es muy probable que sienta nostalgia. Nada llena el vacío que dejan los amigos y la familia. No solo echará de menos a todos los que forman parte de su vida, sino también la comodidad de su hogar y dormir en su cama. Mucha gente piensa que no le importa mudarse a la universidad, sobre todo porque es temporal y saben que volverán a visitar en vacaciones. Sin embargo, a la mayoría de los nuevos estudiantes universitarios les sorprende darse cuenta de que es más duro de lo que pensaban. Por suerte, la era digital ayuda a reducir esta lejanía. Aunque las videollamadas no están a la altura de la vida real, pueden salvar la distancia que lo separa de sus seres queridos. A muchos estudiantes también les reconforta decorar sus habitaciones con objetos personales de su lugar de origen.

Mayores responsabilidades

La escuela es difícil, pero la universidad conlleva retos de otra naturaleza. Pone a prueba sus habilidades para gestionar el tiempo y el estrés, pensar críticamente, investigar, comunicarse, resolver problemas y trabajar de forma colaborativa. No solo debe absorber mucha información, sino que tiene que relacionar lo aprendido con el mundo real. Las clases, las tareas y los proyectos son mucho más complicados.

En la mayoría de las clases de la universidad no recibirá la información masticada, sino que tendrá que profundizar por su cuenta. También tendrá que saber cuándo entregar cada tarea y gestionar su tiempo. Intente hacer amistad con gente que vaya a las mismas clases que usted, así podrán recordarse los plazos, explicarse conceptos, darse consejos de estudio y formar grupos para investigar. Dependiendo de cada profesor, el éxito en determinadas clases dependerá de su capacidad para tomar apuntes. Si tiene amigos dentro de sus compañeros de clase, podrán compartir sus apuntes y llenar los posibles vacíos. También es beneficioso que se presente a sus profesores y asista a las sesiones de refuerzo que necesite o le aconsejen. Los profesores aprecian a los estudiantes que se esfuerzan por aprender y participar.

Problemas con los compañeros de habitación

Algunas residencias universitarias se esfuerzan por garantizar que los estudiantes tengan compañeros de habitación con los que se lleven bien. Sin embargo, nadie es perfecto. Incluso si tiene la suerte de que sus compañeros sean de su agrado, es probable que surjan conflictos. Para evitar discusiones, pueden establecer algunos límites y normas básicas desde el principio. Estos acuerdos sirven para que se repartan responsabilidades como la limpieza, el alquiler, la compra, la cocina, etc.

También pueden ponerse de acuerdo para invitar a amigos, practicar aficiones potencialmente molestas como tocar instrumentos o escuchar música a todo volumen, etc. Si no es compatible en absoluto con su compañero de habitación o si surgen problemas que no pueden solucionar, no dude en hablarlo con la persona encargada. Así recibirá la ayuda y el apoyo que necesite para resolver el problema.

Técnicas de estudio eficaces

Las técnicas de estudio que necesita para sobresalir en la universidad pueden diferir drásticamente de las que funcionan para rendir bien en la escuela. Un aspecto importante de la transición a esta fase de su vida es comprender cuál es la forma de aprendizaje más adecuada para usted. Algunas personas aprenden mejor explicando los conceptos en voz alta, otras tomando apuntes y otras elaborando fichas. También tiene que encontrar su lugar favorito para estudiar. Aunque su habitación es la opción más obvia, muchas personas se distraen cuando están solas. Estudiar en una cafetería acogedora y tranquila o en la biblioteca puede hacer que no le quede más remedio que sentarse y concentrarse. Muchos estudiantes también se sienten animados y adquieren responsabilidad cuando estudian con otras personas.

Gestión del tiempo

Otro aspecto importante para estudiar con eficacia es la gestión del tiempo. Establecer un horario de estudio evita la necesidad de aprender todo la noche antes del examen. La gestión del tiempo no solo ayuda a prosperar en la universidad, también es una de las habilidades más importantes que se aprenden para la vida. La gestión del tiempo es clave para equilibrar la vida laboral, universitaria, social y personal. Puede utilizar herramientas como los recordatorios de su teléfono, calendarios en línea y listas de tareas o planificadores físicos para mantenerse al día con sus responsabilidades. Escriba todo lo que tenga que hacer, incluidas las clases, las tareas, las sesiones de estudio, las actividades extracurriculares, el trabajo, las actividades sociales y las tareas domésticas.

Conocimientos financieros

Las finanzas le ayudan a planificar su futuro y a destacar en diversos aspectos y etapas de la vida. No tiene que hacer un presupuesto para cada cosa en la que gasta su dinero; pero sí debe asignar cantidades de dinero a diferentes necesidades, responsabilidades y actividades. Saber cómo gasta su dinero le ayuda a controlarlo y a no sobrepasar su límite de gastos en actividades innecesarias, como ir de compras o salir con sus amigos. Lo más importante en lo que respecta a las finanzas es comprender la diferencia entre sus deseos y sus necesidades. Las necesidades deben ser lo primero y casi siempre son inaplazables. Los deseos, en cambio, pueden posponerse.

Puede experimentar diferentes métodos presupuestarios, como la regla 50-30-20, que sugiere gastar el 50 % de sus ingresos en sus necesidades, el 30 % en sus deseos y ahorrar el resto. También existe la regla 40-40-20, que sugiere ahorrar el 40 % de sus ingresos, reservar otro 40 % para impuestos y gastar el 20 % restante en deseos y necesidades. No hay un método correcto o incorrecto para elaborar un presupuesto. Lo más importante es que su plan se adapte a su estilo de vida y le ofrezca seguridad para emergencias y alcanzar el éxito financiero en el futuro. Si eso le resulta inalcanzable, quizá tenga que replantearse sus prioridades y redefinir sus deseos.

Construir y redefinir las relaciones

La universidad transforma varios aspectos de su vida, incluida su forma de ver y manejar las relaciones. Después de la escuela, usted y sus amigos seguirán su propio camino. Cada uno estudiará una carrera distinta; algunos entrarán a trabajar de inmediato y otros trabajarán mientras estudian y realizan otras actividades extracurriculares. Cada uno estará consumido por sus propias responsabilidades y los acontecimientos que la vida le depara.

Aunque algunas amistades se mantendrán fuertes, prepárese para perder muchas relaciones en el camino. Aunque esta perspectiva puede ser aterradora y frustrante, también hará nuevas amistades y tendrá oportunidades únicas. El paso de la escuela a la universidad le obliga a preguntarse quién es realmente. Empezará a cuestionarse sus intereses, sus talentos y su personalidad. Durante este tiempo, puede sufrir la presión de compañeros e influencias negativas de otros. Por eso debe quererse y ponerse siempre en primer lugar; no debe cambiar por nadie.

En la escuela, usted es un pez grande en un estanque pequeño; en la universidad, en cambio, es un pez pequeño en un estanque grande; y durante el resto de la vida adulta, será un pez pequeño en un océano. En otras palabras, en la escuela está rodeado de pocas personas con ideas afines, mientras que en la universidad está rodeado de mucha gente con intereses completamente distintos y orígenes muy diversos, pero con crianzas, objetivos y motivaciones similares.

Cuanto mayor sea, más tendrá que tratar con personas con una moral, valores, intenciones, intereses, objetivos y orígenes diferentes. Asegúrese de rodearse de personas que se preocupen de verdad por usted, le ayuden, lo apoyen y le animen a convertirse en una mejor versión de usted mismo. Las personas con las que entabla amistad hacen que su experiencia en la universidad sea un éxito o un fracaso, así que intente sacar el máximo provecho de esta experiencia única.

Salir de fiesta

Es muy poco razonable aconsejarle que no salga de fiesta, a menos que no lo haga por motivos personales, lo cual está bien. Haga lo que le gusta, pero con responsabilidad. Si se junta con la gente equivocada, es posible que termine saliendo de fiesta y bebiendo todas las noches, lo que entorpece su vida personal, social y académica. Reflexione siempre sobre sus objetivos y recuerde las razones por las que está matriculado en la universidad. Sí, está allí para divertirse, pero sobre todo para construir un gran futuro. Sea dueño de sus actos y decisiones, y defina sus límites. Diviértase, pero con precaución.

Mantener la salud mental y física

Las universidades ofrecen una amplia gama de servicios de apoyo, desde servicios de salud física y mental hasta asesorías en diversos temas. La transición a la universidad puede ser muy abrumadora, por lo que debe considerar estos servicios mientras esté allí. La época universitaria es el momento adecuado para centrarse y construir un futuro brillante. Hay mucho por hacer y surgen muchas oportunidades, pero no deje que eso comprometa su salud. Su bienestar debe ser siempre una prioridad, así que tome medidas para que su salud mental, emocional y física esté en buena forma.

Costos de la educación

Otro reto común al que se enfrentan los estudiantes universitarios es el costo de la educación y el pago de deudas. A menudo es lo único que se interpone entre los estudiantes y una educación superior de calidad. Afortunadamente, varios programas cuentan con ayudas y becas para la educación. También puede poner en práctica técnicas eficaces de gestión del tiempo y buscar oportunidades de trabajos de medio tiempo que le ayuden a pagar la matrícula o a saldar sus deudas.

Errores comunes que debe evitar en la universidad

No se apresure a compartir habitación con su mejor amigo

Imagínese: usted y su mejor amigo de la escuela están entusiasmados porque se van a vivir juntos. Hablan de cómo se van a divertir y de todo lo que van a hacer cuando sean libres. Ambos pueden llevarse una amarga sorpresa cuando se den cuenta de que ser mejores amigos no significa necesariamente que sean compatibles como compañeros de habitación. Puede descubrir que mientras usted prefiere dormir en completo silencio y oscuridad, a su amigo le gusta dormir con la luz encendida y solo puede quedarse dormido si escucha un podcast; o que mientras a usted le gusta mantener el espacio limpio, él no tiene ningún problema en dejar todo desordenado.

También puede suceder que a su amigo no le importe participar en el mantenimiento del espacio y que si usted no realiza las tareas necesarias, nadie las haga. En lugar de arriesgarse a arruinar la amistad por tener hábitos de sueño, orden y limpieza diferentes, piensen en darle una oportunidad a un compañero de habitación que le sea asignado, ya que es una forma estupenda de ampliar su círculo social.

No se presione para adaptarse

Es estupendo empezar la universidad con grandes esperanzas y una actitud positiva. Dicho esto, no espere adaptarse de la noche a la mañana. Algunas personas tienen la suerte de hacer amigos y adaptarse a la vida universitaria desde el primer día; sin embargo, la mayoría tarda más tiempo. Puede que tarde semanas o incluso meses antes de sentirse conectado y a adaptarse a la universidad. No se frustre y recuerde que tarde o temprano encontrará a su grupo. Ni está en el lugar equivocado ni hay nada en usted que no esté echo para la universidad. Las cosas buenas llevan su tiempo, y las grandiosas aún más.

Salga de su zona de confort

Durante las primeras semanas de universidad, refugiarse en la residencia puede parecer la opción más obvia. Es posible que solo quiera comer su comida favorita y ver sus programas favoritos. Por poco atractivo que parezca, anímese a participar en la vida del campus. Explore los clubes y las actividades extracurriculares. Empiece a crear recuerdos y amistades que durarán toda la vida. Recuerde que solo usted tiene el poder de cambiar su situación. Puede elegir entre obsesionarse con no encajar o hacer un esfuerzo para encontrar su comunidad.

No falte a clases

La universidad ofrece una nueva sensación de libertad. Nadie le dice que tiene que asistir a todas las clases y lo regaña si no lo hace. Asistir a clase, estudiar y entregar los trabajos a tiempo depende únicamente de usted. Sí, es tentador disfrutar de la nueva libertad. Sin embargo, debe recordar que una sola clase a la que falte puede producir una espiral de clases perdidas y contenidos acumulados. Puede que al principio le resulte divertido, pero se sentirá culpable a medida que se acerque el final del semestre.

Evite la procrastinación a la hora de dormir

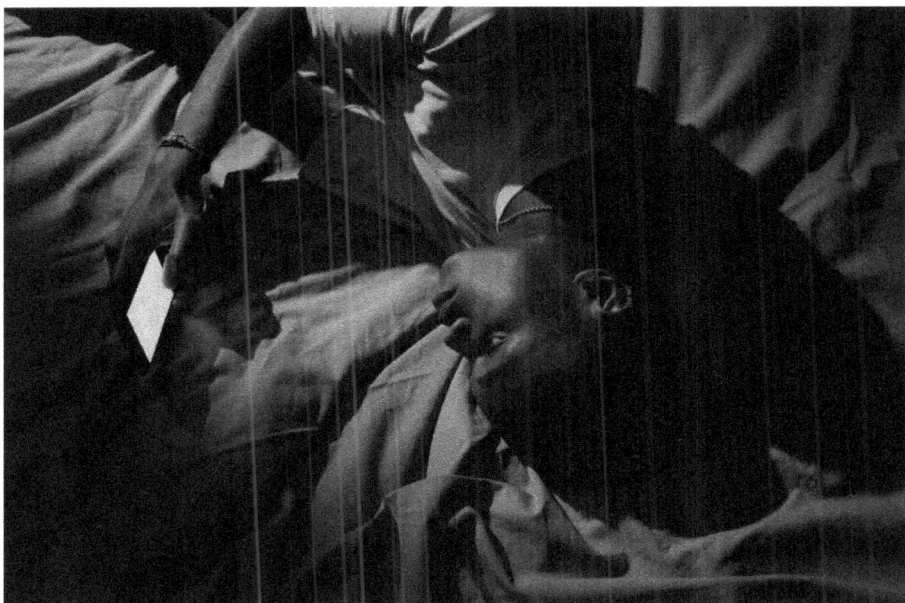

Sus problemas pueden resolverse con una gestión del tiempo eficaz y sin perder valioso tiempo de sueño[82]

Todo el mundo conoce la procrastinación en el trabajo y los estudios, pero ¿ha oído hablar alguna vez de la procrastinación a la hora de dormir? ¿Le ha pasado tener tanto que hacer al día siguiente que no puede dormirse temprano y relajarse, así que termina trasnochando mucho? Por mucho que necesite tiempo para usted, la procrastinación a la hora de dormir afecta sus funciones físicas y cognitivas. No importa si tiene muchas responsabilidades o si va a realizar una actividad divertida, asegúrese de dormir bien y suficiente cada noche. Puede resolver sus problemas con una gestión eficaz del tiempo en lugar de perder tiempo valioso de sueño.

No dude en pedir ayuda

Si ha visto películas de superación personal, probablemente crea que los estudiantes de cursos avanzados siempre se burlan de los de primero. Sin embargo, esto no siempre es así en el mundo real. Es cierto que en la universidad hay matones, como en todas partes, pero la mayoría de la gente no va a ser grosera con usted solo porque es su primer año. Muchos compañeros estarán dispuestos a ayudarlo si necesita indicaciones o consejos sobre alguna de sus asignaturas. Tampoco dude en ponerse en contacto con su orientador o sus profesores, ya que su trabajo es ayudarle.

Esfuércese por hacer amigos

Hacer amigos y participar en la vida universitaria no es solo ocio. Es crucial para su salud mental y emocional y para su éxito académico. Según la Universidad de Cleveland, los estudiantes que hacen amigos tienen más probabilidades de rendir bien en los estudios y aprobar las asignaturas para graduarse a tiempo. Incluso en las carreras que requieren mucho tiempo, concentración y esfuerzo, entablar relaciones con otras personas es útil. Hacer amigos ayuda a controlar el estrés, lo que permite una mejor gestión del tiempo y un buen funcionamiento de las funciones cognitivas.

Además, los amigos de la universidad son excelentes compañeros de estudio. Le ofrecen el apoyo emocional, la motivación y los ánimos necesarios. Todos celebran juntos sus logros, y se esfuerzan por mejorar en cada paso del camino. Las amistades positivas evitan que se sienta solo a lo largo de su trayectoria académica y le infunden responsabilidad para prosperar académicamente. Siempre que le resulte difícil acercarse a los demás en la universidad, recuerde que todos están en el mismo barco. Esta experiencia es nueva para todos y la mayoría están luchando por adaptarse a esta fase de transición. Dé el paso de presentarse y propicie conversaciones con los demás. Nunca se sabe: cualquiera de esas iniciativas puede desembocar en una amistad increíble para toda la vida.

La necesidad del autocuidado

El autocuidado es fundamental para su salud mental, emocional y física en la universidad. Esta etapa de la vida conlleva numerosas responsabilidades y compromisos nuevos. La única manera de mantenerse a flote es dedicar suficiente tiempo a su propio cuidado. Priorizar sus necesidades, deseos y bienestar no es egoísta, sino que es crucial para crear una experiencia universitaria sana, agradable y satisfactoria.

En la universidad, se compromete con varias clases y actividades extracurriculares que le dejan poco tiempo para dormir bien, llevar una nutrición equilibrada, hacer ejercicio, disfrutar y relajarse. El autocuidado consiste en priorizar estas necesidades. Puede preparar comida para toda la semana los fines de semana, fijar una hora para acostarse, dedicar al menos media hora diaria al ejercicio e integrar técnicas de atención plena en su día a día. Satisfacer las necesidades básicas de su cuerpo le garantiza la energía suficiente para realizar sus tareas con eficacia.

Cuando se somete a un estrés constante, su cuerpo entra en modo de supervivencia. Lucha contra el agotamiento y la confusión cerebral, lo que dificulta su rendimiento académico y su disfrute de la experiencia universitaria. Aplicar técnicas de autocuidado le ayuda a mantener una actitud positiva, mejora su capacidad de recuperación y alivia las tensiones mentales. Mantenga un equilibrio saludable entre su vida personal y sus exigencias académicas y extracurriculares. Utilice herramientas de gestión del tiempo para dedicar franjas horarias a sus responsabilidades. Evite posponer las cosas y procure respetar su calendario. Esto le permitirá establecer límites y disponer de tiempo suficiente para relajarse y realizar actividades de ocio. Recuerde que nada se obtiene de un vaso vacío. ¿Cómo va a dedicar a sus responsabilidades el tiempo, el esfuerzo y la concentración necesarias si no recarga sus capacidades mentales y físicas?

Tras leer este capítulo, sabe qué esperar durante su primer año de universidad. Ya tiene una idea de los retos a los que puede enfrentarse y de los errores comunes en los que puede caer. Pase al siguiente capítulo para conocer los desafíos únicos que presentan las clases universitarias y cómo prepararse para ellos con facilidad.

Capítulo 2: Estudiar con inteligencia: supere sus clases sin perder la cabeza

La transición de la escuela secundaria a la universidad es una fase emocionante y desafiante del viaje académico. Es un gran cambio pasar del entorno estructurado de la escuela al entorno más dinámico de las clases universitarias. La mayor diferencia entre la vida escolar y la universitaria es el rigor académico que implica esta última. A diferencia de la escuela, donde el plan de estudios está más guiado, la universidad exige un nivel más profundo de pensamiento crítico, una mayor capacidad de análisis y un mayor trabajo de aprendizaje independiente. Los profesores esperan que tome la iniciativa en sus estudios y le animan a desarrollar un enfoque más autónomo del aprendizaje.

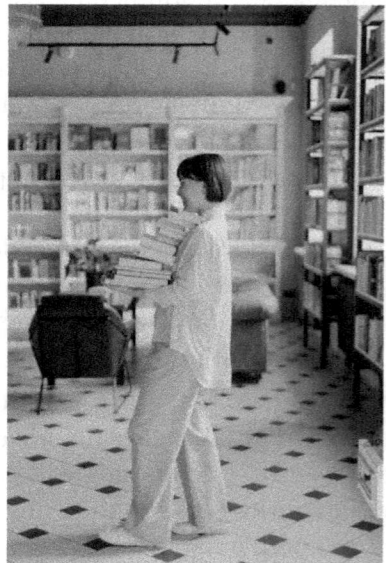

Desarrollar una buena organización para cumplir los plazos de entrega al tiempo que se cumplen las actividades extracurriculares y los compromisos personales[33]

En sus años universitarios tomará sus propias decisiones. Aunque la autonomía de la vida universitaria le da la libertad de manejar las cosas a su antojo, también exige un elevado sentido de la responsabilidad. Debe gestionar su tiempo de forma eficaz, tomar decisiones informadas sobre su horario y priorizar las tareas sin tener la supervisión constante de la escuela. La diversidad de estilos de aprendizaje es otro aspecto importante de las clases universitarias. Adaptarse a las cátedras tradicionales, las discusiones en grupo, los seminarios y los proyectos prácticos exige flexibilidad y la voluntad de comprometerse de maneras que pueden ser diferentes de los métodos tradicionales que se encuentran en la escuela secundaria.

Una mayor carga de trabajo y la necesidad de una gestión eficaz del tiempo se suman a los retos. Con un mayor número de tareas, proyectos de investigación y exámenes, debe desarrollar una gran capacidad de organización para cumplir con los plazos de entrega mientras cursa las asignaturas, asiste a actividades extracurriculares y cumple con sus compromisos personales. Las clases que elige le permiten profundizar en la especialidad que quiere, por lo que exigen un mayor nivel de dedicación y pasión por las asignaturas en comparación con el plan de estudios de la escuela.

Los métodos de evaluación en la universidad también difieren significativamente, porque hacen énfasis en los exámenes detallados, el desarrollo de proyectos y la redacción de trabajos de investigación que exigen un análisis crítico. En la universidad, el aprendizaje se trata de comprender y aplicar los conceptos, no de memorizarlos.

Como la presión académica aumenta en la vida universitaria, equilibrar la vida social y los estudios es otro reto que tiene que sortear. Aunque la universidad ofrece una vida social emocionante, encontrar el equilibrio adecuado entre la socialización y los compromisos académicos es crucial.

A la hora de afrontar estos retos, es esencial cultivar la resiliencia, la adaptabilidad y un enfoque proactivo de su trayectoria académica. Sin embargo, si esta transición lo sigue abrumando, compártalo con sus padres o considere la posibilidad de usar servicios de apoyo académico y asesoría para una adaptación académica satisfactoria. Su capacidad para aprovechar las oportunidades de crecimiento lo conducirá a una experiencia satisfactoria y enriquecedora durante la universidad.

Técnicas de estudio eficaces

Horario de estudio realista

Una vez que se haya asentado en su rutina universitaria, debe realizar una autoevaluación exhaustiva de sus ritmos diarios y patrones de energía. Identifique sus horas de máxima productividad, que pueden variar. Son aquellas horas en las que se siente más alerta y concentrado. Una vez identifique estos periodos, elabore un horario de estudio que se ajuste a ellos. Dé prioridad a las tareas más exigentes durante estas horas para aprovechar al máximo sus capacidades cognitivas. Por ejemplo, puede aprovecharlas para memorizar información crucial o para activar el pensamiento crítico.

Es crucial que su horario sea realista. Reconozca que las pausas no solo son aceptables, sino esenciales para mantener la concentración. Dedique tiempo a pausas breves que le permitan recargar la mente. Estos intervalos evitan que se agote y le permiten aprovechar al máximo su tiempo de estudio.

El método Pomodoro

Además de crear un horario, puede utilizar varias técnicas de gestión del tiempo, como el método Pomodoro. Esta técnica aumenta considerablemente su productividad. Consiste en dividir el trabajo en intervalos, tradicionalmente de 25 minutos, separados por breves descansos. Estos intervalos se denominan «pomodoros». Tras completar cuatro pomodoros, se toma un descanso más prolongado, de quince a treinta minutos.

Esta técnica sirve para mantener la concentración durante los intervalos de trabajo designados, sabiendo que las pausas son inminentes. Los intervalos estructurados crean una sensación de urgencia, evitan la procrastinación y fomentan la concentración. Si se aplica correctamente, esta técnica es grandiosa para optimizar las sesiones de estudio.

Toma de apuntes

Tomar apuntes es un aspecto fundamental para estudiar con eficacia. Experimente varios métodos para encontrar el que mejor se adapte a su estilo de aprendizaje y a la naturaleza de la materia. Los métodos tradicionales, como la toma de apuntes lineal o el sistema Cornell, pueden funcionar bien para algunos, mientras que otros pueden preferir enfoques más visuales, como los mapas mentales o los mapas conceptuales.

Tenga en cuenta la materia a la hora de elegir el método para tomar apuntes. Las ciencias se benefician de diagramas y gráficos, mientras que las asignaturas sencillas requieren notas textuales detalladas. No olvide repasar y revisar periódicamente sus apuntes para mejorar su comprensión y retenerlos durante más tiempo.

Técnicas de aprendizaje activo

El aprendizaje activo es un enfoque pedagógico que pasa de la absorción pasiva al compromiso activo con el conocimiento. Técnicas como los debates en grupo, la enseñanza de conceptos a otras personas o la creación de fichas son formas eficaces de aumentar el aprendizaje activo.

Participar en debates con compañeros permite ver los temas desde diferentes perspectivas, lo que desafía y amplía la comprensión. Enseñar lo aprendido a otra persona entrena el cerebro para articular conceptos complejos, solidificando su comprensión. Las fichas, sobre todo en formato de pregunta y respuesta, fomentan la práctica de recuperación, mejorando la comprensión a corto plazo y la retención a largo plazo.

Aprovechar la tecnología

En la era digital, la tecnología es un valioso aliado en sus estudios. Existen diversas aplicaciones y herramientas para mejorar la productividad y la organización. Por ejemplo, aplicaciones para tomar notas como Evernote o OneNote y herramientas de gestión de tareas como Todoist o Trello, que ayudan a organizar y priorizar las tareas.

Sin embargo, es tan crucial aprovechar la tecnología como evitar sus trampas. Aunque las aplicaciones pueden mejorar la eficiencia, hay que ser consciente de las posibles distracciones y establecer límites claros para utilizar la tecnología como una herramienta y que no se convierta en un obstáculo.

Aprendizaje colaborativo

En el aprendizaje colaborativo, trabaja con sus compañeros para alcanzar objetivos académicos comunes. Este enfoque desarrolla el conocimiento colectivo y las perspectivas de un grupo, creando un entorno de estudio más dinámico y atractivo.

Participar en grupos de estudio o en proyectos de colaboración le introduce en diferentes puntos de vista y formas alternativas de abordar los problemas. Participar en debates de grupo no solo refuerza sus conocimientos, sino que le permite aprender de sus compañeros. El intercambio colaborativo de ideas es especialmente beneficioso cuando se abordan temas complejos.

Prácticas de recuperación

La práctica de recuperación es una poderosa estrategia de aprendizaje que consiste en recordar activamente información almacenada en la memoria. Este método va más allá de la lectura o el repaso y requiere que recupere información de forma activa.

Puede realizar prácticas de recuperación de varias formas: puede hacer tarjetas con preguntas en una cara y respuestas en la otra, hacerse preguntas sobre conceptos clave o escribir resúmenes concisos de memoria. Recordar información refuerza las conexiones neuronales, mejora la retención y la comprensión del conocimiento. Utilice estas prácticas de recuperación en su rutina de estudio para mejorar gradualmente su aprendizaje.

Priorizar el autocuidado

La relación entre el bienestar y el rendimiento académico es simbiótica. Reconocer la importancia del autocuidado no es un lujo, sino una necesidad fundamental para mantener la mente y el cuerpo sanos. Duerma lo suficiente, haga ejercicio con regularidad y tenga momentos de descanso en su agenda.

Dormir lo suficiente es esencial para el funcionamiento cognitivo, la consolidación de la memoria y el bienestar general. El ejercicio regular mejora la concentración y el estado de ánimo y reduce el estrés. El tiempo de inactividad permite que la mente descanse y se recargue, evitando el agotamiento y promoviendo un enfoque más equilibrado y sostenible de los estudios.

Agrupar

Se trata de una excelente estrategia que consiste en dividir grandes cantidades de información en unidades más pequeñas y manejables. En lugar de memorizar un pasaje largo, divídalo en secciones o temas. Esta técnica aprovecha la capacidad del cerebro para procesar la información de forma más eficiente, mejorando la comprensión y la retención.

La matriz de Eisenhower

Priorice sus tareas utilizando la matriz de Eisenhower, que clasifica las actividades en cuatro cuadrantes en función de su urgencia e importancia. Con este método, puede identificar y centrarse en las tareas de alta prioridad y minimizar el tiempo dedicado a actividades menos críticas.

La regla de los dos minutos

Si tiene una tarea que puede completar en dos minutos o menos, hágala inmediatamente. Esto evita que las pequeñas tareas se acumulen y luego resulten abrumadoras. Abordar las tareas rápidas con prontitud le permite estar más organizado y mejora el flujo de trabajo.

Técnicas de visualización

En la visualización, crea imágenes mentales de conceptos o procesos. Esta técnica es especialmente beneficiosa para temas que implican relaciones espaciales o estructuras complejas. Visualizar la información mejora la comprensión y facilita su recuerdo durante los exámenes.

La técnica Feynman

Esta técnica, que debe su nombre al físico Richard Feynman, consiste en enseñar un concepto a otra persona como si se lo estuviera explicando a un principiante. Simplificar las ideas complejas y articularlas en términos sencillos aumenta la comprensión del tema, la técnica o el concepto e identifica las lagunas de conocimiento.

Bloques de tiempo

Asigne bloques de tiempo específicos a distintas tareas o actividades. Este método facilita concentrarse en una sola tarea durante un periodo de tiempo determinado, lo que aumenta la concentración y evita las distracciones.

La regla 80/20 (principio de Pareto)

El principio de Pareto sugiere que aproximadamente el 80 % de los resultados proceden del 20% de los esfuerzos. Identifique las tareas de mayor impacto y concentre sus esfuerzos en ellas. Reconocer y priorizar las actividades de alto impacto mejora su eficiencia general. Primero debe identificar las áreas de atención más importantes y luego trabajar en ellas para obtener los mejores resultados.

Por ejemplo, puede responder alrededor del 80 % de las preguntas de un examen si se centra en el 20 % más importante del material de la asignatura. Esto significa que una parte de su éxito académico está directamente ligada a una pequeña parte de los temas. Sin embargo, este principio no debe darse nunca por sentado, ya que hay asignaturas que requieren una comprensión detallada de *toda la materia.*

He aquí un ejemplo para mayor claridad. Suponga que está preparando el examen final de un curso de biología. Al revisar los resultados de sus exámenes y pruebas anteriores, se da cuenta de que la mayoría de las preguntas se centran en unos pocos conceptos clave o capítulos del libro de texto. Aunque estudió todo el temario, se da cuenta de que dominar estos temas básicos aumenta significativamente su puntuación global.

En consecuencia, decide priorizar esos temas en su tiempo de estudio. Dedica la mayor parte de sus sesiones a comprender y repasar a fondo los conceptos clave que tienen más probabilidades de aparecer en el examen. Este enfoque le permite maximizar la eficacia de su aprendizaje y le garantiza estar bien preparado para los aspectos más importantes del examen.

Aprovechando la regla 80/20, puede optimizar sus esfuerzos de estudio, logrando un mejor rendimiento académico invirtiendo menos tiempo y esfuerzo.

Planificación adaptable

Reconozca que puede ajustar los planes debido a circunstancias imprevistas. Sea flexible y adaptable en sus horarios de estudio y la gestión del tiempo. La resistencia y la capacidad de cambiar de rumbo cuando es necesario son claves para navegar por la naturaleza dinámica de la vida universitaria.

Prácticas intercaladas

Si los temas que tiene que cubrir para un examen están relacionados, la práctica intercalada es un método en el que mezcla diferentes temas o asignaturas durante una sesión de estudio en lugar de centrarse en un solo tema. Esta técnica mejora su capacidad para discriminar entre conceptos.

Reflexión activa

Evalúe periódicamente sus métodos de estudio, sus estrategias de gestión del tiempo y su progreso académico. Identifique lo que funciona bien y lo que puede mejorar. Perfeccione continuamente su enfoque y adáptese a las exigencias cambiantes de sus clases y actividades académicas.

Los matices de las técnicas de estudio eficaces y las estrategias de gestión del tiempo requieren un enfoque adaptable. Experimente con estas estrategias detalladas, perfeccione sus métodos en función de sus preferencias personales y los requisitos de las asignaturas, y manténgase abierto a nuevas técnicas mientras navega por el dinamismo de los estudios universitarios.

Recursos del campus

Además de trabajar en el autocuidado, seguir un horario e incorporar estrategias de estudio, utilizar los recursos del campus puede ser la clave del éxito académico en la universidad. Saber cómo acceder y utilizar los servicios de apoyo, como clases de refuerzo, grupos de estudio y reuniones con los profesores en horario de oficina, mejora enormemente su experiencia de aprendizaje. A continuación, le explicamos cómo aprovechar al máximo estos valiosos recursos:

Clases de refuerzo

Las clases de refuerzo ofrecen sesiones individuales o en grupo con tutores experimentados que aclaran conceptos difíciles, repasan tareas y le guían para comprender mejor los conceptos.

Cómo utilizarlas eficazmente:

Asista regularmente: Asista a estas tutorías con regularidad, incluso cuando no tenga una pregunta específica. La asistencia regular permite a los tutores comprender mejor su estilo de aprendizaje y adaptar su ayuda en consecuencia.

Llegue preparado: Si es posible, lleve preguntas o temas específicos que le gustaría tratar durante la sesión. Prepárese con antelación para aprovechar al máximo su tiempo con el tutor.

Aunque algunas universidades organizan clases extra para los estudiantes, es posible que muchas instituciones no dispongan de ellas. Otra forma es obtener ayuda de tutoría de los recursos en línea que proporciona la universidad.

Grupos de estudio

Los grupos de estudio son una forma estupenda de colaborar con los compañeros, compartir conocimientos y reforzar la comprensión de los materiales del curso mediante el debate y la participación activa.

He aquí algunos consejos para utilizar eficazmente los grupos de estudio:

Participación diversa: Aunque estudiar con sus amigos o compañeros es más cómodo, participe en grupos con compañeros de procedencias y perspectivas diversas. Esto le ofrece puntos de vista y estrategias alternativas para abordar el trabajo del curso.

Establezca objetivos: Establezca objetivos claros para las sesiones del grupo de estudio.

Tener un propósito claro, ya sea repasar capítulos específicos, trabajar en tareas o preparar exámenes, mantiene al grupo centrado y productivo

Rote las funciones: Asigne diferentes funciones dentro del grupo, como un mediador de debate, un anotador y alguien que lleve el tiempo de las intervenciones. La rotación de funciones garantiza que todos contribuyan y se beneficien del esfuerzo de los demás.

Horas de consulta

Los profesores tienen horas de consulta en las que los estudiantes pueden reunirse con ellos individualmente o en pequeños grupos para discutir temas del curso, pedir aclaraciones o recibir orientación adicional.

Cómo utilizarlas eficazmente:

Sea proactivo: Acuda a las horas de consulta al principio del semestre, aunque no tenga preguntas concretas. Establecer una conexión con sus profesores demuestra su compromiso con el curso.

Prepare preguntas: Si tiene preguntas, acuda a las horas de consulta preparado con sus dudas y los temas que le gustaría tratar.

Pida aclaraciones: Si tiene dificultades con algún concepto o tarea, no dude en pedir aclaraciones durante las horas de consulta. Los profesores están ahí para ayudarle a tener éxito, y a menudo están más que dispuestos a dar explicaciones adicionales.

Centros de escritura

Los centros de escritura ofrecen asistencia en varios aspectos del proceso de escritura, como la lluvia de ideas, el esquema, la redacción y la revisión de trabajos.

Cómo utilizarlos eficazmente:

Empiece pronto: Solicite ayuda al centro de escritura en las primeras fases del proceso de escritura. De este modo, obtiene comentarios y sugerencias más exhaustivas.

Objetivos específicos: Comunique claramente sus objetivos de escritura y el área específica en la que necesita ayuda. De este modo, el personal del centro de escritura puede proporcionarle asistencia personalizada.

Asesoría académica

Programe reuniones periódicas con su asesor académico para hablar sobre su progreso, sus objetivos y los retos a los que se enfrenta[34]

Qué ofrece: Los asesores académicos le ayudan a planificar su programa de clases, a seleccionar una especialización y a cumplir con todos los requisitos académicos.

Cómo utilizarlos eficazmente:

Reuniones periódicas: Programe reuniones periódicas con su asesor académico para hablar sobre su progreso, sus objetivos y los retos a los que se enfrenta.

Utilice la experiencia de los asesores: Los asesores pueden ofrecerle información sobre trayectorias profesionales, prácticas y actividades extracurriculares. Aproveche su experiencia para tomar decisiones informadas sobre su trayectoria académica.

Los recursos del campus son abundantes y utilizarlos eficazmente es crucial para el éxito académico. Tome la iniciativa de explorar estos servicios desde el principio, establezca una rutina constante y acérquese a ellos con una mentalidad proactiva. Recuerde, buscar apoyo es un signo de fortaleza y determinación y estos recursos están diseñados para ayudarle a prosperar en su viaje universitario.

Equilibrar los estudios con la vida universitaria

A medida que vive su vida universitaria, es crucial encontrar un equilibrio entre sus estudios y otros aspectos. Equilibrar los estudios con las actividades extracurriculares, los compromisos sociales y, quizás, los trabajos de tiempo parcial es esencial para disfrutar de una experiencia universitaria completa y satisfactoria. Aquí tiene una guía para priorizar y gestionar su tiempo de forma eficaz, manteniendo un estilo de vida sano y equilibrado:

Establezca prioridades y objetivos realistas

Identifique las prioridades: Defina claramente sus prioridades académicas y personales. Comprenda la importancia de sus estudios y reconozca el valor de las actividades extracurriculares, las relaciones sociales y cualquier otra actividad que requiera su tiempo.

Establezca objetivos realistas: Establezca objetivos alcanzables a corto y largo plazo. Esto puede incluir objetivos académicos, participación en actividades específicas o logros de desarrollo personal.

Crear un plan de gestión del tiempo

Utilice una agenda o un calendario: Utilice una agenda o un calendario digital para organizar su horario. Incluya horarios de clase, sesiones de estudio, compromisos extracurriculares y eventos sociales.

Programación por bloques: Considere la posibilidad de utilizar la programación por bloques, en la que dedica bloques específicos de tiempo a diferentes tareas o actividades. Este enfoque ayuda a mantener la concentración y a evitar distracciones.

Comprender el impacto de las actividades extracurriculares

Mejore la capacidad de gestión del tiempo: Las actividades extracurriculares desarrollan valiosas habilidades de gestión del tiempo. Sin embargo, debe tener cuidado de no comprometerse demasiado. Priorice la calidad sobre la cantidad, seleccionando actividades que se ajusten a sus intereses y objetivos.

Explore varios intereses: Aunque los estudios son cruciales, las actividades extracurriculares contribuyen al crecimiento personal, al desarrollo de habilidades y a una experiencia universitaria completa. Explore varios intereses para descubrir sus pasiones y desarrollar un conjunto de habilidades diversas.

Compromisos sociales y redes de contactos

Más calidad que cantidad: Equilibre sus compromisos sociales con sus compromisos académicos. Dé prioridad a las conexiones y amistades significativas sobre un calendario social agitado. Las interacciones de calidad contribuyen a crear una red social de apoyo que mejora su bienestar general.

Oportunidades de establecer contactos: Los compromisos sociales ofrecen oportunidades de establecer contactos que pueden ser beneficiosas para su vida personal y profesional. Asista a eventos, únase a clubes y participe en actividades que coincidan con sus intereses y aspiraciones profesionales.

Trabajos de tiempo parcial y rendimiento académico

Evalúe el compromiso de tiempo: Si está considerando un empleo de tiempo parcial, evalúe el compromiso de tiempo requerido y cómo se alinea con sus responsabilidades académicas. Elija puestos que ofrezcan flexibilidad y tenga en cuenta el impacto potencial que puede tener esto en sus estudios.

Comuníquese con los empleadores: Comunique claramente sus compromisos académicos a su empleador. Muchos empleadores de ciudades universitarias comprenden las exigencias académicas de los estudiantes y están dispuestos a adaptarse a peticiones razonables.

Consejos para mantener un equilibrio saludable

Cuídese: Priorice el autocuidado durmiendo lo suficiente, haciendo ejercicio con regularidad y manteniendo una dieta equilibrada. Cuidar de su bienestar físico y mental es crucial para mantener el ritmo ajetreado de la vida universitaria.

Aprenda a decir no: Reconozca sus límites y siéntase cómodo diciendo no cuando sea necesario. Está bien rechazar compromisos adicionales si ponen en peligro su bienestar o su rendimiento académico.

Reflexione con regularidad: Reflexione periódicamente sobre sus compromisos y reevalúe sus prioridades. La universidad es una experiencia dinámica y sus objetivos e intereses pueden evolucionar con el tiempo.

Equilibrar los estudios con otros aspectos de la vida universitaria requiere intencionalidad, autoconciencia y una gestión eficaz del tiempo. Aproveche las oportunidades de crecimiento personal y académico, reconociendo que su experiencia universitaria inicia su camino hacia el éxito y la realización a largo plazo.

Capítulo 3: Diplomacia en la residencia: vivir en armonía con los compañeros de habitación

Cuando se prepara para independizarse, llega el momento de pensar en la vida en una habitación compartida. Aunque esté deseando decorar su residencia y salir con sus nuevos amigos a comer hamburguesas por la noche, hay algo muy importante que debe tener en cuenta: su compañero de habitación. Esta persona puede marcar totalmente su vida universitaria, para bien o para mal. Este detalle crucial sobre la universidad puede hacer o deshacer su experiencia universitaria.

Sí, es la persona con la que comparte un espacio del tamaño de una caja de zapatos, cuyos horarios de sueño pueden ser totalmente opuestos a los suyos y cuyos gustos musicales pueden ser... digamos, «únicos». Pero no tema. No se preocupe por su «compañero de habitación». No tiene que ser una pesadilla. Este capítulo le ayuda a convertir su habitación en un espacio pacífico, tranquilo y productivo. Imagínese estudiar hasta tarde con su compañero de habitación, riendo y compartiendo sánguches en lugar de pelear por quién tiene qué y qué va dónde. Suena genial, ¿verdad? Pues puede hacerlo realidad.

No tener una comunicación clara entorpece cualquier relación[35]

Convertir la asignación aleatoria de compañeros de habitación en una amistad (o al menos en una convivencia pacífica) es posible. Su experiencia no tiene por qué ser la de historias de terror sobre hábitos desordenados y batallas territoriales; con la mentalidad correcta y el enfoque adecuado, puede cultivar una atmósfera de paz en su entorno vital y dejar las rivalidades fuera de su habitación.

En este capítulo, aprenderá a manejar con calma las situaciones entre compañeros de habitación, a encontrar soluciones pacíficas, a comprender los miedos y preocupaciones más comunes que conlleva compartir la habitación y a tener a su compañero como aliado. No importa si es una persona muy social que prospera en compañía o un estudiante tranquilo que prefiere la paz y la tranquilidad: aprenderá mucho de este capítulo.

En él se aborda el establecimiento de límites claros, la resolución de los inevitables choques de personalidad y la creación de buenas habilidades de comunicación. La comunicación clara es el ingrediente secreto para cualquier relación exitosa, incluso con su compañero de habitación. Al final de este capítulo, será un extraordinario diplomático de habitación, estará listo para conquistar la vida universitaria con confianza y una sonrisa, y tal vez un par de auriculares aislantes de ruido, por si acaso. Casi siempre resultan muy útiles.

De extraño a compañero de habitación

Es normal sentir reservas ante la idea de vivir con alguien nuevo. Compartir su espacio con un desconocido puede parecer cuestión de suerte. ¿Terminará con un compañero de juegos o con alguien que amontona los platos sucios y pone metal pesado a las tres de la mañana? No lo sabrá hasta que lo conozca. El viaje de extraño a compañero de habitación puede ser emocionante y también incómodo. Así es la universidad, tiene que estar preparado para todo.

Las preocupaciones y los miedos más comunes

Vivir con un desconocido suscita todo tipo de preocupaciones e incertidumbres. Puede que le preocupe no llevarse bien, invadir la intimidad del otro o compartir las pertenencias. Estas preocupaciones son totalmente normales y son compartidas por muchos estudiantes de primer año que empiezan este viaje. Debe reconocer y comprender estas preocupaciones comunes para prepararse mejor para los retos que le esperan y tomar medidas proactivas para hacerles frente. Los miedos más comunes son:

- Miedo a lo desconocido.
- Preocupación por la compatibilidad.
- Preocupación por el espacio personal.

Entablar una buena relación desde el primer día

Para que la experiencia con su compañero de habitación sea positiva, debe sentar las bases de una relación sólida desde el principio. Esto significa hacer un esfuerzo por conocer a su compañero, ser abierto, amistoso y mostrar respeto por el espacio y los límites del otro. A continuación, se presentan algunas estrategias que le ayudarán a conseguirlo:

1. **Romper el hielo.** Una vez que tenga a su compañero de habitación asignado, puede ponerse en contacto con él por correo electrónico o a través de las redes sociales para presentarse. Si puede conocerlo en persona, mejor. Dígale su nombre y cuente algo interesante sobre usted. Quizás colecciona cómics antiguos, sabe hacer malabares o prepara las mejores galletas de chocolate del mundo. (También puede dar un amistoso apretón de manos con una sonrisa...).

2. **Conocerse.** Hágale preguntas sobre él mismo. ¿Cuáles son sus aficiones? ¿Películas favoritas? ¿Por qué eligió esa universidad? No se cohíba a la hora de compartir sus propios intereses. Esto le ayudará a encontrar puntos en común y a establecer una conexión con su compañero de habitación.

3. **Pedir ayuda.** No tiene por qué hacerlo todo usted solo. Puede mostrar a su compañero de habitación que está abierto a la colaboración si le pide ayuda. Pregúntele si estaría dispuesto a ayudarle cuando lo necesite y pídale consejos. Aunque solo lo ayude a llevar unas cajas, demuestre que aprecia su apoyo.

4. **Hacer pequeños regalos.** No tiene que llevar un ramo de flores gigante el primer día, pero un pequeño regalo puede demostrar que le importa y causar una impresión positiva. No tiene por qué ser nada caro, lo que cuenta es la intención. Puede suscitar una conversación y crear un ambiente cordial.

5. **Ser flexible.** Comprenda que vivir con alguien nuevo supone pequeños o grandes cambios. Esté dispuesto a adaptarse y a ceder en algunas cosas para mantener un espacio vital feliz y tranquilo.

El lugar del respeto y los límites

Vivir con alguien, sobre todo por primera vez, es como cocinar un pastel juntos: a algunos les gustan las capas de chocolate, mientras que otros prefieren una torta de vainilla más ligera. La clave para disfrutar del postre (y de la vida en la residencia) es comprender las preferencias de cada uno y asegurarse de que todos reciben su parte. Esto se traduce en respeto y límites a la hora de convivir con un compañero de habitación. Son los cimientos de una convivencia feliz y sin tensiones. Para establecer el respeto mutuo y los límites, haga lo siguiente:

Defina sus necesidades: Antes de poner límites, tómese un tiempo para averiguar qué necesita para sentirse cómodo y respetado en su habitación. Piense en aspectos como:

a. ¿Cuál es su horario de sueño? ¿Es madrugador o noctámbulo? ¿Necesita silencio total para dormirse o soporta algo de ruido de fondo?

b. ¿Es un maniático del orden? ¿Le gusta tener las cosas ordenadas? ¿Le parece bien que haya algunas migas en el escritorio, o prefiere un entorno impecable?

c. ¿Cuáles son sus hábitos de estudio? ¿Necesita silencio total para concentrarse, o le gusta estudiar con música de fondo o la televisión encendida?

d. ¿Y sobre otros? ¿Le parece bien que su compañero de habitación invite a amigos a casa? ¿Hay un límite en el número de personas? ¿hasta qué hora pueden quedarse?

Una vez que haya identificado sus necesidades, no las reprima ni las esconda. En algún momento se atragantará. Y lo que es más importante, comprenda que no va a la universidad para participar en un concurso de lectura de mentes. Su compañero de habitación no puede ver su mente y saber cuáles son sus necesidades si usted no se las dice. Intente lo siguiente para comunicar sus necesidades con claridad:

1. Use frases en primera persona más a menudo. Así, en lugar de acusar a su compañero de habitación de ser desordenado, diga algo como: «Me siento más cómodo estudiando cuando el escritorio está despejado».

2. No dé rodeos: sea concreto. No se limite a decir que necesita silencio: explique qué tipo de silencio necesita. «Puedo concentrarme con algo de ruido de fondo, pero la música alta o la gente hablando me dificultan la concentración».

3. Mantenga la mente abierta. No es el único que tiene necesidades. Su compañero de habitación también necesita ciertas cosas, así que prepárese para escuchar su punto de vista y llegar a acuerdos.

Establezca límites claros: Los límites son las líneas que se trazan para crear un entorno de convivencia cómodo y respetuoso. Piense en ellos como paredes invisibles que separan su «espacio» del de su compañero de habitación. Para establecer límites claros con su compañero:

a. **Tenga un «acuerdo de compañeros de habitación»:** No tiene por qué ser un contrato formal, pero es una buena manera de discutir y documentar sus expectativas. Hablen de cosas como las horas de silencio, la política de invitados, los horarios de limpieza y el manejo de elementos compartidos como la nevera o la televisión.

b. **Respete su espacio personal:** El hecho de que compartan habitación no significa que tengan que estar juntos todo el tiempo. Respeten la necesidad de intimidad del otro, especialmente durante las sesiones de estudio o cuando se relajan.

c. **Comunique cualquier cambio:** La vida pasa y a veces puede ser necesario ajustar los límites. Quizá tenga un examen importante y necesite silencio absoluto durante unos días. Comuníqueselo a su compañero con antelación y sea comprensivo si él necesita el mismo tipo de adaptación.

d. **Esté dispuesto a ceder:** Habrá momentos en los que las necesidades y deseos de cada uno choquen. En lugar de ser radical, busque un término medio. Pueden acordar noches alternas para tener invitados o designar zonas específicas de la habitación para cada una de sus pertenencias.

Los límites y el respeto son mutuos. Esté dispuesto a dar lo que espera. Cuanto más practique tener conversaciones claras sobre sus necesidades y respetar las necesidades de su compañero, más sentirá su habitación como un hogar y no como un campo de batalla.

Comunicación eficaz y resolución de conflictos

Vivir con alguien puede dar lugar a desacuerdos. La buena noticia es que la comunicación eficaz y las habilidades para resolver conflictos pueden convertir esos desacuerdos en pequeños inconvenientes en el camino, no en impedimentos.

El arte de la escucha activa

Una parte importante de la comunicación consiste en escuchar de verdad a su compañero de habitación. No se debe desconectar mientras él habla. Escuchar activamente significa prestar atención a lo que dice y comprender su punto de vista. Aquí tiene algunos consejos para escuchar mejor a su compañero de habitación:

- Deje el teléfono, apague la televisión y mire a su compañero a los ojos. Dedíquele toda su atención.

- Utilice su lenguaje corporal. Asienta con la cabeza, inclínese ligeramente y evite cruzarse de brazos. Así demuestra que está interesado.

- Haga preguntas aclaratorias antes de sacar conclusiones precipitadas. Asegúrese de que entiende su punto de vista antes de responder.

- Resuma lo que oye y repita brevemente lo que dijo su compañero para demostrar que estaba prestando atención.

Guía paso a paso para abordar los problemas de forma constructiva

Suponga que su compañero de habitación volvió a dejar los platos sucios amontonados en el lavaplatos. A continuación, se presenta un método paso a paso para abordar el problema de forma constructiva:

Paso 1: Elija el lugar y el momento adecuado. No intente tener una conversación seria cuando ambos estén estresados y cansados. Espere a un momento de calma en el que puedan hablar sin que las emociones estén a flor de piel.

Paso 2: Utilice frases en primera persona. En lugar de acusar a su compañero de habitación de ser un vago, intente con algo como: «Me siento frustrado cuando los platos se amontonan porque hacen que la cocina esté desordenada». Esto ayuda a centrarse en el problema y evita poner a su compañero de habitación a la defensiva.

Paso 3: No sirve de nada echarle la culpa a nadie. En lugar de eso, señale el problema y sugiera formas de solucionarlo. Por ejemplo, puede proponer una tabla de tareas o acordar turnos para limpiar después de las comidas.

Paso 4: Llegue a un acuerdo cuando sea necesario. Nunca se sabe: puede haber una buena razón para que los platos estén sucios. Tal vez su compañero de habitación tiene una agenda muy apretada. Esté dispuesto a encontrar una solución que funcione para ambos.

Paso 5: Termine con una nota positiva. Aunque no lleguen a un acuerdo de inmediato, reconozca el esfuerzo para hablar. Termine la conversación con un tono positivo y con la voluntad de retomarla más adelante si es necesario.

Paso 6: No olvide que se trata de una conversación, no de una confrontación. El objetivo es encontrar una solución que funcione para ambos, no ganar una discusión.

Escenarios de la vida real: Poner en práctica las habilidades de comunicación

Situación 1:

Su compañero de habitación viene con amigos todas las noches y la habitación parece más una zona de fiesta que un lugar de estudio.

¿Qué puede hacer?

- Hable con su compañero de habitación para establecer una política clara respecto a los invitados.
- Acuerde un número razonable de invitados a la vez.
- Fije un toque de queda para los días laborales.

Situación 2:

Su compañero de habitación estudia hasta tarde con las luces encendidas, pero usted necesita oscuridad total para dormir.

¿Qué puede hacer?

- Invierta en un antifaz.
- Puede regalarle una pequeña lámpara de escritorio a su compañero.
- Hablen de las horas de descanso en las que las luces deben estar apagadas, aunque alguien siga despierto estudiando.

Las ventajas de tener un compañero de habitación

Es cierto que compartir habitación conlleva dificultades, pero tener un compañero de habitación también puede ser estupendo. Más allá de la cohabitación, un buen compañero de habitación puede convertirse en un amigo, un confidente e incluso un compañero de travesuras (de las buenas, claro). Estas son algunas de las ventajas inesperadas de tener un compañero de habitación:

La universidad es una aventura, un torbellino de nuevas experiencias, retos y mucha diversión. Aunque se imagine explorando el campus con un grupo de nuevos amigos, lo cierto es que su compañero de habitación es su primer compañero universitario y probablemente el más cercano. Es la persona con la que comparte la lámpara del escritorio, pero también tiene el potencial de convertirse en un valioso aliado para su viaje universitario.

De compañeros de habitación a aliados. En el primer año, las interacciones con su compañero de habitación pueden limitarse a saludos educados y uno que otro silencio incómodo. Pero ese lienzo en blanco tiene el potencial de convertirse en una obra maestra de la amistad. Tener un compañero de habitación puede convertirse en algo más.

Tiene un sistema de apoyo incorporado. La universidad puede ser dura. Hay momentos en los que se siente abrumado, estresado o extraña su casa. Tener un compañero de habitación que entienda lo que está pasando puede ser una gran fuente de consuelo y apoyo.

Comparten experiencias, desde sesiones de estudio hasta altas horas de la noche, alimentadas por meriendas cuestionables, hasta la celebración de buenas notas y la supervivencia en la semana de exámenes finales. Estos momentos compartidos pueden crear un fuerte vínculo.

Aprenden el uno del otro. Todos procedemos de entornos distintos y tenemos perspectivas diferentes. Vivir con alguien que no ve el mundo igual que usted es una forma estupenda de aprender y crecer. Acepte sus diferencias y muéstrese abierto a ver las cosas desde el punto de vista del otro.

Colaboración en la decoración

Tener un compañero de habitación significa duplicar el poder de la decoración[86]

Su habitación no es solo el lugar para dormir, es su hogar lejos de casa. Tener un compañero de habitación significa duplicar el poder de la decoración. Unan sus recursos y busquen ideas para convertir su habitación en un espacio que refleje la personalidad de ambos.

Mezclen y combinen estilos: Puede que a usted le gusten las luces y los cojines, mientras que su compañero de habitación prefiere el estilo minimalista. Busquen los puntos en común y combinen algunos de sus elementos favoritos para crear un espacio de estilo único.

Manualidades: Las habitaciones tienen fama de ser pequeñas. Usted y su compañero de habitación pueden realizar juntos algunas manualidades, como la construcción de estanterías para almacenamiento adicional o la creación de un acogedor rincón de lectura en una esquina.

Sean creativos sin salirse del presupuesto: La decoración de la habitación no tiene por qué ser cara. Pueden visitar tiendas de segunda mano para encontrar objetos vintage o hacer manualidades con cojines de colores hechos con camisetas viejas.

Organicen las responsabilidades compartidas

Para ser honestos, mantener la habitación limpia y organizada puede parecer un trabajo de tiempo completo, especialmente durante una semana de exámenes. Tener un compañero de habitación significa que pueden compartir las responsabilidades, haciendo las cosas mucho más fáciles. Para hacerlo eficazmente:

1. Siéntese con su compañero de habitación y hagan una tabla de tareas semanal o mensual. Así, ambos saben qué hay que hacer y quién es responsable.

2. Repartan los gastos en partes iguales. Compartir el mercado, los productos de limpieza y los servicios como Internet pueden ahorrarles dinero. Hablen de lo que tiene sentido repartir e ideen un sistema que funcione para los dos.

3. Sean flexibles y comprensivos. La vida cambia, y a veces uno de los dos puede verse desbordado por el trabajo o los exámenes. Sea flexible y esté dispuesto a ayudar a su compañero de habitación cuando lo necesite. A cambio, él hará lo mismo por usted.

Construir recuerdos juntos

Tener un compañero de habitación puede convertir la vida universitaria cotidiana en una serie de recuerdos divertidos e inolvidables. Serán compañeros de estudio, compañeros de maratones de cine e incluso proveedores de meriendas de emergencia (¡todos pasamos por eso!). He aquí algunas cosas que pueden hacer juntos:

1. Probar nuevos restaurantes, asistir a eventos del campus o descubrir lugares escondidos. Tener un compañero de habitación hace que todo sea más divertido y aventurero.

2. Las obligaciones pueden ser aventuras. Hacer la compra o limpiar la habitación no tiene por qué ser una tarea pesada. Conviértalo en un momento divertido con su compañero de habitación. Suba el volumen de la música, prueben juntos una nueva receta y hagan que las tareas más mundanas se conviertan en experiencias compartidas.

3. Pueden hacerse amigos. Vivir con alguien es una forma estupenda de forjar amistades sólidas. Comparten secretos, celebran victorias y se apoyan en los momentos difíciles.

Superar las diferencias y encontrar puntos en común

No todas las situaciones entre compañeros de habitación son como el sol y el arco iris, eso es un hecho. Pero las diferencias no tienen por qué romper los acuerdos. Aquí tiene algunos consejos para superar las diferencias y encontrar puntos en común con su compañero de habitación:

- Tenga una conversación sincera sobre el tema. No tenga miedo de expresar sus preocupaciones, pero hágalo con respeto.

- Encontrarse a mitad de camino. Está permitido. Tenga en cuenta también las necesidades del otro.

- Aunque no estén de acuerdo en todo, seguro que tienen cosas en común. Compartan actividades que les gusten a los dos: les ayudará a estrechar lazos y a crear recuerdos positivos.

Por último, querido universitario estrella, entienda que la amistad no siempre es instantánea. Requiere tiempo, esfuerzo y voluntad de exponerse. No tenga miedo de iniciar conversaciones, invitar a su compañero de habitación a participar en actividades o cenar juntos y charlar sobre su día. Vivir con un compañero de habitación es una experiencia de aprendizaje. Puede enseñarle habilidades valiosas como la comunicación, el compromiso y el respeto. Aceptar las diferencias y encontrar puntos en común con el otro puede hacer que su compañero de habitación pase de ser un cohabitante a un verdadero amigo y un valioso aliado en su viaje universitario.

Capítulo 4: La nutrición en el campus

Los estudiantes universitarios tienen varias opciones a la hora de satisfacer sus necesidades nutricionales. Los que viven en el campus suelen comer en cafeterías de la universidad, que normalmente ofrecen alimentación a través de planes de comidas para todo el semestre. Dependiendo del tamaño y la ubicación de la universidad, los planes de comidas pueden incluir variedad de cocinas, alimentos especializados e incluso la opción de ampliarse para comprar meriendas, café y otras bebidas.

Algunos estudiantes prefieren no comer en la cafetería, sino en la habitación o, si viven fuera del campus, en su apartamento. Además del bufé de la cafetería del campus, que existe en la mayoría

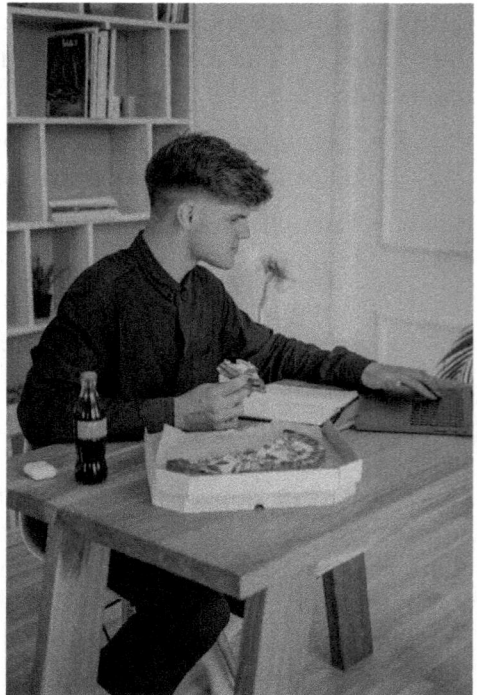

Los estudiantes comen entre clases y sesiones de estudio, por lo que buscan opciones rápidas[87]

de las universidades, los estudiantes tienen a su disposición un montón de restaurantes físicos y móviles (camiones de comida) dentro y cerca del campus.

Sea cual sea la opción que prefiera, tenga por seguro que encontrará mucha variedad para evitar comidas aburridas. Sin embargo, tantas opciones pueden resultar abrumadoras, sobre todo si quiere llevar una dieta equilibrada. La opción más frecuente en todos los restaurantes es la comida rápida, dado que muchos estudiantes comen entre clases y sesiones de estudio, por lo que buscan opciones rápidas.

La buena noticia es que este capítulo lo guía para tomar decisiones nutricionales saludables, haciendo hincapié en la importancia de comer comidas equilibradas que permitan mantener la energía, la concentración y la salud general en el difícil entorno universitario. Aprenderá muchos consejos nutricionales para aplicar en el campus y a aprovechar la hora de comer para relajarse y relacionarse con sus compañeros.

La importancia de la nutrición para los estudiantes

A veces, cuando hace malabares para manejar las obligaciones académicas, la vida social y demás, lo último en lo que piensa es en la alimentación. Come cuando puede, elige lo que puede engullir más rápido y no piensa en ello. Así es como piensan y viven muchos estudiantes universitarios, sin darse cuenta de que tomar decisiones nutricionales más saludables les ayuda a equilibrar sus tareas de forma más eficaz. La comida adecuada es el combustible necesario para superar los momentos difíciles, y he aquí las razones.

Es mejor para su salud física

Probablemente lo haya oído antes, pero comer alimentos nutritivos es mejor para la salud. Sus músculos utilizan energía, que proviene de los carbohidratos y las grasas. Al mismo tiempo, los músculos están formados por proteínas. Cuando realiza una actividad física, los músculos utilizan la energía para mover el cuerpo. Mientras lo hacen, se descomponen un poco, por lo que tienen que reconstruirse. Si sus comidas y meriendas a lo largo del día contienen todos los grupos de alimentos, alimenta sus músculos con los recursos adecuados.

Su cuerpo también necesita vitaminas y minerales, que obtiene de una variedad de alimentos. Estos le ayudan a prevenir enfermedades (como la desagradable gripe que contrae cuando se supone que debería estar estudiando o, peor aún, disfrutando de una noche libre con sus amigos). Cumplir con un horario exigente es extenuante y agota rápidamente los nutrientes esenciales del cuerpo, por lo que es crucial reponerlos mediante comidas equilibradas.

Aumenta el rendimiento académico

Además de nutrir el cuerpo, los alimentos ricos en nutrientes también alimentan la mente. Los músculos no son los únicos que consumen energía. El cerebro también necesita mucho combustible, un suministro constante de energía. La comida rápida y azucarada solo proporciona un rápido estallido de energía, que luego decae, dejando el cuerpo perezoso e incapaz de concentrarse. En cambio, una dieta más equilibrada le ayuda a concentrarse en sus clases y sesiones de estudio, a procesar y memorizar la información aprendida y a obtener mejores notas. Por otra parte, las frutas y las verduras están llenas de antioxidantes, que estimulan el flujo sanguíneo y permiten que el cuerpo suministre mucha energía al cerebro.

Mejora el humor

La vida universitaria puede ser abrumadora y a veces no tendrá ganas de hacer nada. Tal vez sienta que pudo hacerlo mejor en un examen, o que cumplir con todas sus obligaciones y plazos se está convirtiendo en algo demasiado difícil de manejar. Siempre que algo decaiga su estado de ánimo, la comida puede rescatarlo y hacerlo sentir mejor con usted mismo. El estado de ánimo depende de la química del cerebro o, más concretamente, de las hormonas que se liberan en él. La dopamina y la serotonina son las dos famosas hormonas del bienestar, y le sorprendería lo fácil que es aumentar su producción con la ayuda de los alimentos adecuados. Por ejemplo, el pescado tiene un alto contenido de ácidos grasos omega 3, que hacen que el cerebro produzca más dopamina y ahuyentan la depresión. Comer alimentos fermentados como chucrut, kimchi o yogur es una forma maravillosa de aumentar el nivel de serotonina, que es la responsable de mantener el estado de ánimo alto durante más tiempo. ¿Sabe qué más le ayuda a mantener su producción? El chocolate. El chocolate negro (hecho en su mayor parte de cacao) también es estupendo para mejorar el flujo sanguíneo al cerebro.

Controla el peso

Mantener un peso saludable va más allá de la apariencia estética. Es clave para prevenir enfermedades y mejorar la productividad. La universidad es una época de cambios extremos, como el cambio a un estilo de vida un poco más sedentario, los horarios de estudio, la falta de sueño y mucho más. Todo esto puede aumentar los niveles de estrés, lo que pasa factura al metabolismo y puede hacer que el peso fluctúe.

Ayuda a dormir mejor

Además de preocuparse por el próximo examen o cumplir con todos sus estudios, trabajos y obligaciones sociales, comer alimentos poco saludables también le hace perder horas de sueño. Saltarse comidas y comer alimentos pesados por la noche dificulta la digestión. Su metabolismo se ralentiza cuando se salta el desayuno y toma un almuerzo rápido y ligero. Luego, si lo sobrecarga con alimentos ricos en grasas por la noche (porque a esa hora se muere de hambre), su cuerpo se ocupa demasiado en hacer la digestión y no lo deja dormir. Comer varias comidas equilibradas a lo largo del día le aporta continuamente nutrientes que su cuerpo digiere y a los que accede mucho más fácilmente. Como resultado, duerme mejor y más tiempo.

Cómo orientar sus elecciones nutricionales

Ahora que conoce los beneficios de elegir alimentos más sanos, es hora de aprender a elegirlos.

No se salte el desayuno

Puede ser tentador saltarse el desayuno (sobre todo si se levanta tarde), pero evítelo siempre que sea posible. Además de ralentizar su metabolismo, saltarse el desayuno deja a su cerebro sin combustible justo al empezar el día. Es como emprender un largo viaje sin combustible en el tanque. Para no quedarse sin gasolina, desayune al menos proteínas y fruta. En la cafetería, opte por algo como una barrita de cereales o una tostada integral.

Evite desayunar siempre alimentos azucarados. Una taza de cereal o unos panqueques están bien de vez en cuando, pero no lo sacian por mucho tiempo, así que las fuentes de proteína son siempre una mejor opción para desayunar. Puede añadir a su desayuno rico en proteínas una tostada de pan integral para obtener algo de fibra.

Si tiene poco tiempo, tome una barrita de cereales (preferiblemente con frutos secos para aumentar la ingesta de proteínas). Una opción aún mejor es preparar el desayuno la noche anterior para no preocuparse por la mañana. Por ejemplo, la avena es una opción fácil de preparar, muy nutritiva y fácil de hacer en el campus.

Aquí tiene una receta de avena para hacer el día anterior.

Ingredientes:

- 1/2 taza de hojuelas de avena o mezcla lista de avena
- 1/2 taza de leche
- 1 o 2 cucharadas de semillas de chía
- 1 cucharadita de miel o edulcorante natural como miel de maple o néctar de agave
- fruta de temporada

Instrucciones:

1. Antes de acostarse, mezcle todos los ingredientes en un recipiente con cierre hermético, excepto la fruta. Si usa frutas como bananos, puede añadirlos.
2. Guarde la mezcla en la nevera y añada las frutas por la mañana.

Sopese sus opciones en la cafetería

La cafetería de la universidad es una opción cómoda para los estudiantes que viven en el campus, pero a menudo contiene muchas opciones poco saludables. Siempre que sea posible, evite las comidas ultra procesadas, que contienen sobre todo azúcar. Los cereales integrales son una mejor fuente de carbohidratos y lo mantienen satisfecho durante más tiempo. Del mismo modo, la carne es una mejor fuente de proteínas asada que frita, porque contiene menos grasas perjudiciales. Preste atención también a las ensaladas. Algunas están cargadas de salsas poco saludables y hechas con ingredientes procesados o ricos en grasas y azúcares. Si en la cafetería de su universidad hay una barra de ensaladas, prepárelas con aderezos saludables: nunca viene mal aceite de oliva y vinagre.

Cuidado con el azúcar

Por desgracia, los azúcares simples (los que elevan los niveles de azúcar en la sangre y provocan el bajón posterior) se encuentran en casi todos los tipos de alimentos procesados, incluso en los salados. No solo debe preocuparse por las bebidas azucaradas y los productos horneados. A menudo también se añade azúcar a los aderezos para ensaladas, las sopas, las salsas y los productos cárnicos. Cuando compre alimentos precocidos, asegúrese de leer la información nutricional de la etiqueta para no ingerir demasiado azúcar a lo largo del día.

Beba mucha agua

El agua es esencial para la digestión. Si quiere que su cuerpo utilice el combustible saludable que obtiene a través de las comidas, tiene que beber entre ocho y diez vasos de agua al día. En un día caluroso, el agua lo mantiene hidratado y concentrado. No solo eso, sino que beber más agua también evita que recurra a las bebidas azucaradas. Una buena forma de mantenerse hidratado es llevar con usted una botella de agua reutilizable a todas partes. Si le aburre beber agua sola, cámbiela de vez en cuando por zumo de frutas o agua con gas.

Prepare meriendas y llévelas en el morral

No está mal tomar una merienda poco saludable de vez en cuando, siempre que el resto del tiempo elija opciones saludables. Compre o prepare meriendas saludables que pueda llevar en el morral como opción de última hora. Ahorrará dinero y evitará ceder a los antojos de alimentos azucarados o procesados. Los frutos secos son cómodos de llevar y son una de las formas más fáciles de comer algo sano en la universidad.

Vigile su consumo de cafeína

En las largas sesiones de estudio y los días ajetreados, es tentador alimentar su cuerpo con montones de cafeína. Sin embargo, el exceso de cafeína tiene un efecto negativo en su estado de ánimo y no lo mantiene concentrado durante más tiempo. En todo caso, tomar demasiada lo hará sentir aún más agotado. Limite su consumo de cafeína a dos tazas de té o café al día y evite las bebidas energéticas, que también tienen un alto contenido en azúcar e ingredientes procesados perjudiciales. Así se sentirá mejor y, si necesita un pequeño estímulo, un puñado de nueces saludables siempre es una mejor opción.

Planifique sus compras

Antes de ir a la tienda por panes e ingredientes para preparar comidas fáciles en su habitación, *haga una lista de mercado*. Incluya muchos alimentos saludables que aporten a su cuerpo los nutrientes adecuados, como proteínas, grasas saludables y carbohidratos complejos. Procure comprar ingredientes suficientes para una semana, de modo que no tenga la tentación de comprar opciones poco saludables cuando se le acaben las sanas.

Si le preocupa que los alimentos sanos sean una carga para su presupuesto, busque descuentos para estudiantes, artículos en oferta y cupones que le ayuden a ahorrar dinero en las compras. Siempre es buena idea consumir marcas genéricas en lugar de las más conocidas.

Compre solo productos de temporada, ya que son más baratos, y lo más importante, nunca vaya a la tienda o al mercado con hambre, ya que esto hará que sea más tentador elegir opciones de comida rápida, que a menudo son ultra procesadas y poco saludables.

Planee las comidas

La planificación y preparación de comidas puede ser un salvavidas para los días en los que está demasiado ocupado para ir a la cafetería o cocinar algo saludable. Por supuesto, es probable que no tenga tiempo de preparar todas las comidas con antelación, pero preparar, aunque sea una comida al día le ayudará mucho a mantener una dieta saludable.

El fácil acceso a alimentos precocidos le evita opciones poco saludables, como la comida rápida, y le ahorra dinero. Preparar sus comidas resulta especialmente útil cuando está ocupado durante el día, pero quiere comer algo saludable en el almuerzo o la cena.

Evite las meriendas nocturnas

Excepto en las sesiones de estudio nocturnas, evite comer cualquier cosa cerca de la hora de acostarse[38]

Recuerde que las meriendas y alimentos que guarda en su habitación o apartamento están ahí para mantenerlo alejado de opciones poco saludables cuando tiene poco tiempo. No están ahí para que se llene de ellos después de no haber comido lo suficiente durante el día. Excepto en las sesiones de estudio que duran toda la noche, evite comer cualquier cosa cerca de la hora de acostarse. Si distribuye las comidas a lo largo del día, evitará caer en la trampa de las meriendas nocturnas.

No olvide darse un capricho de vez en cuando

Si en un momento no puede seguir su dieta sana, no se preocupe. Puede tomar una merienda o una comida poco saludable si está fuera de casa, pero hágalo con moderación. Si quiere celebrar un gran logro de la vida universitaria con helado y pastel, adelante. Seguir un régimen saludable puede resultar restrictivo, así que permitirse de vez en cuando una opción no tan saludable ayuda a equilibrar la dieta.

Divertirse con la comida también ayuda a establecer una relación sana con ella. Aunque la comida es necesaria para sobrevivir, nunca debe ser un enemigo y comer nunca debe sentirse como una obligación o un mecanismo de supervivencia. Una dieta equilibrada le evita caer en hábitos alimentarios poco saludables como comer en exceso o muy poco, comer por estrés, etc. Puede disfrutar de todo con moderación siempre que se centre en opciones nutritivas cada vez que sea posible.

Establezca una rutina para las comidas

Mantener una rutina constante a la hora de comer ayuda a no saltarse comidas y no tomar meriendas nocturnas, lo que lo mantiene concentrado durante las clases y las sesiones de estudio. Una de las mejores formas de mantener una rutina es incluir a amigos y compañeros de habitación. Hagan planes para comer juntos o ayudarse mutuamente cuando las comidas para llevar sean la única opción. Esto los mantendrá motivados para alimentar su cuerpo con regularidad y socializar.

Apueste por la variedad

Es posible que encuentre rápidamente sus opciones favoritas de comida sana en la cafetería, el restaurante y las comidas que prepara por su cuenta. Sin embargo, si come siempre lo mismo, su dieta no será equilibrada. Por ejemplo, comer una ensalada es una gran opción para cenar, pero hacerlo todas las noches hace que se pierda otros alimentos como las proteínas o la panadería integral.

Aunque sepa qué alimentos debe incluir en su plato para llevar una dieta equilibrada, estar rodeado de tantas opciones en el campus universitario puede hacer que le resulte difícil incluir variedad en sus comidas. Aquí tiene algunas ideas para conseguirlo:

- **Porcione la comida:** En las comidas principales, la mitad del plato debe contener verduras y frutas, una cuarta parte hidratos de carbono (preferiblemente integrales) y la cuarta parte proteínas. También puede añadir una guarnición de lácteos o un sustituto.

- **Incluya muchos colores:** Uno de los mejores indicios de una dieta sana es ver muchos colores en el plato. Cuantos más colores haya en sus comidas, mayor variedad de nutrientes está aportando a su cuerpo.

- **Varíe las verduras:** Aunque las barras de ensaladas y las ensaladas envasadas listas para comer son prácticas, hay muchas otras verduras y formas de comerlas. Por ejemplo, algunos camiones de comida le ofrecen crear sus propias tortillas incluyendo una variedad de ingredientes (es una gran manera de variar las verduras y probar combinaciones de sabores). Pruebe también con las verduras cocinadas de los restaurantes o las barras de ensaladas calientes.

También puede hacer ensaladas rápidas e interesantes en su habitación, como la siguiente, de durazno y remolacha.

Ingredientes:

- 2 duraznos medianos en rodajas
- 2 paquetes de 5 onzas de ensalada verde de primavera
- 1/2 taza de vinagre balsámico
- 1/2 taza de queso feta desmenuzado
- 1 lata de 14-1/2 onzas de remolacha en rodajas

Instrucciones:

1. En un tazón, mezcle los duraznos y las verduras, rocíelas con vinagre balsámico.
2. Cubra con el queso y las remolachas y disfrute.

Preste atención a las descripciones

Cuando se trata de platos precocidos o de comidas de la cafetería del campus o de restaurantes cercanos, la descripción puede decirle mucho, como el valor nutricional y el contenido calórico. Por ejemplo, si ve algo descrito como «rico» o «cremoso», es probable que tenga muchas calorías y grasas saturadas. Lo mismo ocurre con la mayoría de los fritos, mientras que las opciones horneadas, salteadas o a la plancha contienen menos grasas y calorías.

Las descripciones de los alimentos también le indican si la comida es apta para *veganos y vegetarianos*, o si contiene algo a lo que sea alérgico. Algunas cafeterías tienen una sección separada claramente etiquetada como vegana o vegetariana, al igual que algunos menús de restaurante. En caso de duda, siempre puede preguntar si algo es adecuado para su dieta en función de sus necesidades y alergias.

Implicaciones de los hábitos alimentarios en la vida estudiantil

Las implicaciones de sus hábitos alimentarios van mucho más allá de la salud física y mental y del bienestar. La vida estudiantil puede ser estresante, por lo que la expectativa social del comedor puede brindarle el alivio que necesita. Comer con su compañero de habitación o sus amigos en la cafetería del campus o en un restaurante cercano, o tomar una merienda rápida en el descanso mientras se ponen al día, es una oportunidad para socializar y relajarse en medio de la apretada agenda.

La universidad es una época en la que los jóvenes se esfuerzan por alcanzar metas similares, así que siempre tienen mucho de qué hablar durante las comidas conjuntas. Si vive en el campus o en un apartamento cercano, lo más probable es que coma cerca, y compartir los alimentos con sus amigos universitarios se convierte en una de las principales actividades sociales. Las experiencias gastronómicas compartidas le ayudan a forjar poderosos lazos con su comunidad. Hay una buena razón por la que muchas universidades muestran su cafetería en los programas de experiencias que anuncian a los estudiantes: saben que ver una forma de socializar es un factor decisivo para los futuros estudiantes.

Capítulo 5: Equilibrar diversión y estudios

Una y otra vez habrá oído decir a personas mayores y a graduados que la universidad es más divertida que la escuela. Hasta ahora, le ha parecido simplemente una versión adulta del colegio con más independencia. Es hora de contemplar el lado divertido de la universidad y encontrar formas de equilibrarlo con sus estudios.

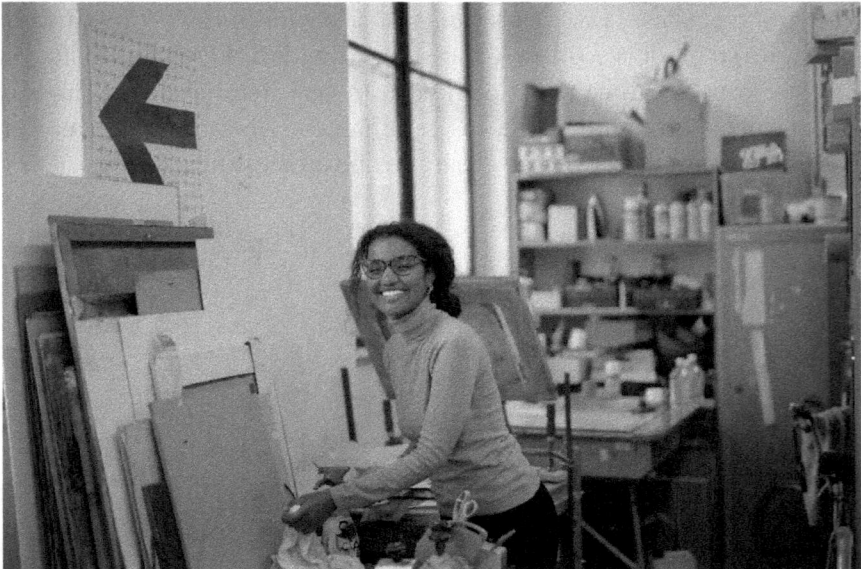

Es hora de contemplar el lado divertido de la universidad y encontrar formas de equilibrarlo con sus estudios[99]

Puede que haya tenido actividades extracurriculares en el colegio e incluso que haya participado en algunas, pero las actividades de la universidad son totalmente distintas. Son altamente competitivas, inmensamente avanzadas e infinitamente más emocionantes. ¿Sabía que puede ser seleccionado para un club o equipo deportivo de nivel nacional o internacional si juega bien en la universidad?

El valor de las actividades extracurriculares

Las actividades extracurriculares son asignaturas o actividades que complementan el trabajo académico. No tiene por qué cursarlas, pero pueden ser tan importantes como su plan de estudios.

- **Desarrollo de habilidades:** Las actividades extracurriculares ofrecen oportunidades para desarrollar una amplia gama de habilidades, como el liderazgo, el trabajo en equipo, la comunicación, la gestión del tiempo y la resolución de conflictos. Ya vio su importancia para el éxito académico en el capítulo anterior. También son muy valoradas por los empresarios y son esenciales para el éxito personal y profesional.

- **Exploración de intereses:** La universidad es una época de exploración y autodescubrimiento. Las actividades extracurriculares ayudan a explorar nuevos intereses y aficiones fuera de los estudios académicos para desarrollar un objetivo bien planteado para el futuro. Por ejemplo, si su pasión académica es la física, puede que también le guste tocar en una orquesta. No lo sabrá si no lo intenta. Albert Einstein era un apasionado de la física y de la música.

- **Oportunidad de establecer contactos:** Participar en actividades extracurriculares le ayuda a relacionarse con compañeros que comparten intereses similares. También le da la oportunidad de relacionarse con profesores, exalumnos y profesionales del sector. Estas conexiones pueden dar lugar a valiosas amistades, tutorías e incluso futuras oportunidades de trabajo.

- **Mejora su currículum:** En un mercado laboral competitivo, los empleadores buscan candidatos que demuestren un conjunto de habilidades completo y un compromiso con actividades que van más allá de lo académico. Incluir la participación en actividades extracurriculares en su currículum puede ayudarle a destacar y a mostrar sus diversos talentos e intereses.

- **Crecimiento personal:** Proporcionan oportunidades de superación personal. Aumentan la confianza en usted mismo, fomentan la creatividad y ayudan a desarrollar un sentido de identidad y propósito más allá de los logros académicos.

- **Estilo de vida equilibrado:** Los cursos universitarios avanzados pueden generar estrés. Las actividades extracurriculares tienen el poder de desestresar después de un duro día de clases. Practicar un deporte que le guste o realizar una actividad que disfrute es un momento tranquilizador en su agitada vida universitaria.

- **Oportunidad de liderazgo:** Muchas actividades ofrecen puestos de liderazgo, como presidente de club, capitán de equipo u organizador de eventos. Estas funciones le permiten desarrollar habilidades de liderazgo, tomar la iniciativa y tener un impacto positivo dentro y fuera de la comunidad universitaria.

- **Preparación para el mundo real:** Las actividades extracurriculares proporcionan una visión universitaria del mundo real. Son como mundos en miniatura en los que puede hacerse una idea de lo que le espera. Ya sea liderando un proyecto en equipo, organizando un evento o colaborando con diversos grupos de personas, estas experiencias lo preparan para los retos del futuro.

Opciones extracurriculares

Sus actividades extracurriculares pueden haber sido limitadas en la escuela, pero en la universidad son numerosas y diversas, dependiendo de cada facultad.

- **Clubes y organizaciones estudiantiles:** Casi todas las universidades estadounidenses ofrecen una amplia gama de clubes y organizaciones dirigidas por estudiantes y centradas en una gran variedad de intereses y actividades. Puede tratarse de clubes académicos relacionados con carreras o campos de estudio específicos (clubes de matemáticas, cine, etc.), clubes culturales y étnicos (música o danza de distintos países), grupos de activismo político y social (ciencias políticas, debates, etc.), organizaciones artísticas y de interpretación (clubes de actuación), clubes de deportes recreativos (natación, ciclismo, etc.).

- **Deportes:** Muchas universidades tienen equipos deportivos que compiten a nivel interuniversitario. Si quiere jugar en un entorno menos competitivo, opte por las ligas deportivas internas que se organizan solo dentro de la universidad. Si su universidad dispone de recursos suficientes, puede practicar cualquier deporte, desde fútbol y fútbol americano hasta ajedrez y billar.

- **Programas de voluntariado y servicios comunitarios:** ¿Quiere ayudar a su comunidad? Puede optar por el voluntariado y los proyectos de servicio comunitario de su universidad. Esto puede incluir tutorías y mentorías, iniciativas de conservación del medio ambiente, actividades de divulgación para comunidades desfavorecidas, eventos de recaudación de fondos y esfuerzos de ayuda en caso de catástrofe.

- **Gobierno estudiantil:** ¿Quiere probar suerte en la política antes de dedicarse a ella? Sumérjase en este mundo a través del gobierno estudiantil de su universidad. Hay consejos de estudiantes, senados o consejos de clase en los que puede representar a sus compañeros, defender los intereses de los estudiantes y organizar actos e iniciativas en el campus. La experiencia de liderazgo que adquiere a través de estas organizaciones impulsa su carrera.

- **Grupos artísticos y de interpretación:** Las artes y la interpretación encierran un tesoro de posibilidades y no todas están disponibles en el plan de estudios. Para ampliar sus horizontes en música, teatro, danza, artes visuales y otras actividades creativas, únase al grupo correspondiente. En ocasiones, pueden producir conciertos, obras de teatro, exposiciones de arte, espectáculos de danza y otros eventos culturales en el campus.

- **Medios de comunicación y publicaciones:** ¿Le interesa el periodismo, el cine o la escritura? Varios clubes de medios de comunicación y publicaciones del campus crean y gestionan periódicos universitarios, revistas, emisoras de radio, canales de televisión o publicaciones en línea. Con su ayuda, puede adquirir conocimientos en diversas materias como reportajes, edición, producción y narración de historias.

- **Organizaciones religiosas y espirituales:** Sumérjase en su propia religión o explore otras religiones y filosofías a través de estos grupos. Muchas universidades cuentan con diversas organizaciones que ofrecen apoyo, compañerismo y oportunidades para la exploración religiosa en varios cultos. Estos grupos pueden organizar servicios religiosos, debates, retiros, proyectos de servicio a la comunidad y otros actos sociales que promuevan su causa.

Lo mejor es que puede crear su propia actividad extracurricular. Abrir un club relacionado con sus intereses es un sencillo proceso de tres etapas:

1. Defina el propósito, los objetivos y los valores de su club.

2. Pida consejo y ayuda a un miembro del profesorado para desarrollar los detalles del club.

3. Rellene un formulario de inscripción.

Sus actividades extracurriculares pueden complementar sus logros y objetivos académicos, proporcionándole las herramientas necesarias para alcanzarlos. Pueden ser tan gratificantes y emocionantes como sus estudios, hasta el punto que le cueste elegir entre ambos. Es necesario encontrar un equilibrio para disfrutar de una vida universitaria satisfactoria.

Equilibrar la diversión con las obligaciones académicas

Imagine que está haciendo algo que le encanta, como pintar. Puede que esté tan absorto en su arte que se olvide de sus otras tareas. También es posible que se le olvide comer. Tener una pasión y dedicarse a ella es estupendo, pero debe mantener un horario fijo para las demás tareas y así conservar el bienestar general.

Del mismo modo, puede apasionarse tanto por una actividad extracurricular que se olvide de estudiar. ¿Cómo puede dedicar el tiempo justo a estudiar y a divertirse?

Gestión eficaz del tiempo

En un intento por descubrirse a usted mismo y establecer su identidad, tiende a ocuparse con muchas cosas. Al intentar hacerlo todo, aumentan sus niveles de estrés y termina sin hacer nada. La solución es asignar momentos concretos de su día a tareas específicas para que pueda hacer todo lo que quiere sin que afecte su salud.

- **Haga un horario:** Esta es la técnica más básica de gestión del tiempo que seguramente aprendió en la escuela y que es igual de efectiva en la universidad.

1. Escriba una lista de todas las tareas que TIENE que completar durante el día (estudios y extracurriculares).
2. Escriba las cosas que QUIERE hacer (como salir con sus amigos).
3. Calcule el tiempo que TIENE para cada tarea y añádala a su horario.
4. Calcule el tiempo para cada cosa que QUIERE hacer y rellene los huecos de la tabla.

Acostúmbrese a planear un horario cada lunes por la mañana. Incluya la técnica de bloques de tiempo para destinar cada minuto de sus horas de vigilia a una actividad, ya sea estudiar o relajarse. Utilice la siguiente tabla como referencia; puede cambiar los intervalos de horarios para adaptarlos a sus propias necesidades:

	Lunes	Martes	Miércoles	Jueves	Viernes	Sábado	Domingo
De 8 a 9 de la mañana							
De 8 a 9 de la noche							

- **Utilice una agenda o un calendario:** La gran cantidad de tareas y obligaciones que tiene puede llegar a ser abrumadora. No querrá encontrarse en una situación en la que ha programado la reunión familiar el mismo día que los exámenes de la universidad. Planificar todo el mes por adelantado ayuda mucho y anotar los acontecimientos importantes a lo largo del año, como la cena de Acción de Gracias, evita que se mezclen los horarios.

Utilice una agenda o un calendario para anotar esas fechas importantes. No olvide consultarlo cada vez que planee un horario diario o semanal. Si no tiene un calendario físico, descargue uno en su teléfono o utilice una aplicación de planificación como Microsoft Planner.

- **Establezca recordatorios:** ¿Planeó su horario para el día, la semana y el mes? Bien hecho. Lo único que tiene que hacer es consultarlo de vez en cuando para asegurarse de seguirlo. ¿Y si se olvida de consultarlo y se salta una tarea? Los recordatorios le ayudarán.

Al principio de cada día, ponga un recordatorio en su teléfono para cada tarea, por pequeña que sea. Establezca también recordatorios para las pausas y el descanso. Los timbres incesantes pueden resultar molestos con el tiempo, así que asigne un tono diferente a cada recordatorio o grabe citas inspiradoras para animarse a realizar las tareas.

Técnicas útiles de gestión del tiempo

Incorpore a su horario estas técnicas de gestión del tiempo de eficacia probada para equilibrar la diversión y los estudios de forma más eficiente:

Matriz Eisenhower: Esta técnica consiste en priorizar sus tareas y compromisos, una habilidad crucial para la vida.

1. Haga una lista de todas sus tareas y actividades del día o de la semana.

2. En una hoja de papel, dibuje un cuadrado grande y divídalo en cuatro cuadrantes (la matriz de Eisenhower).

3. En el primer cuadrante, añada las tareas urgentes e importantes, como terminar sus estudios en un plazo inmediato o terminar sus tareas pendientes. Debe tratar de despejar este cuadrante de inmediato.

4. El segundo cuadrante contiene tareas importantes, pero no urgentes, como sus actividades extracurriculares. Programe esta lista después de terminar el primer cuadrante.

5. Las tareas urgentes, pero sin importancia van en el tercer cuadrante, como las reuniones del club o los planes repentinos para salir. Revise esta lista solo después de terminar la primera y si no interfiere con la segunda.

6. Ya habrá adivinado que el cuadrante final contiene tareas que no son ni urgentes ni importantes, como hábitos que le hacen perder el tiempo o distracciones. Evite estas cosas para liberar su tiempo para tareas más importantes.

Método Pomodoro: Se trata de una poderosa técnica de programación que mantiene su concentración a lo largo de múltiples actividades y tareas. Consiste en estudiar o hacer actividades extracurriculares durante un tiempo determinado, tomar un breve descanso y reanudar la actividad. Cuanto más tiempo se concentra en una actividad, menor es su concentración. El breve descanso le ayuda a recargarse para mantener la concentración durante más tiempo.

El periodo de actividad ideal es de 25 minutos y el tiempo de descanso es de cinco minutos. Puede cambiar estos tiempos según sus preferencias (por ejemplo, una hora de estudio seguida de un descanso de diez minutos). Además, después de cada cuatro sesiones, puede hacer un descanso más largo para recuperarse mejor.

Regla 50/30/20: La regla 50/30/20 es una técnica financiera, pero también puede aplicarse a la gestión del tiempo. Dedique el 50 % de su tiempo a los estudios, el 30 % a actividades extracurriculares y el 20 % a otro tipo de diversiones. Por ejemplo, en general tiene 14 horas al día, excluyendo el tiempo para lo esencial, como las comidas, el baño, etc. De ellas, puede dedicar siete horas a estudiar, cuatro a actividades extracurriculares y tres a otras cosas.

Fijarse objetivos realistas

Si ninguno de los consejos y técnicas anteriores le funciona, revalúe sus objetivos. ¿Está cursando más asignaturas y haciendo más actividades extracurriculares de las que puede asumir? Fíjese objetivos realistas con la ayuda de los siguientes consejos:

- **Sea SMART en sus objetivos:** SMART es el acrónimo de Specific (específico), Measurable (medible), Achievable (alcanzable), Relevant (relevante) y Time-bound (limitado en el tiempo). Defina claramente sus objetivos. En lugar de decir: «Quiero mejorar mis notas», diga: «Quiero subir mis notas un nivel».

  Deben ser medibles para que pueda seguir sus progresos y saber cuándo los alcanza. En lugar de decir «Quiero estudiar más», especifique un objetivo medible como «Quiero dedicar dos horas diarias a estudiar cada asignatura».

  Alcanzable implica que un objetivo está a su alcance y se ajusta a sus capacidades, recursos y limitaciones de tiempo, no solo posibles en general. Si hasta ahora ha sacado bien, no sea demasiado ambicioso y se exija como objetivo un sobresaliente. Vaya paso a paso, marque primero un muy bien.

Asegúrese de que sus metas son relevantes para sus objetivos, aspiraciones e intereses generales. Deben estar en consonancia con sus intereses académicos, sus objetivos profesionales y sus valores personales. Si no le interesa una actividad extracurricular concreta y la hace por la presión de sus compañeros, deje de hacerla y dedíquese a algo más relevante.

Por último, tener tiempo significa establecer horarios y plazos y cumplirlos. Si se compromete demasiado, no cumplirá los plazos y su agenda se volverá caótica. Fije plazos que pueda cumplir. No intente impresionar a sus compañeros y profesores comprometiéndose con un calendario poco realista.

- **Divida los objetivos más grandes:** ¿Su objetivo es tan grande que parece poco realista en este momento? No lo descarte. Puede que no sea poco realista, pero que lleve mucho tiempo conseguirlo. Vea si puede dividirlo en objetivos más pequeños y alcanzables de forma más inmediata. Gestione su tiempo para esos objetivos más pequeños sin perder de vista el objetivo general.

- **Tenga en cuenta sus prioridades:** Los objetivos realistas siempre tienen en cuenta sus prioridades. A esta edad, su prioridad debe ser su salud y su rendimiento académico. Las actividades extracurriculares divertidas son importantes, pero van después de su primera prioridad. Plantee sus objetivos extracurriculares en función de sus estudios y su bienestar.

El arte de decir «no»

Decir un simple «No» puede equilibrar sus estudios, su diversión y muchos otros aspectos de su vida[40]

¿Sabía que casi todos los obstáculos para equilibrar la diversión y los estudios desaparecen cuando aprende a decir «No» a las cosas que no le ayudan a alcanzar sus objetivos? Uno de sus objetivos puede ser pasar tiempo con sus amigos, *pero ¿realmente necesita fumar?* No le ayuda con ninguno de sus objetivos, sino que los obstaculiza al causarle problemas de salud en el futuro. Decir un simple «No» equilibra sus estudios, su diversión y muchos otros aspectos de su vida.

- **Gestión del tiempo:** Dispone de un tiempo limitado para equilibrar sus responsabilidades académicas, las actividades extracurriculares, la vida social y sus intereses personales. Decir «no» a los compromisos que no son esenciales le permite priorizar su tiempo de forma eficaz y centrarse en las tareas que se alinean con sus objetivos.

- **Evitar los compromisos excesivos:** Rechazar los compromisos excesivos evita el agotamiento y mejora la salud. Comprometerse con demasiadas actividades u obligaciones puede provocar estrés, agotamiento y una disminución del rendimiento académico.

- **Establecer límites:** Los límites saludables en cualquier relación incluyen una buena dosis de «no». Puede hacer valer sus necesidades y dar prioridad al cuidado personal sin sentirse culpable u obligado a complacer a los demás a expensas de su bienestar.

- **Mantener la concentración:** Cuando dice «no» a las distracciones, las tareas innecesarias o las peticiones que no tienen que ver con sus objetivos, puede centrarse mejor en sus estudios y actividades académicas. Esto también le ayuda a pasar más tiempo divirtiéndose.

- **Respetar las prioridades:** Decir «no» refuerza la importancia de priorizar los objetivos académicos y personales. Le enseña a valorar su tiempo y energía y a tomar decisiones que contribuyan a su éxito y bienestar a largo plazo.

- **Aumentar la confianza en sí mismo:** Esto lo capacita para tomar decisiones que sirven mejor a sus intereses a medida que aprende a defenderse en diversas situaciones.

- **Evitar influencias negativas:** Es esencial decir «no» a la presión de los compañeros, a los hábitos poco saludables o a las actividades que obstaculizan el progreso académico o el crecimiento personal. Le ayuda a mantenerse fiel a sus valores y a tomar decisiones positivas para su futuro.

- **Ser independiente:** El simple hecho de decir «no» dice mucho de su independencia. Implica que piensa de forma crítica y toma decisiones independientes. Cultivar un sentido de autonomía y confianza es una habilidad esencial para el éxito en el ámbito académico y en el profesional.

Sin embargo, esto no significa que deba decir «no» a todas las oportunidades que llamen a su puerta. Incluso si algo no se ajusta a sus objetivos, puede darle la oportunidad de establecer una nueva meta que complemente las que ya tiene. Manténgase abierto a las oportunidades, pero no dude en decir «no» si no le parece bien.

Las actividades extracurriculares allanan el camino para mejorar los aspectos personales, académicos y profesionales de su vida dentro y fuera de la universidad. Puede adquirir nuevas habilidades, relacionarse con gente nueva y encontrar nuevos objetivos que alcanzar. También puede añadir más talentos a su currículum, desarrollar su potencial de liderazgo y prepararse para el mundo real.

Estas ventajas de las actividades extracurriculares pueden ser útiles o no más adelante, pero los recuerdos que se lleva de ellas lo acompañarán siempre. Ponga en práctica los consejos y técnicas que se mencionan en este capítulo y creará nuevos recuerdos equilibrando eficazmente la diversión y los estudios.

Capítulo 6: Estrategias para hacer exámenes y combatir el estrés

Ya se trate de exámenes parciales o finales, las evaluaciones pueden traer consigo una oleada de estrés y ansiedad. La presión por entender, memorizar y recordar el extenso material de los cursos, junto con las múltiples asignaturas, crea una abrumadora sensación de tensión académica. No está solo en esto, ya que muchos de sus compañeros probablemente experimentan emociones similares. Al enfrentarse a los exámenes, lo primero que debe hacer es dividir el material en partes más manejables. Tratar una sección a la vez facilita la concentración y hace que la tarea sea menos desalentadora.

El siguiente paso consiste en elaborar un calendario de estudio realista que incluya descansos y priorice las tareas. Esto es crucial para una gestión eficaz del tiempo y lo aleja del estrés provocado por el atasco de última hora. Además, dar prioridad al cuidado personal, que incluye dormir lo suficiente, una dieta equilibrada y actividades que promuevan su bienestar, también es fundamental durante estos periodos de gran presión. Recuerde que está bien buscar el apoyo de amigos, familiares o compañeros de clase, ya que sus puntos de vista y ánimos pueden ser muy valiosos.

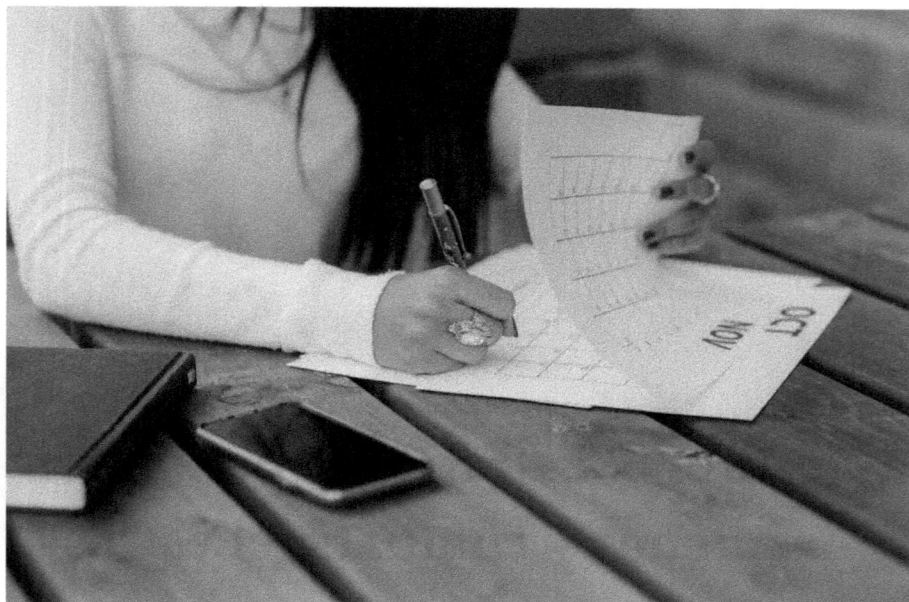
Elabore un horario de estudio realista que incluya descansos y priorice las tareas[41]

También debe incorporar a su rutina diaria técnicas de atención plena y ejercicios de relajación, que le ayudan a controlar el estrés y a mantener una visión equilibrada de su trayectoria educativa en general. En este capítulo, aprenderá los detalles para estudiar con eficacia y sacar el máximo provecho a su tiempo, todo ello libre de estrés.

Elaborar un plan de estudio estratégico

Cuando empiece a prepararse para los exámenes, es esencial que comience con un plan de estudio bien pensado. En lugar de saltar de una asignatura a otra, divida el material que tiene que aprender en secciones manejables, asignando sus sesiones de estudio a temas específicos. Centrarse en determinados temas facilita una comprensión más profunda y el seguimiento de sus progresos. Asigne plazos realistas a cada sección, garantizando una distribución equilibrada del esfuerzo entre todas las asignaturas.

Utilizar métodos eficaces para tomar apuntes

Los apuntes son una poderosa herramienta de comprensión y repaso. En lugar de tomar apuntes palabra por palabra durante la clase, concéntrese en captar los conceptos clave, los ejemplos y las explicaciones. Considere la posibilidad de emplear técnicas como el método Cornell, que divide sus páginas de apuntes en secciones para las ideas principales, los detalles y un resumen. Condense la información, utilice viñetas y resalte los puntos cruciales para hacer de sus apuntes un recurso de estudio conciso y eficaz.

Estrategias de aprendizaje activo

En lugar de leer pasivamente, utilice tarjetas didácticas, mapas conceptuales y enseñe los contenidos a otra persona. Estas estrategias son las mismas que aprendió en el capítulo 2 de este libro. Otra estrategia consiste en autoevaluarse periódicamente para reforzar lo aprendido. El aprendizaje activo no solo consolida su comprensión de las materias, sino que hace que el proceso de estudio sea más dinámico y atractivo.

Establecer una rutina de repaso

Sin una rutina de repaso regular, retener los temas a largo plazo resulta difícil. Programe sesiones de repaso periódicas a lo largo de su plan de estudios para volver a estudiar el material anterior. Recordar temas ya tratados solidifica sus conocimientos y construye una base sólida a medida que avanza en el plan de estudios.

Incorporar técnicas multisensoriales

Intente utilizar varios sentidos en su proceso de estudio para mejorar la memoria. Por ejemplo, utilice ayudas visuales como cuadros, diagramas y gráficos para comprender mejor la información teórica. Del mismo modo, puede escuchar podcasts o grabaciones relevantes sobre su tema de estudio para reforzar el aprendizaje auditivo. Al apelar a diferentes sentidos, crea una experiencia de aprendizaje más completa y memorable.

Pausas y recompensas conscientes

Independientemente de la estrategia de aprendizaje que practique, siempre es necesario hacer pausas breves y conscientes en su rutina de estudio para mantener la concentración y evitar el agotamiento.

Flexibilidad y adaptabilidad

Reconozca que no existe una estrategia de estudio que sirva para todo. Sea flexible a la hora de adaptar sus métodos en función del material que está estudiando, su estilo de aprendizaje y la información que obtiene de su progreso. Además, experimentando con diferentes técnicas puede identificar las que mejor funcionan para usted, promoviendo un enfoque de estudio más personalizado y eficaz.

Aunque encontrará muchas estrategias y técnicas como estas, la clave del éxito está en aplicarlas correctamente.

El poder de empezar pronto

Empezar pronto a preparar los exámenes parciales cambia totalmente las condiciones del juego. Al distribuir sus esfuerzos de estudio a lo largo de un período prolongado, reduce el estrés de última hora, ya que desarrolla una comprensión más profunda del material. Empezar pronto también le da tiempo para repasar con regularidad, lo que hace más probable que la información se le quede grabada a largo plazo.

Plantilla de estudio para los parciales

Para organizar su estudio y prepararse con tiempo, considere la posibilidad de hacer un planificador de estudio para los parciales. Puede crear una herramienta personalizada para estructurar su horario de estudio y hacerlo más manejable. Aquí tiene una plantilla que puede seguir para inspirarse. Además, recuerde que puede añadir u omitir cualquiera de los apartados para adaptarlo mejor a su horario.

Objetivos diarios:

- Para mantener la concentración, establezca objetivos de estudio diarios alcanzables y haga un seguimiento de los progresos.
- Priorice temas o capítulos específicos para cada día en función de su importancia.

Temas a tratar:

- Divida siempre el material en secciones o temas manejables.
- Asigne temas específicos a cada sesión de estudio para mantener la claridad y no agobiarse.

Recordatorios de autocuidado:

- Añada siempre elementos de autocuidado a su agenda diaria para mantener su salud bajo control.
- Programe descansos, comidas y momentos de relajación para evitar el agotamiento.
- Asigne bloques de tiempo específicos para cada sesión de estudio, garantizando una distribución equilibrada de las asignaturas.
- Utilice la agenda para hacer un seguimiento de sus progresos. Celebre sus logros y ajuste su horario si es necesario.

Ventajas del planificador de estudio de exámenes parciales

- Proporciona una hoja de ruta clara para su viaje de estudio, minimizando la ambigüedad y el estrés.

- Facilita un comienzo temprano del proceso de preparación, asegurando tiempo suficiente para la comprensión y la retención.

- Enfoque equilibrado: Permite una distribución equilibrada de los esfuerzos de estudio en todas las asignaturas, evitando las angustias de última hora.

- Integra recordatorios de autocuidado para promover un enfoque holístico de la preparación de exámenes, haciendo hincapié en la importancia de mantener su salud mental y física.

La creación de un plan de estudio personalizado para los exámenes parciales le permite organizar su horario de estudio y mantener su salud en óptimas condiciones. Recuerde que empezar pronto y dividir el material en secciones manejables es clave para el éxito, contribuyendo a una experiencia de examen más segura y menos estresante.

Cómo abordar los distintos tipos de preguntas de examen

Preguntas de respuesta múltiple

Comience por leer detenidamente el enunciado de la pregunta. Sin mirar inmediatamente las opciones, intente responder de forma independiente. Así mantendrá a raya las distracciones. Una vez que tenga una respuesta provisional, examine cada opción, eliminando las que sean claramente incorrectas. Si no está seguro, marque la pregunta para revisarla después y siga adelante, volviendo después de haber respondido otras preguntas.

Consejo: Preste atención al lenguaje de la pregunta. Los términos absolutos como siempre o nunca suelen indicar opciones incorrectas. Además, si dos opciones parecen correctas, considere la que sea más completa o relevante.

Preguntas de verdadero/falso

Lea detenidamente los enunciados. Las preguntas de verdadero/falso suelen inducir a error, por lo que debe leer atentamente cada palabra. Si alguna parte del enunciado es falsa, márquela como tal. Si no está seguro, recuerde que, por lo general, las afirmaciones tienen más probabilidades de ser verdaderas que falsas.

Consejo: tenga cuidado con las dobles negaciones, ya que pueden introducir confusión. Simplifique la afirmación a sus componentes básicos para aclarar su significado.

Preguntas de respuesta corta y de rellenar espacios en blanco

Tómese su tiempo y lea detenidamente la pregunta, asegurándose de que comprende la información requerida. Responda de forma concisa y clara. Revise su respuesta para comprobar su exactitud, prestando atención a la ortografía y la gramática.

Consejo: si no está seguro de algún detalle, ofrezca tanta información relevante como pueda. A menudo se conceden puntos por demostrar conocimientos parciales.

Preguntas de redacción

Estrategia: Para estructurar sus ideas, comience por esbozar su respuesta. Asegúrese de que su ensayo incluye una introducción, un cuerpo y una conclusión. A continuación, aborde cada componente de la pregunta de forma metódica, aportando pruebas que respalden sus argumentos.

Consejo: escriba de forma clara y coherente. Utilice ejemplos y añada detalles sobre el tema para reforzar sus argumentos. No olvide revisar su respuesta para comprobar la corrección gramatical antes de continuar.

Ejercicios de atención plena para la ansiedad ante los exámenes

Respiración profunda

Es una técnica para calmar los nervios y permitir que la mente entre en una zona libre de estrés. Busque un lugar donde sentarse cómodamente, preferiblemente en una esterilla. Cierre los ojos y respire lenta y profundamente por la nariz, expandiendo el diafragma. Aguante la respiración unos segundos y luego exhale lentamente por la boca. Repita el proceso concentrándose en la respiración. Este ejercicio regula el sistema nervioso y favorece la sensación de calma.

Meditación de exploración corporal

Acuéstese o siéntese en una posición cómoda. Dirija su atención a cada parte del cuerpo, empezando por los dedos de los pies y subiendo hasta la cabeza. Localice cualquier tensión o molestia en el cuerpo.

Imaginería guiada

Cierre los ojos y visualice un lugar tranquilo, ya sea una playa, un bosque o las montañas. Active sus sentidos para recrear las imágenes, los sonidos y los olores de ese lugar sereno. Esta evasión mental ayuda a aliviar la ansiedad y proporciona un momento de tranquilidad.

Respiración consciente contando

Inhale lentamente, contando hasta cuatro y luego exhale contando hasta seis. Centre su atención en la respiración y en el proceso de conteo. Esta exhalación prolongada desencadena la respuesta de relajación del cuerpo, aliviando el estrés y la tensión.

Actividades físicas para aliviar la ansiedad ante los exámenes

Paseo rápido o pausa para estirarse

Tómese un breve descanso durante las sesiones de estudio para dar un paseo o hacer estiramientos suaves. Estas actividades aumentan el flujo sanguíneo, liberan la tensión y lo mantienen sano.

Yoga o tai chi

También puede optar por sesiones de yoga o tai chi. Estas prácticas combinan movimientos suaves con respiraciones profundas, fomentando la relajación y la atención plena. Si no tiene tiempo, hay muchos recursos en Internet que ofrecen rutinas cortas y fáciles de seguir para principiantes.

Relajación muscular progresiva

Siéntese o acuéstese cómodamente. Empezando por los dedos de los pies, tensione cada grupo muscular durante unos segundos y luego aflójelo. Suba gradualmente hasta la cabeza. La activación de cada grupo muscular libera la tensión física e identifica las zonas de tensión. La técnica es similar a la exploración corporal, con la diferencia principal de que en este caso se *intenta relajar conscientemente las zonas sometidas a tensión.*

Jugar con pelotas antiestrés

A veces, el estrés se acumula, haciendo difícil mantener la concentración. En momentos así, jugar con una pelota antiestrés o un juguete puede ser muy útil. Puede utilizarlo durante las pausas de estudio o en momentos de ansiedad para canalizar la energía nerviosa y liberar la tensión mediante suaves apretones.

Comer con atención

Durante las pausas, preste atención a lo que come. Concéntrese en el sabor, la textura y la sensación de cada bocado. Esto proporciona un descanso y fomenta una mentalidad atenta y presente.

Pausas en la naturaleza

Actividad: Pase unos minutos al aire libre, ya sea en un parque cercano o sentado en un balcón. La conexión con la naturaleza tiene un efecto calmante y proporciona un restablecimiento mental.

Diario

Escriba sus pensamientos y sentimientos en un diario. Esta práctica ayuda a procesar las emociones, identificar las fuentes de estrés y adquirir perspectiva sobre las preocupaciones relacionadas con los exámenes.

Recuerde que la incorporación de estas técnicas y actividades de relajación a su rutina contribuye a un enfoque más equilibrado y resistente de la preparación de los exámenes. Encuentre lo que mejor funciona para usted y haga del autocuidado una prioridad durante el difícil periodo de exámenes.

Incorporar prácticas de relajación a la rutina diaria durante los parciales

La intensidad del periodo de exámenes parciales no solo exige concentración académica, sino también un autocuidado consciente. Adoptar prácticas de relajación como componentes integrales de su rutina diaria puede contribuir significativamente a controlar el estrés y mantener una mentalidad equilibrada. A continuación, le explicamos cómo integrar estas prácticas en su ajetreada agenda:

Atención plena por la mañana

Atención plena por la mañana[42]

Empiece el día con un breve ejercicio de atención plena. Antes de sumergirse en los materiales de estudio, dedique unos minutos a practicar la respiración profunda o una meditación rápida de conciencia corporal. Esto establecerá un tono positivo para el día y una mentalidad centrada.

Pausas de estudio conscientes

Programe pausas de estudio regulares y aproveche estos intervalos para realizar breves ejercicios de atención plena o actividades físicas. Ya sean unos minutos de visualización guiada o un breve paseo, estos descansos rejuvenecen la mente, evitan el agotamiento y mejoran la concentración general.

Relajación a la hora de comer

Incorpore la atención plena a su rutina del almuerzo. Practique la alimentación consciente saboreando cada bocado y dedicando un momento a apreciar la comida. Aproveche este momento para desconectarse de las pantallas y centrarse en nutrir su cuerpo y su mente.

Sesión de yoga o estiramiento por la tarde

En medio de las exigencias de los estudios de mediodía, destine un breve periodo a hacer estiramientos o a una breve sesión de yoga. Las plataformas en línea ofrecen rutinas rápidas para personas con horarios apretados, que ayudan a liberar tensiones y favorecen la claridad mental.

Ritual de relajación vespertino

Termine el día con un ritual relajante. Realice un ejercicio de atención plena más prolongado, como una meditación guiada o una relajación muscular progresiva para liberar cualquier tensión acumulada. Considere un baño caliente o estiramientos suaves antes de acostarse para favorecer la relajación.

Reflexión antes de acostarse

Reflexione sobre su día antes de acostarse. Considere la posibilidad de anotar en un diario algunos momentos positivos, los retos que superó o las cosas por las que está agradecido. Esta práctica desplaza su atención hacia lo positivo y fomenta la sensación de logro.

Transición consciente al sueño

Adopte un enfoque consciente en la transición al sueño. Practique la respiración profunda o escuche música relajante para entrar en un estado de descanso. Limite la exposición a las pantallas antes de acostarse para garantizar un sueño más tranquilo y rejuvenecedor.

Revisión semanal

Dedique un tiempo a la semana para realizar una revisión más exhaustiva de su autocuidado. Reflexione sobre su bienestar, ajuste sus rutinas si es necesario y celebre sus logros, tanto académicos como en la incorporación de estas prácticas de relajación.

La constancia es clave a la hora de incorporar prácticas de relajación a su rutina diaria. Elija prácticas que le resulten familiares y adáptelas a su horario. Estos momentos de atención plena no solo ayudan a controlar la ansiedad ante los exámenes, también contribuyen a su bienestar general durante el ajetreado periodo de los parciales. Al priorizar el autocuidado, aumenta su capacidad de recuperación y optimiza su capacidad para afrontar los retos académicos con una mente más clara y centrada.

Herramientas digitales de estudio

Aplicaciones de tarjetas: Utilice aplicaciones digitales que le ayuden a memorizar de forma eficaz. También puede encontrar varios cuestionarios con tarjetas de estudio para optimizar su tiempo de estudio y repetición.

Comunidades de estudio en línea

Únase a foros o comunidades en línea dedicados a debates académicos. Estos espacios permiten el aprendizaje colaborativo y el intercambio de información. También puede iniciar un debate sobre temas relacionados con el estudio e incluso obtener respuestas ya debatidas para dudas comunes.

Plataformas de aprendizaje electrónico

Explore las plataformas digitales que ofrecen cursos complementarios para profundizar en temas específicos. Estos recursos proporcionan explicaciones alternativas y materiales de estudio adicionales.

Videos educativos: Aproveche los videos educativos disponibles en diversas plataformas para obtener una comprensión visual de temas complejos.

Herramientas de productividad

Aplicaciones de gestión de tareas: Utilice herramientas digitales para organizar sus tareas de estudio y desglosar su plan de estudios en pasos manejables para mejorar la productividad.

Aplicaciones de concentración: Emplee aplicaciones que desincentiven las **distracciones** y promuevan sesiones de estudio focalizadas.

Bibliotecas y recursos virtuales

Bibliotecas digitales: Acceda a libros electrónicos y recursos digitales a través de bibliotecas y plataformas en línea. Estos recursos proporcionan un acceso rápido y cómodo a materiales relevantes.

Revistas y artículos en línea: Manténgase al día de las últimas investigaciones utilizando las bases de datos académicas disponibles en Internet.

Aplicaciones móviles de aprendizaje

Herramientas de aprendizaje de idiomas: Considere las aplicaciones de aprendizaje de idiomas o los recursos en línea como una refrescante pausa de estudio. Aprender un nuevo idioma activa diferentes habilidades cognitivas.

Contenidos de audio: Escuche podcasts educativos o audiolibros durante los trayectos al trabajo o las pausas breves para mejorar su comprensión de diversas materias.

Herramientas de bienestar

Aplicaciones de atención plena: Explore herramientas digitales que ofrecen sesiones de meditación guiada para aliviar el estrés y mejorar la concentración.

Aplicaciones de ejercicio: Utilice aplicaciones de actividad física para entrenamientos guiados o ejercicios, que son esenciales para aliviar el estrés.

Plataformas de aprendizaje lúdicas

Juegos educativos: Participe en plataformas de aprendizaje lúdicas que convierten el estudio en una experiencia interactiva. Estas plataformas suelen incorporar cuestionarios y retos para la autoevaluación.

Soluciones de gestión del tiempo

Aplicaciones del método Pomodoro: Explore las aplicaciones que implementan el método Pomodoro, dividiendo las sesiones de estudio en intervalos focalizados seguidos de breves descansos. Este método aumenta la productividad y previene el agotamiento.

Herramientas de calendario: Para gestionar su tiempo de forma eficaz, integre sus sesiones de estudio en calendarios digitales y establezca recordatorios para los próximos exámenes.

Aprovechar la tecnología puede transformar su rutina de estudio, haciéndola más eficiente, colaborativa y atractiva. Seleccione herramientas que se ajusten a sus preferencias y necesidades de aprendizaje para que la tecnología se convierta en un componente de apoyo en su preparación de los parciales.

Superar los retos de los exámenes parciales implica un enfoque holístico que combina estrategias de estudio eficaces, autocuidado consciente y el uso estratégico de la tecnología. Al reconocer los sentimientos comunes de ansiedad y estrés, puede incorporar técnicas de relajación en sus rutinas diarias. Desde ejercicios de atención plena hasta herramientas digitales de estudio, estas prácticas no solo alivian el estrés, sino que también mejoran la preparación de los exámenes. Las estrategias de estudio detalladas, junto con la integración de la tecnología, actúan como valiosos recursos para los estudiantes que buscan un enfoque equilibrado y resistente ante las exigencias de los exámenes parciales.

Capítulo 7: Hacer amigos e influir en las personas

¿Recuerda los días de escuela en los que prácticamente conocía a todo el mundo? Tenía su pandilla, su grupo de amigos y conocía todo. Ahora que se prepara para la vida universitaria, en un campus en el que se encontrará con un universo totalmente nuevo, es como si volviera a la guardería: está nervioso, pero también emocionado por conocer gente nueva y hacer amigos. Puede que reconozca a algunas personas de antes o puede que se sumerja en este mar de desconocidos completamente solo. Es una idea emocionante, ¿verdad? Tal vez conozca a un viajero del otro lado del mundo, se tope con un surfista relajado o entable conversación con un DJ, un escritor apasionado, un cantante o alguien que se toma todo con calma, porque seamos sinceros, un campus universitario está lleno de todo tipo de personas.

Tienda esa mano de amistad a sus compañeros de primer año[45]

Sumergirse en este torbellino social puede parecer desalentador. Es perfectamente normal sentir mariposas revoloteando en el estómago. Sin embargo, no es necesaria una técnica secreta para saludar ni una gran entrada para presentarse. Recuerde que hay un montón de gente en el mismo barco, sintiéndose tan insegura como usted. Así que relájese, sea usted mismo, haga algunas preguntas amistosas y, sobre todo, sea amable. No tiene que seguir ningún guion. Una de las mejores cosas de la universidad es que todos son un lienzo en blanco: es libre de pintarse a usted mismo como quiera. Puede que en la escuela fuera un ratón de biblioteca o no tuviera muchos amigos, pero aquí tiene la oportunidad de mostrar sus verdaderos colores.

Siga siempre la regla de oro: la aceptación. Usted haga lo suyo y deje que los demás fluyan. Esto no es la escuela, donde todo el mundo conoce su historia. Tienda la mano de la amistad a sus compañeros de primer año; al fin y al cabo, todos están en el mismo barco intentando descubrir juntos el mundo de la «universidad».

Encajar: encontrar su lugar en la universidad

Encontrar su lugar en la universidad puede ser como ponerse un par de zapatos nuevos. Algunas personas se sienten cómodas enseguida, mientras que otras necesitan un poco más de tiempo para adaptarse. ¿Y qué pasa con los grupitos? Puede que pensara que los había dejado atrás, en la escuela, pero sorpresa: pueden seguir apareciendo en la universidad.

Sí, incluso en la universidad hay grupitos. Ya sean los chicos populares que acaparan la sala de televisión, los hermanos de fraternidad que dominan el comedor o el grupo de chicas malas que lo mira de arriba a abajo cuando pasa por delante, siguen existiendo. Es tentador unirse a un grupo de inmediato para tener esa sensación de seguridad, pero espere un momento.

No pasa nada por tomarse su tiempo y conocer a gente diferente. No se apresure a unirse a un grupo antes de haber tenido la oportunidad de ver quién es quién. Puede que algunas amistades no sean lo que parecen y que termine perdiéndose mejores oportunidades.

Tenga cuidado con los que parezcan demasiado ansiosos por meterse en su grupo. Puede que tengan intereses ocultos o que estén demasiado necesitados de usted. Confíe en su instinto y no tema mantener la distancia.

Encajar no significa integrarse en un grupo y darse por bien servido. La universidad es como un bufé: ¡tiene opciones! Puede encontrar a sus compañeros de estudio en su residencia, a sus amigos de entrenamiento en el gimnasio, a sus compañeros de biblioteca en sus clases y a su grupo de fiesta en los eventos sociales. No se limite a un pequeño grupo, diversifíquese y explore qué más hay por ahí.

Si en su primer año se siente como en la escuela, no se preocupe. La universidad es un lugar grande y todo el mundo puede encontrar a su gente. Mantenga la mente abierta, sea fiel a usted mismo y no tenga miedo de probar cosas nuevas.

La comunicación en la vida universitaria

La clave para hacer amigos reside en la comunicación efectiva, una habilidad que no solo le ayuda a formar conexiones significativas, sino que fomenta amistades duraderas.

1. Inicie conversaciones

El primer paso para hacer amigos es iniciar conversaciones. No dude en entablar conversación con sus compañeros de clase, de residencia o en eventos sociales. Saludos sencillos como «Hola, ¿qué tal?» o «¿Qué carrera estudias?» allanan el camino para interacciones significativas. Puede iniciar una conversación felicitando a alguien por su camisa o preguntándole su opinión sobre una tarea reciente de clase. Esto demuestra que está interesado en conocerlo mejor.

2. Escuche activamente

Escuchar atentamente es fundamental para establecer una buena relación con los demás. Muestre interés genuino por lo que dice su interlocutor manteniendo el contacto visual, asintiendo con la **cabeza** y haciendo preguntas de seguimiento. Evite interrumpir y deje espacio para que el otro se exprese. Si un compañero de clase comparte su entusiasmo por unirse a un club, puede responder con entusiasmo y preguntar sobre su función o los próximos eventos.

3. Comparta sus experiencias

Hablar de sus propias experiencias e intereses permite a los demás relacionarse con usted a nivel personal. Comparta anécdotas, aficiones y aspiraciones para establecer puntos en común y profundizar en las conexiones. Si le apasiona la fotografía, puede compartir un momento memorable que haya capturado o hablar de sus lugares favoritos para fotografiar en el campus.

4. Asista a eventos sociales

Los campus universitarios ofrecen un sinfín de actos sociales, desde reuniones de clubes hasta eventos deportivos y fiestas. Asista a estas reuniones para conocer gente nueva y ampliar su círculo social. Salga de su zona de confort y disfrute de nuevas experiencias. Si hay un asado en el campus, tome un plato de comida y mézclese con sus compañeros. Entable conversaciones informales, participe en juegos e intercambie información de contacto para seguir conectado.

5. Utilice la tecnología

En la actual era digital, la tecnología es una valiosa herramienta de comunicación. Intercambie información de contacto con nuevos conocidos y conéctese a plataformas de redes sociales como Facebook, Instagram o Snapchat para mantener el contacto fuera de clase. Después de una sesión de estudio en grupo, puede crear un grupo de WhatsApp para compartir notas, hacer preguntas o planificar futuras sesiones de estudio.

6. Sea auténtico y respetuoso

La autenticidad es clave para formar amistades genuinas. Sea usted mismo y trate a los demás con respeto y amabilidad. Evite los chismes y los comportamientos negativos que empañen su reputación. Si tiene un desacuerdo o un malentendido con un amigo, afróntelo con calma y respeto. La comunicación eficaz implica escuchar las perspectivas de los demás y encontrar puntos en común para resolver los conflictos.

7. Haga seguimiento

Construir amistades requiere esfuerzo y constancia. Haga un seguimiento de los nuevos conocidos invitándoles a tomar un café, a estudiar juntos o a asistir a eventos del campus. Los pequeños gestos ayudan mucho a cultivar amistades incipientes. Si conoce a alguien interesante en clase, envíele un mensaje amistoso expresando que le gusta su compañía y sugiriéndole una sesión de estudio o una comida juntos.

Pistas de conversación

¿No sabe cómo romper el hielo con alguien que acaba de conocer? Aquí tiene algunas pistas adaptadas a la vida universitaria:

- ¿Esperan juntos el ascensor? Entable una conversación sobre el último menú de la residencia o quéjese de la eterna espera de dicho ascensor. Es una forma de estrechar lazos.

- ¿Ve a alguien con la camiseta de su equipo favorito? Entable una conversación sobre su afición. Pregúntele cuánto tiempo lleva siendo seguidor, cuáles son sus momentos favoritos e incluso cuáles son sus predicciones para la próxima temporada.

- ¿Se ha fijado en un compañero que lleva una camiseta de un musical de la escuela, de un proyecto de servicio o de una carrera benéfica? Muestre interés por sus experiencias. Pregúntele sobre su participación, dónde y qué impacto tuvo.

- ¿Ve a alguien absorto en un libro? Utilícelo para iniciar una conversación. Exprese curiosidad por el libro que está leyendo, comparta sus impresiones sobre él si ya lo leyó o pídale recomendaciones para su próxima lectura.

- ¿Llega tarde y olvidó el temario? Que no cunda el pánico. Entable una conversación con un compañero cuando llegue. Pregúntele amablemente si puede echarle un vistazo al suyo: es muy probable que entienda el problema e incluso le ofrezca algunas ideas sobre la clase.

- Si ve que alguien lleva una camiseta o un folleto promocionando un acto del campus, aproveche para entablar conversación. Pregúntele si tiene pensado asistir, qué quiere hacer o si ha participado en eventos similares en el pasado.

- La comida es un lenguaje universal, sobre todo en la universidad. Si ve a alguien con una merienda o una comida especialmente apetitosa, elogie su elección y pregúntele de dónde lo ha sacado. Las conversaciones relacionadas con la comida son siempre un éxito.

- Los universitarios se relacionan a través de experiencias académicas compartidas. Si está en la biblioteca o en un grupo de estudio, comente la carga de trabajo o una tarea difícil. Puede quejarse de profesores difíciles o intercambiar consejos de estudio.

- Cada universidad tiene sus peculiaridades y tradiciones. Si encuentra algo inusual o interesante en el campus, como una estatua con una historia curiosa o una tradición rara, coméntelo en la conversación. Pregúntele si han oído hablar de ello o si tiene alguna anécdota que contar.

- Los campus universitarios son crisoles de culturas y orígenes diversos. Si observa que alguien lleva ropa o accesorios que reflejan su herencia cultural, muestre interés por saber más sobre su origen. Pregúntele por sus tradiciones, costumbres o experiencias de la infancia.

- Si ve que alguien escucha música, pregúntele por sus grupos o artistas favoritos. También puede hablar de películas, programas de televisión o libros recientes que le hayan gustado y ver si comparten gustos.

- Si ve a alguien que va al gimnasio, asista a una clase de gimnasia o lleve una botella de agua, pregúntele por su rutina de ejercicios o sus prácticas de bienestar. Pueden estrechar lazos si comparten objetivos o intercambiar consejos para mantenerse sanos.

Conozca a la gente de su residencia

Seguramente, su primer encuentro con caras nuevas será en su residencia. Claro, después se encontrará con gente en clase, en la biblioteca e incluso en el bar local, pero su habitación es la zona cero para hacer conexiones. Allí empiezan las amistades del futuro, así que tenga en cuenta estos consejos para hacer amigos en su residencia.

- Mantenga la puerta de su habitación abierta, al menos durante los primeros días.

- Reúna a las personas para una aventura a la hora de comer. Tanto si se trata de ir a la cafetería del campus como de aventurarse fuera de él para probar un nuevo restaurante, convertirlo en una tradición semanal puede unir a sus compañeros de residencia como ninguna otra cosa. ¿Noches temáticas?

- ¿Le gustan los videojuegos? Organice una competencia amistosa en su Xbox o PlayStation. O mejor aún, organice un torneo de videojuegos con todas las de la ley. Cuantos más sean, mejor. Es una forma segura de que todo el mundo participe y de que surja la camaradería.

- Sumérjase en el mundo de los deportes aficionados. Cree una liga gratuita de fútbol en otoño o de béisbol en primavera. No se trata solo del juego, sino de las bromas y los lazos que se crean cuando se comparten victorias y derrotas.

- Anímese organizando salidas en grupo para ver a un cómico, escuchar a un grupo en directo o asistir a una representación teatral en el campus. Aproveche las experiencias únicas que ofrece su campus y cree recuerdos con sus compañeros.

- Una simple sonrisa puede llevarlo muy lejos. Entable conversaciones en las zonas comunes o en el baño de la residencia, o charle con alguien en el ascensor; simplemente muéstrese abierto a conectar con todo el mundo.

- Mantenga la puerta adornada con una etiqueta con su nombre y un tablón de anuncios. También puede añadir fotos suyas y de su compañero de habitación. Es un toque personal que añade calidez y personalidad a su espacio vital.

- En un mundo dominado por las pantallas, esfuércese por tener interacciones reales, cara a cara. No confíe únicamente en la tecnología para comunicarse con su compañero de habitación. No hay nada mejor que una conversación a la antigua.

Desafíese a salir de su zona de confort. Esfuércese por relacionarse con personas que no pertenezcan a su círculo más cercano. No deje que la distribución de su residencia dicte sus amistades: acérquese y supere las distancias.

Fraternidades y hermandades

Las fraternidades y hermandades existen desde el siglo XVIII. En ese entonces, se creaban para participar en actividades fuera de clase. Hoy en día, algunas personas apuestan por las fraternidades y afirman que se trata de hacer amigos para toda la vida y convertirse en líderes. En algunos casos, puede ser así. Pero siendo realistas, algunas fraternidades no son más que excusas para salir de fiesta y hacer cosas arriesgadas. ¿Sabe que cada grupo tiene su propia jerga? Pues las fraternidades y hermandades no son diferentes. Aquí tiene el ABC de los conceptos básicos que oirá:

- **Activo:** Miembro de pleno derecho.

- **Oferta:** Invitación a unirse.

- **Hermanos/hermanas:** Así se llaman entre ellos.

- **Capítulo:** Rama local.

- **Fraternidad/hermandad:** Clubes para universitarios.

- **Novatadas:** Pruebas y bromas (que, para su información, muchos campus han reprimido).

- **Legado:** Si su familia ha estado dentro, usted también.

- **Fiestas de puertas abiertas:** Reuniones rápidas para conocer el ambiente.

- **Rush:** La gran semana de reclutamiento.

- **Consejo panhelénico:** Los jefes que supervisan todas las fraternidades.

Así que olvídese de lo que ha visto en películas como *Animal House*. Hoy en día, la vida griega tiene más que ver con la seguridad y la adaptación a las normas modernas. La diversión empieza con la «semana de reclutamiento», un torbellino de actos para encontrar nuevos miembros. Ingresar en una fraternidad o hermandad significa pasar por una fase formal, informal o de verano. Las formales se celebran antes o al comienzo del semestre, y las informales justo después (y a veces en verano, después del semestre de primavera). *Cada grupo elige su ambiente.*

La semana de reclutamiento comienza con las fiestas de puertas abiertas, en las que se visitan diferentes lugares. Luego llegan las invitaciones a fiestas más largas y elegantes. Por último, si lo consideran una de las mejores opciones, lo invitan a la última reunión en la que intentan cerrar el trato.

Formar parte de una fraternidad puede significar hacer amigos para toda la vida, aprender técnicas de liderazgo y conseguir una red social integrada. Pero la semana de reclutamiento puede ser estresante, ¿y ser rechazado? Ay. Además, puede ser un duro golpe para sus finanzas y gestionar las fiestas y las clases no siempre es fácil. Al fin y al cabo, la decisión de alistarse o no es personal. La clave está en sopesar los pros y los contras, pensar en las presiones que siente y preguntarse si encaja con su forma de ser y sus objetivos.

Abrazar la diversidad

Ampliar sus horizontes es gratificante y le ayuda a crecer como persona"

Vivir en una comunidad universitaria le abre las puertas a nuevas ideas, perspectivas y formas de vida. Es un crisol de culturas, religiones, capacidades, orientaciones sexuales, razas y géneros. Entonces, ¿cómo navegar por este mar de diferencias?

- Desafíese a interactuar con personas de distintos orígenes.
- Escuche distintos puntos de vista y muéstrese abierto a nuevas formas de pensar.
- Déjese desafiar e inspirar por las experiencias únicas de sus compañeros.
- Interésese por las distintas culturas y formas de vida.
- Admita que hay muchas cosas que no sabe y muéstrese dispuesto a aprender.

Puede ser abrumador estar rodeado de tanta diversidad, pero la clave está en tener la mente abierta. Reconozca sus prejuicios y esté dispuesto a hacer preguntas. He aquí algunas formas sencillas de empezar:

- Pregunte por las fiestas y tradiciones que celebran los demás.
- Pregunte por el significado de nombres singulares.
- Infórmese sobre los distintos orígenes y experiencias.
- Entable conversaciones en las zonas comunes.
- Asista a actos culturales y festivales.
- Aprenda algunas frases en otro idioma.

Ampliar sus horizontes es gratificante y le ayuda a crecer como persona. A medida que el mundo se vuelve más diverso, aceptar las diferencias es crucial para tener éxito. La inclusividad es esencial para crear una comunidad acogedora en la que todos se sientan aceptados. He aquí algunos consejos para fomentar la inclusividad:

- Utilice un lenguaje inclusivo y evite las suposiciones.
- Respete las diferentes estructuras y relaciones familiares.
- Reconozca y celebre las distintas fiestas y religiones.
- Evite el lenguaje nocivo y los estereotipos.
- Libérese de las normas y prejuicios de género.
- Tenga en cuenta las sensibilidades culturales y evite burlarse de los demás.

Ser integrador no siempre es fácil, pero el esfuerzo vale la pena. Recuerde que todo el mundo merece sentirse bienvenido y valorado.

Identificar amistades tóxicas

Al igual que los campus están llenos de personas maravillosas, puede que algunas no tengan en cuenta sus intereses. Aquí tiene seis tipos de amistades tóxicas de las que debe cuidarse:

1. La crisis constante

Si se encuentra siempre prestando oídos a los problemas de un amigo sin recibir el mismo apoyo a cambio, o si su amigo está en perpetua agitación, puede ser el momento de buscar nuevas conexiones. La amistad implica apoyo mutuo, no crisis unilaterales. Un ejemplo de esto es si se pasa horas consolando a su amigo sobre sus problemas de pareja, pero cuando necesita a alguien con quien hablar, no lo encuentra por ninguna parte.

2. El bromista

Las bromas amistosas están bien, pero si es constantemente el blanco de bromas hirientes o si sus amigos pueden hacerlas pero no recibirlas, es hora de distanciarse y buscar compañeros que lo traten con amabilidad. Ejemplo: Sus amigos se ríen a su costa, haciéndolo sentir avergonzado o menospreciado en lugar de animado.

3. El amigo furioso

Cualquier amistad que implique violencia, ya sea física o verbal, no es sana. No tolere a los amigos que recurren a lanzar cosas o que utilizan la agresividad para resolver conflictos. Ejemplo: Su amigo pierde los estribos con facilidad y lanza objetos cuando se enfada, creando un ambiente hostil.

4. La responsabilidad

Si siempre se encuentra limpiando los desastres de sus amigos o preocupándose constantemente por su bienestar, es señal de que la amistad está desequilibrada. Si bien los deslices ocasionales son normales, la irresponsabilidad habitual es una señal de alarma. Por ejemplo: Se queda limpiando después de la fiesta salvaje de su amigo mientras él se va a acostar dando tumbos, ajeno al caos que ha provocado.

5. El amigo del «no»

Las amistades implican compromiso e intereses mutuos. Si siente que siempre hace lo que un amigo quiere sin que tenga en cuenta sus preferencias, es hora de buscar compañeros que valoren su opinión. Por ejemplo, sus amigos siempre dictan a dónde ir y qué hacer y esto lo hace sentir marginado y poco apreciado.

6. El torcedor de brazos

Tenga cuidado con los amigos que lo presionan para que realice actividades que van en contra de sus valores o lo hacen sentir culpable. Los amigos sanos deben respetar sus límites y apoyar sus decisiones. Ejemplo: Sus amigos se burlan de usted por no participar en conductas riesgosas, haciéndolo sentir fuera de lugar por mantenerse firme en sus creencias.

Desvincularse de amistades tóxicas

Si se encuentra enredado en una amistad tóxica, aquí tiene tres formas de salir de ella:

- Manténgase ocupado participando en nuevas actividades para conocer gente diferente y distanciarse de los amigos tóxicos. Céntrese en sus intereses y compromisos, dejando claro que su tiempo es valioso. Por ejemplo, puede unirse a un club o a un equipo deportivo para ampliar su círculo social.

- Invite a sus amigos tóxicos a salidas en grupo para aliviar la presión de las interacciones personales. Anímelos a relacionarse con gente nueva. Por ejemplo, puede organizar una noche de cine en grupo o un día de juegos, invitando tanto a sus amigos tóxicos como a otros conocidos.

- Comuníquese con sinceridad. Exprese sus sentimientos directamente al amigo del que desea distanciarse, insistiendo en su necesidad de crecimiento personal e influencias positivas. Explíquele con calma que está buscando nuevas experiencias y contactos que se ajusten a sus objetivos y valores.

Las amistades en la universidad se reducen a una sola cosa: la comunicación. Ya sea para entablar conversaciones en clase, asistir a eventos sociales o conectar a través de la tecnología, la comunicación eficaz es la clave que une a las amistades. Así que no tenga miedo de salir de su zona de confort, hacer nuevos amigos y crear recuerdos duraderos.

La universidad es un viaje que es mejor compartido. Con las habilidades comunicativas adecuadas, su círculo social prosperará, haciendo que sus años universitarios sean inolvidables.

Capítulo 8: La felicidad presupuestaria: administrar el dinero sin perder nada

Como estudiante, la gestión de las finanzas puede parecer un laberinto con recursos limitados y numerosas tentaciones en el camino. Dos de los retos más comunes a los que se enfrentará son los presupuestos ajustados y el gasto impulsivo. Aunque el estipendio de las becas, los ingresos de los trabajos de tiempo parcial o las ayudas económicas pueden cubrir gastos esenciales como la matrícula, el alquiler y la comida, todo ello requiere estrategias adecuadas de gestión del dinero.

Salir a cenar, comprar cosas o derrochar en actividades sociales puede agotar rápidamente sus fondos y provocar estrés financiero. Para no llegar a esa situación, es crucial reconocer la importancia de la responsabilidad financiera y desarrollar una buena gestión del dinero desde el principio. Comprender las fuentes de ingresos, controlar los gastos, crear un presupuesto realista y encontrar formas de ahorrar facilita una gestión más eficaz de las finanzas.

Es crucial reconocer la importancia de la responsabilidad financiera y desarrollar habilidades de gestión del dinero desde el principio.[45]

Además, debe tener autocontrol comprendiendo la psicología del gasto impulsivo, fijar objetivos financieros claros, crear un plan de gastos y llevar un registro de los gastos. Todos estos pasos le ayudarán a resistir la tentación de gastar más de la cuenta.

Ser responsable financieramente no es solo sobrevivir como estudiante; es sentar las bases para un futuro mejor. Recuerde que lleva tiempo aprender sobre finanzas personales, desarrollar buenos hábitos monetarios y establecer objetivos a corto y largo plazo. Sea paciente y mantenga una actitud de aprendizaje para sentar las bases del éxito a largo plazo.

Tome el control de sus finanzas

Seguimiento de gastos

Lo primero que debe hacer es documentar todos sus gastos durante un periodo definido, ya sea una semana o un mes. Esto incluye todo, desde el alquiler y los alimentos hasta el ocio y el transporte. Puede utilizar un cuaderno, una hoja de cálculo o una aplicación presupuestaria para registrar sus gastos. El objetivo es tener una idea clara del destino de su dinero e identificar las áreas en las que puede recortar gastos.

Diferenciar los gastos necesarios de los discrecionales

Una vez registrados los gastos, clasifíquelos en necesarios y discrecionales. Los gastos necesarios son los esenciales para cubrir sus necesidades básicas, como la vivienda, la alimentación, el transporte y los servicios públicos. Los gastos discrecionales, en cambio, incluyen cosas no esenciales como salir a cenar, ocio y compras. Esta distinción le ayuda a priorizar sus gastos y a identificar las áreas en las que debe controlarlos.

Crear un presupuesto realista

Basándose en sus gastos e ingresos registrados, elabore un presupuesto realista que asigne fondos a los gastos necesarios. Empiece por cubrir los gastos fijos, como el alquiler y los servicios públicos, seguidos de los gastos variables, como la comida y el transporte. Si su presupuesto se lo permite y tiene que pagar un préstamo estudiantil, puede asignar fondos para el ahorro y el pago de la deuda. La clave está en equilibrar los ingresos con los gastos, dejando margen para gastos discrecionales.

Cómo ahorrar dinero en los gastos cotidianos

Una vez que tiene un presupuesto, debe buscar formas de ahorrar dinero en los gastos cotidianos. Tenga en cuenta los siguientes consejos:

Planifique las comidas y cocine: Planificar las comidas con antelación y cocinar en la residencia puede ahorrarle mucho dinero en comparación con comer fuera. Muchas residencias disponen de una cocina con los utensilios necesarios para preparar sus comidas. No olvide hacer las compras antes de entrar. Busque recetas económicas, rápidas y sanas para ahorrar tiempo.

Aproveche los descuentos para estudiantes: Aproveche los descuentos para estudiantes siempre que pueda. Muchas tiendas, restaurantes y lugares de ocio ofrecen descuentos a los estudiantes, así que pregunte siempre si tienen precios especiales para estudiantes.

Limite las compras impulsivas: Antes de hacer una compra, especialmente si no es esencial, considere si se ajusta a su presupuesto y a sus objetivos financieros. Ajústese a su presupuesto y priorice las necesidades sobre los deseos para evitar los gastos impulsivos.

Compre con inteligencia: Si compra libros de texto, productos electrónicos o ropa, compare siempre precios y busque ofertas. Considere la posibilidad de comprar artículos usados o reacondicionados para ahorrar dinero sin sacrificar la calidad.

Minimice los gastos de transporte: Si puede, camine, monte en bicicleta o utilice el transporte público en lugar de tomar un taxi o conducir. Esto le ayuda a ahorrar dinero en gasolina, parqueadero y gastos de mantenimiento de un auto.

Ahorro automático

Considere la posibilidad de realizar transferencias automáticas de su cuenta corriente a su cuenta de ahorros cada mes. Este método de transferencias programadas le garantiza que da prioridad al ahorro y reserva una parte de sus ingresos antes de poder gastarlos. Empiece con una cantidad pequeña y vaya aumentándola gradualmente a medida que mejore su situación financiera.

Sobres de efectivo

Una forma eficaz de controlar los gastos innecesarios es utilizar el sistema de sobres de efectivo. Asigne una cantidad específica de dinero a cada categoría presupuestaria, como la compra, las cenas fuera de casa y el ocio, y ponga el dinero en sobres separados. Cuando se acabe el dinero de cada sobre del mes, no podrá gastar más en esa categoría hasta el mes siguiente. Esto le ayudará a mantener la disciplina y no gastar más de la cuenta.

Controlar y ajustar el presupuesto

Elaborar un presupuesto no es una tarea que se realiza una sola vez; es un proceso continuo que requiere un seguimiento y ajustes regulares. Revise periódicamente su presupuesto para comprobar si está cumpliendo sus metas y haga los ajustes necesarios. Si ve que gasta sistemáticamente más de lo previsto en determinadas categorías, considere la posibilidad de reasignar fondos de áreas menos esenciales o de encontrar otras formas de recortar gastos.

Evitar las deudas con intereses elevados

Costo de los préstamos

Las deudas con intereses altos, como las de las tarjetas de crédito o los préstamos de un día tienen intereses exorbitantes que se acumulan rápidamente. Cuanto más tiempo arrastre la deuda, más intereses paga, lo que aumenta significativamente el costo total del préstamo. Esto significa que incluso una deuda pequeña puede convertirse con el tiempo en una carga financiera considerable.

Estrés financiero

Tener deudas con intereses elevados provoca un estrés financiero y una ansiedad considerables. Preocuparse constantemente por los pagos mínimos, gestionar múltiples acreedores y luchar para mantenerse al día con los intereses afecta a su bienestar mental y emocional. El estrés financiero también afecta otras áreas de su vida, como las relaciones, el rendimiento laboral y la calidad de vida en general.

Obstaculizan los objetivos financieros

Las deudas con intereses elevados obstaculizan su capacidad para alcanzar objetivos financieros importantes, como la compra de una vivienda, la creación de una empresa o el ahorro para la jubilación. Una gran parte de sus ingresos se destina a pagar la deuda, dejando poco margen para ahorrar e invertir en su futuro. Además, un alto nivel de endeudamiento afecta negativamente a su puntuación crediticia, dificultando la obtención de préstamos de condiciones favorables en el futuro.

La trampa del ciclo de la deuda

Las deudas con intereses elevados pueden atraparlo en un círculo vicioso de préstamos y reembolsos. Si no puede pagar la cuota de la deuda cada mes, es posible que tenga que mantener un saldo y acumular más intereses. Esto puede hacer que sea cada vez más difícil liberarse de la deuda y puede prolongar indefinidamente sus luchas financieras.

Costo de oportunidad

Cada dólar gastado en deudas con intereses altos es un dólar que podría haber utilizado para fines más productivos, como crear un fondo de emergencia, invertir en educación o desarrollo de habilidades o ahorrar para objetivos a largo plazo. Si evita las deudas con intereses altos, libera recursos que puede destinar a actividades de creación de riqueza y a mejorar su futuro financiero.

Evitar las deudas con intereses elevados es esencial para mantener la salud financiera, reducir el estrés y alcanzar el éxito financiero a largo plazo. Si vive dentro de sus posibilidades, elabore un presupuesto eficaz y priorice pagar la deuda, podrá liberarse del ciclo y trabajar por un futuro más seguro y próspero.

Recuerde, no se trata de no disfrutar; se trata de tomar decisiones informadas y priorizar sus gastos para alinearlos con sus valores y objetivos a largo plazo.

Configuración del planificador de presupuesto

Elija el formato

Decida si desea utilizar un planificador físico, una hoja de cálculo o una aplicación de presupuestos. Cada opción tiene sus pros y sus contras, así que elija el formato que mejor se adapte a usted.

Determine sus categorías

Identifique las categorías clave que engloban sus gastos. Las categorías más comunes son:

- Vivienda (alquiler, hipoteca, servicios públicos)
- Alimentación (mercado, restaurantes)
- Transporte (gasolina, transporte público, mantenimiento del auto)
- Salud (primas de seguros, medicamentos)
- Educación (matrícula, libros de texto)
- Ocio (películas, conciertos, aficiones)
- Ahorros (fondo de emergencia, ahorros para la jubilación, otros objetivos)

Asigne un espacio para cada categoría

Cree secciones o columnas específicas en su agenda para cada categoría de gastos. Deje espacio suficiente para anotar los detalles de sus gastos dentro de cada categoría.

Determine sus fuentes de ingresos

Anote todas sus fuentes de ingresos del mes, incluidos los sueldos de trabajos de tiempo parcial, subsidios, becas, subvenciones y cualquier otra forma de ayuda económica.

Utilizar el planificador de presupuestos

Anote sus ingresos

A principios del mes, anote la cantidad total de ingresos que espera recibir. Sea realista e incluya todas las fuentes de ingresos, incluso las irregulares.

Calcule sus gastos

Calcule cuánto tiene previsto gastar en cada categoría durante el mes. Empiece por los gastos fijos, como el alquiler y los servicios públicos, y continúe con los gastos variables, como la comida y el ocio.

Documente sus gastos

A medida que avance el mes, anote todos sus gastos en las categorías correspondientes. Sea diligente en el seguimiento de cada compra, por pequeña que sea. Utilice recibos, extractos bancarios o aplicaciones de banca móvil para garantizar la exactitud.

Revise y ajuste

Revise periódicamente su planificador presupuestario para ver cómo se comparan sus gastos reales con sus estimaciones. ¿Se ajusta a su presupuesto o gasta más de la cuenta en determinadas áreas? Ajuste sus gastos y su presupuesto según sea necesario para mantener el rumbo.

Analice sus patrones de gasto

A final de mes, analice detenidamente sus patrones de gastos. ¿Se ajustan a su presupuesto o gastó más de la cuenta en determinadas categorías? Identifique las áreas en las que puede recortar gastos y haga ajustes para el mes siguiente.

Fíjese objetivos y controle los progresos

Utilice el planificador presupuestario para fijarse objetivos financieros concretos, como ahorrar para las vacaciones o saldar deudas. Divida sus objetivos en pequeñas metas y realice un seguimiento de sus progresos a lo largo del tiempo. Celebre sus logros y ajuste su presupuesto a medida que avanza hacia sus objetivos.

Haga del presupuesto un hábito

Incorpore el presupuesto a su rutina y conviértalo en un hábito regular. Reserve un tiempo cada semana o cada mes para actualizar su planificador presupuestario, revisar sus gastos y planificar el futuro. Cuanto más sistemático sea con el presupuesto, mejor podrá gestionar sus finanzas.

Si sigue estos pasos y utiliza el planificador de presupuestos con regularidad, obtendrá un mayor control sobre sus finanzas, reducirá el estrés financiero y logrará sus objetivos financieros como estudiante. Recuerde que la elaboración de un presupuesto es una habilidad que requiere tiempo y práctica, así que sea paciente con usted mismo y manténgase comprometido con su éxito financiero.

Ganar dinero extra en la universidad

Puede ganar dinero extra cuidando niños[46]

Trabajos de tiempo parcial

Explore las oportunidades de trabajo dentro y fuera del campus. Los trabajos en el campus ofrecen flexibilidad e incluyen puestos en la biblioteca, el centro de estudiantes o los departamentos académicos. Los trabajos fuera del campus incluyen puestos en comercios, hostelería o atención al cliente. A la hora de elegir un trabajo, tenga en cuenta la proximidad al campus y la flexibilidad del horario.

Prácticas

Busque prácticas relacionadas con su carrera, ya que pueden proporcionarle una valiosa experiencia laboral y oportunidades para establecer contactos. Lo ideal son las prácticas remuneradas, pero las no remuneradas ofrecen créditos académicos y conocimientos valiosos. Utilice el centro de empleo de su universidad o las bolsas de trabajo en línea para encontrar ofertas de prácticas y considere la posibilidad de solicitar varios puestos para aumentar sus posibilidades.

Trabajo independiente

Si tiene conocimientos de redacción, diseño gráfico, programación u otras áreas similares, considere la posibilidad de trabajar como independiente. Sitios web como Upwork, Freelancer y Fiverr, entre otros, le permiten crear un perfil y buscar proyectos. Empiece ofreciendo sus servicios a precios competitivos e increméntelos gradualmente a medida que adquiere experiencia y crea un portafolio.

Oportunidades en el campus

Explore las diversas oportunidades disponibles en el campus, como ser asistente de residencia, participar en investigaciones remuneradas o trabajar como guía turístico del campus. Estos puestos ofrecen flexibilidad y conllevan ventajas adicionales como alojamiento o comidas.

Tutoría

Si destaca en una asignatura concreta, considere la posibilidad de ofrecer servicios de tutoría a otros estudiantes. Puede anunciar sus servicios en tablones de anuncios, boletines del campus o plataformas en línea. Las clases particulares son una forma de obtener ingresos extra mientras ayuda a otros estudiantes a tener éxito académico.

Cuidar niños o mascotas

Cuidar niños o mascotas es un trabajo a tiempo parcial flexible y gratificante. Muchas familias de ciudades universitarias buscan personas responsables que cuiden de sus hijos o mascotas. Considere la posibilidad de unirse a plataformas en línea para encontrar oportunidades en su zona.

Opciones de ayuda financiera y becas

FAFSA (Solicitud Gratuita de Ayuda Federal para Estudiantes)

Aplique a la FAFSA lo antes posible cada año para determinar su elegibilidad para becas federales, préstamos y programas de estudio y trabajo. Las universidades utilizan la información proporcionada por la FAFSA para determinar su paquete de ayuda financiera.

Subvenciones y becas

Investigue y solicite las subvenciones y becas ofrecidas por su universidad, organizaciones privadas o agencias gubernamentales. Busque becas específicas para su carrera, etnia, actividades extracurriculares u otros criterios. Realice una búsqueda exhaustiva y solicite tantas becas como pueda para maximizar sus posibilidades de recibir ayuda financiera.

Programas de trabajo y estudio

Si reúne los requisitos para obtener una beca de trabajo y estudio a través de la FAFSA, considere la posibilidad de participar en un programa de trabajo y estudio. Estos programas ofrecen oportunidades de empleo de tiempo parcial dentro o fuera del campus, a menudo relacionadas con su carrera. Los programas de estudio y trabajo suelen ofrecer horarios flexibles y se adaptan mejor a su horario de clases.

Apoyos para matrícula de empresas

Compruebe si su empresa o la de sus padres ofrecen programas de ayuda para la matrícula. Algunas empresas ofrecen ayudas económicas a los empleados o a las personas a su cargo que cursan estudios superiores. Hable con el departamento de derechos humanos de su empresa para informarse sobre las prestaciones disponibles y los criterios de elegibilidad.

Programas de reembolso de matrícula

Algunas empresas ofrecen programas de reembolso de matrícula como parte de su paquete de prestaciones. Estos programas reembolsan a los empleados una parte de los gastos de matrícula en los que incurren mientras cursan estudios superiores. Si tiene un trabajo de tiempo parcial o completo mientras va a la universidad, averigüe si su empresa ofrece reembolso de matrícula y aproveche esta ventaja.

Estrategias para minimizar la deuda de préstamos estudiantiles

Pida prestado solo lo que necesite

Cuando solicite un préstamo estudiantil, pida solo la cantidad necesaria para cubrir la matrícula, las tasas y los gastos básicos de manutención. Evite pedir prestado más de lo que necesita para minimizar la carga de la deuda tras la graduación. Elabore un presupuesto para estimar sus gastos y pida prestado en consecuencia.

Explore primero las opciones de préstamos federales

Los préstamos federales para estudiantes ofrecen intereses más bajos y opciones de reembolso más flexibles que los préstamos privados. Aproveche al máximo sus opciones de préstamos federales antes de considerar los préstamos privados. Los préstamos federales también ofrecen beneficios como planes de reembolso basados en los ingresos, programas de condonación de préstamos y opciones de aplazamiento o indulgencia de morosidad en caso de dificultades financieras.

Pagar los intereses durante los estudios

Si tiene préstamos federales sin subsidio, considere la posibilidad de pagar los intereses mientras sigue estudiando. Hacer pagos de intereses evita que los intereses se capitalicen y acumulen una deuda adicional. Incluso pequeños pagos pueden hacer una diferencia significativa en la reducción del costo total de un préstamo.

Solicite programas de condonación de préstamos

Investigue los programas de condonación de préstamos disponibles para graduados en determinados campos o profesiones. Programas como el de Condonación de Préstamos para Servicios Públicos (PSLF, por sus siglas en inglés) condonan la deuda federal de préstamos estudiantiles a los prestatarios que trabajan en el servicio público, reúnen los requisitos y realizan 120 pagos. Investigue los requisitos de elegibilidad y considere la posibilidad de seguir una carrera que califique para la condonación de préstamos si se aplica a sus objetivos profesionales.

Haga un presupuesto y gestione los gastos con prudencia

Elabore un presupuesto para controlar sus ingresos y gastos y evitar derroches innecesarios. Busque formas de recortar gastos, como alquilar libros de texto en lugar de comprarlos, cocinar en casa y aprovechar los descuentos para estudiantes. Priorice sus gastos en necesidades esenciales y destine fondos al ahorro y el pago de deudas.

Plan de amortización

Antes de graduarse, investigue las opciones de reembolso de sus préstamos estudiantiles y elija un plan de amortización. Evalúe diferentes planes de reembolso, como el reembolso estándar, el reembolso basado en los ingresos y el reembolso ampliado, y elija el que mejor se adapte a su situación financiera y a sus objetivos. Utilice calculadoras de amortización de préstamos para estimar sus pagos mensuales y el costo total de los intereses en diferentes escenarios de amortización.

Poniendo en práctica estas estrategias y explorando diversas oportunidades para obtener ingresos extra y acceder a ayudas financieras, podrá minimizar la deuda de préstamos estudiantiles y lograr una mayor estabilidad financiera mientras está en la universidad. Recuerde priorizar su educación, gestionar sus finanzas con prudencia y aprovechar los recursos disponibles para apoyar su éxito académico y financiero.

Dominar el arte de la gestión financiera no solo es esencial durante los años universitarios, sino que también sienta las bases para el éxito financiero y la independencia durante toda la vida. Con un presupuesto diligente, la búsqueda de oportunidades de ingresos adicionales y la toma de decisiones informadas sobre la ayuda financiera y los préstamos estudiantiles, no solo superará los retos financieros de la universidad, sino que desarrollará habilidades de valor incalculable para toda su vida.

La independencia financiera es algo más que tener suficiente dinero para cubrir sus gastos; se trata de tener el conocimiento y la confianza para tomar decisiones financieras inteligentes que se alineen con sus objetivos y valores. Al tomar el control de sus finanzas, está sentando las bases para un futuro en el que podrá perseguir sus sueños, ya sean viajar por el mundo, crear una empresa o comprar una casa.

Además, las habilidades que se adquieren gestionando el dinero con eficacia van mucho más allá de la universidad. Aprender a presupuestar, ahorrar, invertir y evitar las deudas le servirá en todos los aspectos de su vida, desde la gestión de su carrera profesional hasta la planificación de la jubilación. Estas habilidades le proporcionan una sensación de autonomía y seguridad, permitiéndole atravesar las tormentas financieras y aprovechar las oportunidades que se presenten.

Así que, mientras recorre el camino de la universidad y más allá de ella, recuerde la importancia de la independencia financiera y el impacto duradero de una buena gestión del dinero. Aproveche la oportunidad de aprender y crecer y sepa que al tomar el control de sus finanzas hoy, está invirtiendo en un futuro más brillante y seguro para usted.

Capítulo 9: Perspectivas de las prácticas: adquirir experiencia mientras estudia

En este capítulo, aprenderá todo lo que necesita saber sobre adquirir experiencia laboral mientras está en la universidad. Entenderá que las prácticas son la clave para diferenciarse de otros candidatos en un mercado laboral muy competitivo. También descubrirá cómo las prácticas le ayudan a capitalizar sus puntos fuertes, mejorar las áreas en las que tiene dificultades y conseguir trabajo más fácilmente en el futuro. Este capítulo le servirá como guía para encontrar prácticas relacionadas con sus intereses y su campo de estudio, determinar si las prácticas se ajustan a sus necesidades y aprender a sacar el máximo provecho de su experiencia.

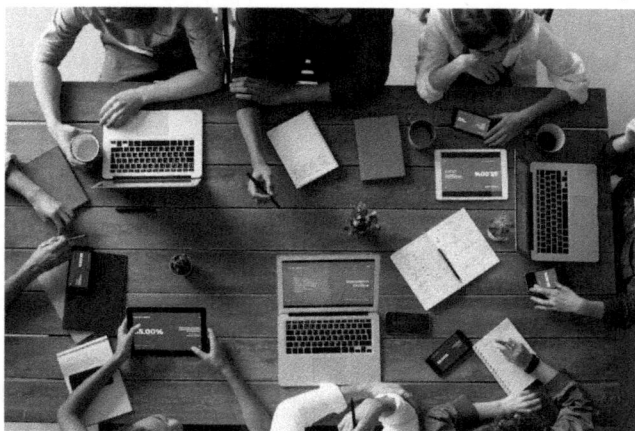

Encuentre prácticas relevantes para sus intereses y su campo de estudio[47]

La importancia de las prácticas

Las prácticas son programas que ofrecen las organizaciones para formar y ofrecer experiencias laborales reales a estudiantes y recién graduados durante un tiempo determinado. Las prácticas pueden durar entre un mes y más de un año, dependiendo de la empresa y sus condiciones. Aunque las prácticas son optativas para muchos estudiantes, algunas universidades las exigen como requisito para graduarse.

El mercado laboral es cada vez más competitivo

El mercado laboral es cada día más competitivo. La economía cambiante y la globalización influyen considerablemente en él y aumentan los requisitos de los candidatos y las expectativas fijadas por los empleadores. La globalización y el auge de los entornos de trabajo remotos e híbridos ofrecen a las empresas un mayor número de candidatos de todo el mundo. En lugar de competir con la reserva de talentos de su ciudad y las zonas vecinas, todos compiten con talentos de todos los rincones del mundo. Esto también se aplica a los puestos no remotos.

- Fácil acceso a talentos de todo el mundo

  En el mundo actual, es más fácil desplazarse de un país a otro en busca de oportunidades laborales debido al mayor acceso a la información, a los programas de talento global y al aumento de la tasa de búsqueda de educación y formación internacional. Internet facilita la búsqueda de empleo y permite acceder a oportunidades globales. Ahora se pueden realizar todos los trámites de solicitud y entrevista a través de Internet y solo trasladarse cuando el puesto está asegurado. Algunos países tienen programas que atraen talentos de todo el mundo para cubrir determinadas carencias del mercado laboral. Muchos estudiantes también buscan programas de educación superior y formación en el extranjero, que a menudo conducen a la residencia, permisos de trabajo tras la graduación y oportunidades de empleo.

  Con más personas para elegir, los empresarios aumentan sus exigencias para contratar a los candidatos más cualificados y prometedores. Los cambios tecnológicos y económicos también provocan cambios en los requisitos de cualificación. Con el tiempo, algunas cualidades se consideran obsoletas, mientras que otras se vuelven extremadamente importantes, lo que hace que los empresarios actualicen constantemente sus requisitos. Esto, junto con la globalización, conduce a la creación de nichos de mercado, haciendo que los empleadores busquen candidatos con habilidades y cualificaciones específicas.

- **El auge de la inteligencia artificial y la automatización**

El auge de la inteligencia artificial y la automatización de tareas también hace que los empleadores aumenten los requisitos para los trabajadores. Hoy en día es muy difícil conseguir un empleo si se carece de capacidad de pensamiento crítico y creativo, de habilidades para resolver problemas y de conocimientos técnicos avanzados. La globalización también facilita a las empresas la creación de cadenas de suministro internacionales para mejorar las oportunidades de negocio, la garantía de calidad y la gestión de costos, lo que hace que los empresarios contraten empleados con experiencia en trabajos en entornos culturalmente diversos e internacionales.

Por todas estas razones, los títulos de bachillerato e incluso los buenos títulos universitarios no bastan si quiere asegurarse una buena oferta de trabajo. Adquirir una valiosa experiencia laboral mientras aún está en la universidad es un gran paso para labrarse una carrera de éxito. Realizar prácticas en empresas conocidas y relacionadas con el campo que desea puede ayudarle a destacar cuando llegue el momento de solicitar un empleo de tiempo completo después de graduarse.

Las prácticas le dan una ventaja competitiva

Tanto si su universidad le obliga a hacer prácticas como si no, es muy recomendable que las haga. Si dos personas solicitan un trabajo y una de ellas tiene experiencia laboral previa y la otra no, lo más probable es que el empresario contrate a la primera. En un mundo en el que los estudiantes y los jóvenes profesionales sienten la necesidad constante de mejorar personalmente, no se arriesgue. Las prácticas son una excelente manera de demostrar su ética de trabajo, sus habilidades, capacidades y compromiso, y de poner de relieve la formación que ha recibido en experiencias relevantes.

Puede hacerse una idea del mercado laboral

Las prácticas le dan una idea del mundo laboral real, aumentan sus oportunidades de crecimiento y desarrollo, amplían sus conocimientos y le ayudan a determinar si está en el camino correcto. Aunque los conocimientos que adquiere en la universidad tienen un valor incalculable, no están a la altura del mercado laboral real. Es un requisito previo para destacar en su carrera, pero no lo prepara por completo para todas las dinámicas del mercado.

Las prácticas le ayudan a acortar la distancia entre los conocimientos teóricos que adquiere en sus cursos y la aplicación práctica de esta información. Le ofrecen una perspectiva de cómo es el trabajo, las oportunidades de crecimiento y promoción que ofrece y si es el camino adecuado para usted. Por ejemplo, si estudia mercadeo y publicidad, puede pensar que trabajar en una agencia, aportar ideas para anuncios y trabajar en producción o dirección creativa son los trabajos más divertidos e interesantes que existen. Sin embargo, una vez que trabaja en una agencia, trata con clientes y se da cuenta de que a menudo tiene que trabajar hasta tarde por la noche, muy temprano por la mañana y los fines de semana, sobre todo durante las temporadas altas, puede que se dé cuenta de que prefiere trabajar en un entorno laboral más estable y predecible. Otros quizá se sientan bien con la naturaleza exigente de este sector, sobre todo si no tienen muchos compromisos o responsabilidades aparte del trabajo.

Debe aprovechar el tiempo en la universidad y hacer varias prácticas en distintos lugares. Esto le ayudará a determinar si las cosas que le gustan y las que no le gustan del trabajo están relacionadas con la empresa o con el sector. Por ejemplo, si le preocupa que haya poco margen de promoción en su ámbito de trabajo, puede que haga prácticas en una agencia o empresa pequeña. Todo lo que aprenda durante sus prácticas le beneficiará en sus futuros trabajos. Entender las mejores formas de comunicarse con compañeros y clientes, aprender a establecer límites en el trabajo y ampliar sus conocimientos técnicos son conocimientos que lo beneficiarán en el futuro.

Ayudan a ampliar su red de contactos

Las prácticas también son una gran oportunidad para ampliar su red de contactos profesionales antes de graduarse. Si demuestra su valía durante el periodo de prácticas, puede obtener mejores oportunidades dentro de la organización, como la promesa de un trabajo a tiempo completo una vez que se gradúe, o incluso oportunidades de tutoría y referencias. Observar cómo los profesionales de su campo afrontan los retos, interactúan con los clientes y otros empleados, realizan sus tareas y alcanzan sus objetivos de forma eficaz le permite desarrollar su propio enfoque.

Las prácticas le enseñan cuáles son sus intereses y capacidades

Las prácticas también le enseñan más sobre usted mismo y sus intereses. No puede descubrir todas sus habilidades, talentos y capacidades a menos que se encuentre en un entorno laboral real. Las prácticas le enseñan cuáles son sus puntos fuertes y débiles y le permiten poner a prueba sus habilidades técnicas, de resolución de conflictos y de pensamiento crítico, especialmente en situaciones difíciles. Las prácticas le permiten conocer las áreas en las que destaca y las características que lo diferencian de los demás, así como las áreas en las que debe mejorar. De este modo, puede aprovechar sus puntos fuertes y mejorar sus debilidades.

Encontrar prácticas relevantes

Identifique sus objetivos e intereses

Cuando busque prácticas, debe identificar sus intereses y objetivos profesionales. Esto le permite determinar el tipo de práctica que desea buscar. También debe elaborar una lista de sus requisitos, incluida la duración, el lugar y la remuneración. Dependiendo de su campo, puede que le cueste conseguir prácticas remuneradas. De todas formas, vale la pena solicitar una para ganar experiencia, hacer contactos y mejorar su currículum.

Si la remuneración es importante, puede buscar oportunidades de trabajo a tiempo parcial. Al buscar prácticas, también debe tener en cuenta sus expectativas, los tipos de programas que ofrecen las empresas, la descripción del puesto y las responsabilidades que conlleva. Lo ideal es que las prácticas sean interesantes y ofrezcan oportunidades de aprendizaje y crecimiento. El tamaño de la empresa también es algo que debe tener en cuenta. En la mayoría de los casos, las grandes empresas tienen una división más clara de responsabilidades y descripciones del cargo, mientras que las pequeñas ofrecen experiencias más prácticas.

Adelántese a la búsqueda

Al igual que el mercado laboral de tiempo completo, las prácticas pueden ser muy competitivas. La mayoría de las empresas tienen plazos de solicitud, así que no deje la búsqueda para último momento. Consulte regularmente los portales de empleo, las páginas web y las redes sociales de las empresas que le interesan para estar al tanto de las novedades.

Utilice sus recursos

Utilice los recursos disponibles para encontrar las prácticas adecuadas para usted[48]

• Investigación en línea

Si ya está interesado en determinadas empresas, investigue si tienen programas de prácticas y cuándo y cómo solicitarlas. Infórmese sobre los requisitos y los procesos de solicitud. Si no encuentra información en Internet, envíe un correo electrónico al departamento en el que quiere trabajar, explique que le interesa hacer prácticas allí y por qué, y adjunte su currículum. Dar este paso demuestra su dedicación y voluntad de trabajar con ellos.

• Plataformas de búsqueda de empleo y centros de empleo universitarios

Utilice plataformas en línea de búsqueda de empleo para encontrar prácticas. Puede filtrar los resultados por ubicación, sector, cargo y fecha de inicio para obtener resultados más precisos. También puede utilizar el centro de empleo de su universidad, consultar regularmente su correo electrónico de estudiante y ojear los documentos actualizados relacionados con las prácticas, si están disponibles, para facilitar la búsqueda. La mayoría de las universidades se ponen en contacto con empresas y con antiguos alumnos para ofrecer oportunidades profesionales y de aprendizaje a los estudiantes.

- Centros de empleo y ferias de empleo locales

También puede ponerse en contacto con los centros de empleo locales o asistir a ferias de empleo para establecer contactos con posibles empleadores. Antes de ir, prepare una presentación informal sobre usted mismo para destacar el valor que aportará al lugar de trabajo. Lleve varias copias de su currículum y asegúrese de hablar con los representantes para determinar si las empresas que le interesan encajan bien con usted.

- Sus redes personales y profesionales

Dedique tiempo a revisar sus redes profesionales y personales para encontrar personas que puedan ayudarle a adquirir experiencia en el campo que desea. Lo más probable es que conozca a alguien que conoce a alguien que está dispuesto a darle información sobre el sector e incluso ayudarle a conseguir una oportunidad a través de referencias.

Cómo elegir las prácticas adecuadas

Tenga en cuenta sus intereses y la trayectoria profesional que desea

Cuando elija una práctica, asegúrese de que coincide con sus intereses y con el sector y el área de estudio que desea. Si va a trabajar paralelamente a sus estudios, haga que valga la pena. Elija oportunidades de trabajo que añadan valor a su currículum.

Debe elegir una empresa y un puesto en el que realmente le interese trabajar, y en el que con seguridad aprenderá nuevas habilidades y adquirirá nuevos conocimientos. Antes de elegir una práctica, piense por qué la quiere, qué quiere aprender de ella, cómo le ayudará a avanzar en su carrera y si necesita cumplir ciertos requisitos para que lo acepten. También debe considerar el tiempo que necesita dedicar a este trabajo y las responsabilidades que conlleva.

Tenga en cuenta los requisitos de su universidad

Asegúrese de consultar con su universidad si hay algún requisito en relación con sus prácticas. Algunas universidades exigen que realice prácticas en determinados puestos o empresas o que tenga un determinado promedio de notas antes de hacer prácticas o trabajar a tiempo parcial. Evite ir en contra de cualquiera de las directrices de su universidad para recibir su título a tiempo. Consulte con su orientador antes de elegir una práctica para asegurarse de que sea aceptada. Asegúrese también de que entiende las condiciones de la práctica. Averigüe de antemano si le pagarán o si recibirá créditos universitarios.

Equilibre sus horas de trabajo y de estudio

Si va a realizar su práctica durante un semestre académico y no durante las vacaciones, asegúrese de tener en cuenta de antemano las horas de trabajo. Por ejemplo, si le exigen que trabaje en horas en las que tiene clases, no acepte la oferta. No debe comprometer su rendimiento académico para realizar una práctica. Busque empresas que ofrezcan puestos de tiempo parcial u horarios de trabajo flexibles para que no interfieran con su horario académico.

Entender la cultura de la organización

Cada empresa tiene una cultura y un entorno de trabajo único. Conozca las empresas que le interesan para asegurarse de que disfrutará su estancia. Solo sacará el máximo provecho de sus prácticas si la gente que lo rodea está dispuesta a ayudarle y a ofrecerle información valiosa. Conozca la diferencia entre el sector privado, el sector público y las organizaciones sin ánimo de lucro para determinar cuál es la que mejor se adapta a sus necesidades.

Considere la ubicación y los desplazamientos

La ubicación de las prácticas también es un factor decisivo a la hora de elegir un lugar para trabajar. No querrá pasar mucho tiempo transportándose de ida y vuelta a la empresa. Puede que al principio no resulte demasiado molesto, pero mantenerlo durante mucho tiempo puede provocar estrés por los desplazamientos.

Cómo sacar el máximo provecho de las prácticas

1. **Conozca a sus compañeros.** Preséntese a todos los miembros de su departamento al llegar. Relaciónese con ellos y muestre interés por lo que hacen. Dé una primera impresión favorable para que estén más dispuestos a ayudarlo en el futuro. Incluso si no piensa trabajar en esa empresa después de graduarse, puede pedirles recomendaciones. Cuanto más se esfuerce, más memorable será para su equipo y su supervisor.

2. **Alinéese con los objetivos de la empresa.** Si no convocan una reunión para presentarlo, pida reunirse con su supervisor cuando empiece la práctica para saber qué esperan de usted a lo largo de su estancia allí. Pregúntele qué tiene que hacer cada día, de quién recibirá las tareas y a quién se las entregará, dónde recibirá ayuda y retroalimentación cuando lo necesite y cómo sabrá si va por buen camino. Y lo que es más importante, no pierda de vista sus propios objetivos y las cosas en las que le gustaría trabajar. Hable de sus expectativas e intereses para asegurarse de que lo involucran en las oportunidades de aprendizaje pertinentes.

3. **Observe y pida ayuda.** Incluso después de graduarse y tener una experiencia laboral considerable, no comprenderá inmediatamente cómo se hace todo en una nueva empresa. Comprender la cultura de la organización es clave para tener éxito en un nuevo entorno de trabajo. Observe cómo interactúan sus compañeros y cómo hacen las cosas. Familiarícese con las rutinas y procedimientos de la organización, lea todo el material pertinente y no dude en pedir ayuda y orientación siempre que lo necesite. Siempre que sea posible, aproveche las oportunidades para asistir a reuniones y otros eventos importantes.

4. **Mantenga el profesionalismo.** Aunque solo sea un practicante, mantener un alto nivel de profesionalismo y ser consciente de cómo se presenta ante todos los miembros de la organización marca la diferencia. Respete el código de vestimenta, la etiqueta del correo electrónico y los procedimientos estándar de la empresa. Determine a qué persona debe informar y con quién debe hablar cuando tenga un problema para no pasar por encima de nadie. Mantenga también los modales básicos y la cortesía en todo momento.

5. **Manténgase ocupado.** Si entrega todas sus tareas y no tiene nada más que hacer, diga a su supervisor que el flujo es lento para usted. Si no hay nada más que hacer, lea sobre su sector y sus actualizaciones, y pregunte a su supervisor y a sus compañeros si les parece bien que ayude a los demás cuando lo necesiten. Si trabaja en un campo creativo, puede aportar ideas para proyectos a largo plazo y sugerírselas a su supervisor. Por ejemplo, si trabaja en mercadeo, puede redactar ideas para eventos o campañas que ayuden a su empresa a ganar visibilidad. Ir más allá de la descripción de su trabajo y mostrar entusiasmo por aprender puede

ayudarle a conseguir un empleo de tiempo completo o a recibir una sólida recomendación de sus jefes.

6. **Organícese y gestione su tiempo con eficacia.** Siempre que asista a una reunión, aunque sea informal, asegúrese de tomar notas detalladas, crear listas de tareas pendientes y marcar los plazos para estar al tanto de las tareas. Haga las cosas a tiempo y pida más tareas cuando termine las que tiene asignadas. Sin embargo, tenga cuidado de no responsabilizarse por más cosas de las que puede abarcar. Si se siente abrumado, pregunte a su supervisor qué tareas debe priorizar. Mantenga su espacio de trabajo organizado, esto le ayudará a hacer las cosas con más eficacia y dará una impresión favorable. Guarde sus datos de forma ordenada para que usted y quienes los necesiten puedan acceder a ellos con facilidad. Siga las políticas de almacenamiento de datos y mantenimiento de registros siempre que apliquen.

Las prácticas le permiten aprender de profesionales con experiencia y determinar si la trayectoria profesional que está buscando es la adecuada para usted. Estará más expuesto al mercado laboral, a diferentes entornos de trabajo y culturas organizativas, y creará una sólida red de contactos profesionales que pueden ayudarle a conseguir un empleo fijo en el futuro o darle buenas referencias.

Capítulo 10: Recorrido del último año: prepararse para la vida después de la graduación

Tras la graduación, llega otro momento crucial de la vida. Los estudiantes universitarios suelen tener sentimientos encontrados. Por un lado, se alegran de haber llegado al final de su periodo universitario y estar a punto de entrar en la vida profesional. Por otro, son conscientes de que su vida, incluido su círculo social, va a cambiar. Además, se sienten presionados a tomar las decisiones correctas para establecer el camino hacia un futuro exitoso y satisfactorio.

Tras la graduación, llega otro punto de inflexión crucial en la vida[49]

Dado que el último año es un momento crucial para reflexionar y planificar el futuro, este capítulo se centra en los retos a los que se enfrentan los estudiantes universitarios a medida que se acercan al final de su trayectoria universitaria. Esta fase de transición puede ser difícil, pero es crucial para el éxito a largo plazo. Además de consejos para la planificación de la carrera y la búsqueda del primer empleo, este capítulo también ofrece consejos para la elaboración del presupuesto después de la graduación, la gestión de los préstamos estudiantiles, el perfeccionamiento de las habilidades esenciales, etc.

Planificación de la carrera

Tener un objetivo profesional después de graduarse es útil, pero hay otros aspectos a tener en cuenta en la planificación de su futuro. Por ejemplo, es posible que tenga un trabajo asegurado después de la graduación y asuma que trabajará allí durante muchos años. Pero, ¿qué ocurre si pierde ese trabajo o se da cuenta de que las vacaciones de sus sueños no están en ese camino? Aquí tiene algunos consejos útiles para planificar con éxito su carrera profesional y garantizar su satisfacción a largo plazo.

Practique la autoevaluación

Una autoevaluación exhaustiva, como un análisis DAFO (acrónimo de Debilidades, Amenazas, Fortalezas y Oportunidades), le ayudará a identificar las habilidades que tiene, necesita y debe mejorar. Empiece por pensar en las habilidades que lo convertirían en un empleado valioso y averiguar sus puntos débiles. Puede hacer ambas cosas pidiendo la opinión sobre sus habilidades laborales a sus colegas, mentores y otros colaboradores.

A continuación, piense en oportunidades y obstáculos que estarán fuera de su control cuando busque trabajo después de graduarse. Esto puede incluir vías para avanzar en su carrera en el campo elegido, claves de crecimiento profesional y cualquier cosa que pueda obstaculizarlo.

Sopese sus opciones

Si desea encontrar un sector en el que pueda trabajar durante los próximos cinco o diez años, empiece por explorar las opciones. Cuando analice las distintas industrias, asegúrese de ver cómo interactúan entre sí. Está bien perseguir sus pasiones, pero estas pueden cambiar, y si encuentra un sector que le permita hacer la transición a otro cuando sea necesario, mucho mejor. Esto le ayudará a evitar el agotamiento y el estrés.

Planifique a largo plazo

Piense dónde quiere estar dentro de siete o diez años. ¿Se ve en un puesto concreto de una empresa? O tal vez quiere centrarse en adquirir habilidades y experiencias específicas en un sector. En cualquier caso, con este objetivo a largo plazo en mente, puede diseñar una hoja de ruta hacia su sueño y buscar un trabajo que siente las bases para alcanzarlo.

Busque un mentor

Si tiene un objetivo profesional específico en mente, encontrar un mentor que responda a preguntas cruciales sobre cómo llegar al trabajo de sus sueños le ayudará a iniciar en el camino correcto. Un mentor de la misma profesión puede ayudarle a hacer contactos en el sector. La forma más fácil de encontrar un mentor es unirse a una plataforma de mentores en línea o conectar con él a través de las redes sociales (hay sitios dedicados contactar a profesionales del mismo sector y de sectores diferentes).

Aprenda a trabajar en red

La universidad ofrece muchas oportunidades para crear redes que no solo le benefician personalmente, sino también profesionalmente. Aprovechar las redes existentes es una de las formas más eficaces de impulsar su carrera profesional después de su graduación. Hay un montón de eventos gratuitos de trabajo en red que los estudiantes universitarios pueden aprovechar para conectar con personas que tienen las habilidades y la experiencia necesarias en el mundo profesional.

Estrategias de búsqueda de empleo

A continuación, se presentan algunas estrategias concretas para encontrar el trabajo adecuado después de la graduación.

Adquiera experiencia durante la universidad

Muchos estudiantes trabajan durante la universidad, lo que les permite adquirir experiencia y utilizarla para obtener un empleo después de graduarse. De todas formas, aunque no haya trabajado durante la universidad, puede adquirir experiencia participando en proyectos de diferentes organizaciones o clubes, asistiendo a seminarios y otras vías para adquirir nuevas habilidades.

Consejo profesional: si no trabajó durante la universidad, utilice su participación en un club u organización como experiencia laboral.

Utilice su red de contactos

La red de contactos que creó durante la universidad puede ayudarle a encontrar trabajos que no se encuentran en anuncios. Puede tratarse de amigos o familiares, pero también de compañeros de trabajo, una organización profesional o particulares. Además, si solicita un empleo en una empresa, tener a alguien en su red que trabaje para la empresa aumenta sus posibilidades de conseguir el trabajo. Puedes pedirle a esa persona referencias o consejos sobre cómo conseguir el trabajo.

Investigue el mercado

Investigar las distintas oportunidades de trabajo le ayuda a acotar la búsqueda. Por ejemplo, puede investigar cómo es un día de trabajo en las distintas empresas y puestos que está considerando, para ver si encajan bien con usted. Del mismo modo, explorar los requisitos y el ritmo de desarrollo profesional en los distintos sectores le ayudará a entender lo que buscan las empresas y a prepararse para mostrar las aptitudes que le aseguren el puesto.

Sea proactivo

Si es como la mayoría de los estudiantes universitarios, tendrá que resolver los préstamos estudiantiles y otras finanzas, lo que significa que tendrá que encontrar empleo lo antes posible después de graduarse. Para ello, debe ser proactivo. Empiece por solicitar varios puestos y no olvide hacer un seguimiento de las solicitudes que no le hayan contestado. Póngase en contacto con los responsables de contratación y hágales saber que sigue interesado en el puesto. De este modo, les demuestra que es un profesional dispuesto a poner en práctica su talento y sus habilidades.

Voluntariado

El voluntariado no solo es una forma maravillosa de devolver algo a la comunidad, sino también una gran vía para desarrollar y perfeccionar sus habilidades. Es especialmente beneficioso para mejorar las habilidades interpersonales y de comunicación, que le serán muy útiles en sus entrevistas de trabajo.

Asista a ferias de empleo

Las ferias de empleo son una excelente oportunidad para encontrar reclutadores interesados en conocer sus aptitudes y experiencia. Asegúrese de investigar a las empresas que asisten a la feria para preparar las preguntas concretas que hará a los representantes.

Busque una práctica

Aunque no consiga un trabajo de inmediato, una práctica remunerada le ayudará a establecerse en una empresa. Tras completar las prácticas, tendrá más posibilidades de conseguir un puesto de trabajo y, a menudo, con un salario inicial más alto que quienes no tienen experiencia en prácticas. Hacer prácticas es otra forma de desarrollar sus habilidades, aunque no pueda convertirlas en un empleo de tiempo completo. De todos modos, después puede ayudarle a encontrar un trabajo mejor remunerado, ya que contará con una valiosa experiencia.

Consiga un trabajo de tiempo parcial

Al igual que las prácticas, un trabajo de tiempo parcial puede ayudarle a iniciar. Fomenta la creación de contactos, la ética laboral y la experiencia, y le permite ganar dinero para contribuir a su economía. Trabajar en un empleo de tiempo parcial le ayuda a entender su estilo de trabajo y lo que disfruta o no disfruta haciendo en su trabajo.

Aproveche los servicios de orientación profesional del campus

Al igual que las ferias de empleo, los centros de orientación profesional de los campus son excelentes fuentes de oportunidades de empleo. Pueden ayudarle a encontrar trabajo a nivel local, incluso después de graduarse. Los empleadores que dejan su información en los centros de empleo suelen cumplir requisitos específicos, como experiencia en un campo concreto. Si obtuvo estas habilidades a través de trabajos de tiempo parcial, prácticas o voluntariados, tendrá más posibilidades de ser contratado por estas empresas.

Cursos en línea

Otra forma de ampliar sus habilidades más allá de lo que aprendió en la universidad es hacer cursos en línea. Ganará experiencia y la posibilidad de conseguir trabajos mejor pagados. Consejo profesional: aproveche los cursos online gratuitos para ahorrar dinero.

Establezca una rutina

Buscar trabajo después de la universidad puede resultar desalentador, pero establecer una rutina hace que todo sea más fluido y le ayuda a conseguir sus objetivos. Su rutina de búsqueda de empleo puede incluir lo siguiente:

- Actualizar su currículum
- Buscar trabajo
- Solicitar trabajo

- Ponerse en contacto con directores de recursos humanos y reclutadores
- Establecer contactos
- Desarrollar sus habilidades

Asegúrese de incluir descansos para aliviar el estrés que conlleva el proceso. Puede ser de cualquier forma, desde salir a pasear o a correr hasta hacer un ritual de cuidado personal o ver una película.

Presente su candidatura directamente a las empresas

Aunque una empresa no esté contratando personal en el momento de su búsqueda, no está de más ponerse en contacto y mostrar interés por trabajar ahí. Algunas empresas incluso tienen formularios específicos en sus sitios web a través de los cuales los candidatos potenciales pueden presentar sus solicitudes, incluso si no tienen vacantes en ese momento, por si surgen en el futuro.

Transición al mundo profesional

La transición de la universidad al mundo profesional es un reto, ya sea porque debe adaptarse a un nuevo horario, dejar su círculo social (compañeros de habitación y amigos con los que pasaba la mayor parte del tiempo en el campus), encontrar empleo o comparar sus posibilidades en varios campos.

Aquí tiene algunos consejos que le ayudarán a superar este periodo:

- Reconozca su transición, aunque no sea la más suave, en lugar de juzgarse si las cosas no salen como había planeado.
- Siga trabajando para establecer contactos profesionales.
- Si encuentra trabajo, no tenga miedo de pedir más responsabilidades cuando cree que puede asumirlas (demuestre dedicación).
- Prepárese para trabajar en un puesto de nivel inicial.
- Cree un nuevo horario que se adapte a sus nuevas responsabilidades.
- Diseñe un plan de acción alternativo en caso de que el actual no funcione.
- Siga trabajando en sus habilidades sociales y profesionales.
- Cultive su profesionalismo cuando solicite trabajo (le será útil cuando lo consiga).

Habilidades para la vida después de la universidad

La transición al mundo profesional requiere trabajo en habilidades y experiencias, como la planificación financiera, la vida independiente, la educación continua, el pago de préstamos estudiantiles, la comprensión de los beneficios de los empleados, la elaboración de presupuestos básicos y mucho más.

Cultivar habilidades para la vida es necesario, especialmente después de la universidad[50]

Cultivar la pasión

No importa si consigue un trabajo que se ajuste a su visión profesional de inmediato o no, es crucial que siga cultivando su pasión. Si ya tiene algo que le ayuda a desarrollar sus habilidades e intereses, potenciar su pasión le facilitará el avance. Si aceptó el trabajo porque era la única oferta que tenía, identificar lo que le apasiona le ayudará a avanzar hacia la trayectoria profesional que desea seguir en el futuro.

La importancia de fijar objetivos

Los objetivos a corto y largo plazo lo retan a ampliar y perfeccionar sus habilidades. Alcanzarlos lo motiva para luchar por logros mayores. Recuerde, plantee sus objetivos en función de sus capacidades. No se compare con los demás, porque sus caminos pueden ser diferentes y la autocrítica despiadada solo lo alejará de sus objetivos.

Aceptar el fracaso

El fracaso forma parte de la vida e inevitablemente tendrá mala suerte o cometerá un error que le costará tiempo, esfuerzo y dinero. Si le apasiona algo y se encuentra con un muro, se enfrentará a una enorme sensación de fracaso. Utilícelo como combustible para aprender a sortear el reto la próxima vez.

Abrirse a la crítica

Aunque la mayoría de los estudiantes se enfrentan a las críticas de los profesores, es probable que tengan que enfrentarse a muchas más en su lugar de trabajo. Para algunos, no es fácil de manejar. Sin embargo, en lugar de ponerse a la defensiva, intente ver los comentarios y las críticas constructivas como oportunidades de aprendizaje.

Entender la etiqueta en el lugar de trabajo

Es probable que se dé cuenta de que su lugar de trabajo dista mucho de ser el ambiente informal de la universidad. Aunque su empresa ofrezca un ambiente relajado, es importante que siga la etiqueta de su lugar de trabajo, mostrando profesionalismo y puntualidad.

Cultivar la paciencia

A diferencia de muchas cosas en este mundo acelerado, los logros profesionales rara vez llegan con rapidez. Esperar resultados inmediatos solo conduce a una mayor sensación de fracaso. Ármese de paciencia y prepárese para trabajar en pos de sus objetivos.

Identificar su definición de éxito

Cuando comience la transición a la vida profesional, debe averiguar qué significa el éxito para usted. Puede significar conseguir un determinado puesto, adquirir experiencia o crear una red de personas para trabajar. Sea cual sea su definición del éxito, tenerla clara en su mente le anima a trabajar para conseguirlo.

Gestión del dinero

Tendrá que hacer frente a muchas responsabilidades financieras, desde la gestión de sus préstamos estudiantiles hasta la creación de presupuestos inteligentes para una distribución adecuada de los fondos.

Reembolso de préstamos estudiantiles

Para empezar, es una buena idea crear un plan de pago de préstamos para empezar a erradicar su deuda de préstamos estudiantiles. Siga estos pasos al crear y seguir el plan de reembolso:

- Lleve un registro de su prestamista, saldo y estado de reembolso para cada uno de sus préstamos estudiantiles, ya que estos detalles determinan sus opciones de reembolso y condonación.

- Familiarícese con sus períodos de gracia: Los periodos de gracia (el periodo inmediatamente posterior a terminar los estudios antes de tener que empezar a pagar) difieren de un préstamo a otro.

- Manténgase en contacto con el prestamista: Mantenga la comunicación con el prestamista, aunque sea por correo electrónico o por teléfono. Si cambia alguno de sus datos de contacto, asegúrese de notificarlo. De lo contrario, puede costarle más dinero.

- Elija la opción de reembolso adecuada: La opción estándar para los préstamos federales es un plan de amortización de diez años; sin embargo, es posible que pueda ampliar este período. Al hacerlo, puede reducir sus pagos mensuales, pero incurrir en intereses más altos. Otras opciones son los planes de amortización en función de los ingresos (IDR, por sus siglas en inglés), que permiten fijar un tope para el pago de su empresa basado en un determinado porcentaje de sus ingresos anuales. Los préstamos privados tienen diferentes opciones y lo mejor es que consulte con cada prestamista sobre su amortización.

- No se asuste si tiene problemas: Si no puede hacer sus pagos debido a problemas médicos, pérdida de empleo u otros desafíos financieros, averigüe qué otra opción tiene para administrar sus préstamos estudiantiles. En el caso de los préstamos federales, esto puede incluir la indulgencia de morosidad o el aplazamiento, que son una salvación en tiempos de dificultades a corto plazo, pero conllevan intereses más altos.

- No ignore sus préstamos: Ignorar su deuda puede resultar en impago, lo que tiene un efecto negativo en su puntuación crediticia y eleva drásticamente la cantidad total de su deuda. Después de nueve meses de impago, el gobierno puede embargar sus devoluciones de impuestos y salarios para satisfacer su deuda en préstamos federales. Los prestamistas privados tienen un periodo de tolerancia aún más corto.

- Investigue las opciones de condonación de préstamos: Diversos programas condonan la totalidad o parte de sus préstamos federales para estudiantes si trabaja en determinados campos o para ciertos empleadores.

Construir su crédito

Cuanto más alta sea su puntuación crediticia, más probabilidades tendrá de obtener intereses más bajos en una tarjeta de crédito o un préstamo. Incluso puede ayudarle a que le aprueben una vivienda. Su puntuación crediticia se determina en función de sus cuentas y su historial financiero. Puede construir su futuro crédito pagando puntualmente sus préstamos estudiantiles y las facturas corrientes, así como gestionando inteligentemente el saldo de sus tarjetas de crédito. Si aún no tiene facturas a su nombre, puede empezar a construir su crédito obteniendo una tarjeta de crédito de bajo cupo.

Fondos de emergencia y otras protecciones

La forma más fácil de establecer un fondo de emergencia es acumular suficiente dinero en su cuenta de ahorros para cubrir entre tres y seis meses de sus gastos. Esto le da tranquilidad en caso de emergencia o gastos inesperados.

Además de los ahorros, otra forma de cubrirse en caso de emergencia es contratar un seguro adecuado, como un seguro médico, un seguro para propietarios de vivienda o inquilinos y un seguro de incapacidad.

Crear un plan de ingresos mensuales

Presupuestar sus ingresos le ayuda a cumplir con sus obligaciones, controlar sus gastos y ahorrar. Haga una lista de sus ingresos y obligaciones totales para tener una visión completa de sus finanzas.

Entender las prestaciones para empleados

Entre los factores que debe tener en cuenta al buscar empleo están las prestaciones para empleados. Estas varían según la empresa, pero es bueno familiarizarse con los términos y la información básica para saber qué buscar en las prestaciones de un posible empleador.

Por ejemplo, ¿sabía que algunas empresas tienen un periodo de espera entre el momento en que empieza a trabajar y el momento en que se inician las prestaciones? El cubrimiento suele iniciar el primer día del segundo mes de trabajo.

Las prestaciones se deducen de su nómina en función de lo que elija. Para elegir un seguro adecuado, tenga en cuenta sus necesidades sanitarias actuales y futuras e investigue sus opciones.

He aquí algunos términos relacionados con las prestaciones médicas que debe conocer:

- HDHP (Plan de Salud con Deducible Elevado, por sus siglas en inglés) le permite pagar una tarifa con descuento (sin copago) por los servicios médicos hasta que alcance su deducible.

- PPO (Organización de Proveedores Preferentes, por sus siglas en inglés) permite pagar copagos por visitas al médico y recetas hasta que se alcance la franquicia (conlleva primas mensuales y gastos de bolsillo más elevados).

- Con una HSA (Cuenta de Ahorros Sanitarios, por sus siglas en inglés), puede destinar ingresos antes de pagar impuestos a una cuenta de ahorros para gastos médicos.

- La franquicia es la cantidad que paga de su bolsillo por los gastos médicos antes de que el seguro entre en acción.

- La prima es la cantidad que paga al mes por la cobertura del seguro (es la cantidad periódica que se deduce de su nómina).

- El desembolso es la cantidad (normalmente limitada) que paga cada año por la asistencia sanitaria, incluidos copagos, franquicias y coseguros.

- Dentro o fuera de la red es el término utilizado para distinguir los proveedores de asistencia sanitaria que aceptan su plan de seguro y los que no (en estos últimos, pagará una tarifa más alta por los servicios).

- La afiliación abierta es el periodo en el que puede inscribirse en las prestaciones del año siguiente (conviene elegir las prestaciones durante este periodo o cuando lo contraten).

- Los acontecimientos que reúnen los requisitos necesarios son los que permiten inscribirse en las prestaciones fuera del periodo de afiliación abierta (por ejemplo, el nacimiento de un hijo, el matrimonio, el divorcio, el fallecimiento de una persona dependiente, la pérdida de las prestaciones colectivas del cónyuge o el hecho de que un hijo deje de estar cubierto por el seguro de sus padres al cumplir cierta edad).

- El seguro dental cubre las necesidades de asistencia sanitaria dental, desde limpiezas periódicas hasta intervenciones dentales importantes.

- El seguro oftalmológico cubre cualquier necesidad de atención sanitaria oftalmológica, incluidas revisiones periódicas, gafas y lentes de contacto.

- Otros términos sobre prestaciones con los que debe familiarizarse son:

- Seguro de invalidez: Puede contar con él cuando un problema médico le impida trabajar y ganar un salario. Puede ser a corto o largo plazo.

- Licencias remuneradas y vacaciones: El primero incluye días personales, días por enfermedad y días de vacaciones. La cantidad puede variar de un empleador a otro, al igual que su horario. Las vacaciones también dependen de la política de la empresa, ya que algunas deciden dejar de trabajar durante los días festivos mientras que otras permanecen abiertas, dependiendo de la naturaleza del sector.

- Bienestar: Cada vez más empresas ofrecen programas de bienestar a sus empleados. Estos programas incluyen cosas diversas, desde la cobertura de las cuotas del gimnasio hasta otras actividades relacionadas con el bienestar a las que puede asistir por cortesía de su empresa.

- Algunas empresas también ofrecen reembolsos por formación. Dependiendo del sector o de la empresa, puede recibir el reembolso de los gastos de matrícula para la formación continua, los costos de certificación y mucho más.

- El plan 401(k) es un plan de aportes financiado por las empresas. Le permite reservar ingresos libres de impuestos para la jubilación. Puede que tenga que aportar una parte por su cuenta y la empresa completa el valor necesario. Si la empresa no lo hace y usted es el único que paga su 401(k), todo el dinero que aporta debe serle abonado cuando deje de trabajar en la empresa.

- El permiso de maternidad o paternidad es el tiempo que reciben las madres y los padres tras el nacimiento o la adopción de un hijo. El permiso puede ser retribuido o no.

- Extras como el subsidio de transporte y la alimentación, productos y servicios gratuitos o con descuentos son ventajas que aumentan la satisfacción de los empleados.

A pesar de las responsabilidades, intente no preocuparse demasiado por su futuro. La clave de una transición exitosa está en encontrar el equilibrio entre la preparación para la vida después de la graduación y el disfrute de los años universitarios. Al fin y al cabo, es una experiencia única, llena de oportunidades de crecimiento profesional y personal.

Tanto si tiene claro su futuro como si no, con un enfoque proactivo y dedicación, podrá alcanzar sus sueños. Mientras tanto, recuerde que divertirse con los amigos, socializar y participar en actividades agradables es tan importante para llevar una vida sana y feliz como sentar las bases de su futuro profesional.

Conclusión

En el futuro, los años universitarios son los más memorables de la vida. Haga que esos recuerdos sean entrañables y gratos siguiendo esta guía, pero no dude en experimentar por su cuenta con cosas nuevas. Todos los aspectos de su vida universitaria, tanto los buenos como los malos, construyen su futuro y lo convierten en la persona que desea ser.

En resumen, se empieza con el primer año, que puede ser fácil de superar, pero difícil de prosperar. La presión de los compañeros es probablemente el mayor obstáculo. La clave está en aprender de sus errores. Así es como evoluciona y, con el tiempo, aprende a resolver todos sus problemas.

En la universidad todo son nuevas experiencias y los estudios forman parte integral de ellas. Sus clases son más interesantes y avanzadas que las de la escuela, pero están basadas en los mismos fundamentos. Haga un curso de repaso si sus fundamentos no son sólidos. Las técnicas eficaces de gestión del tiempo son esenciales para mantener notas altas durante todo el curso.

Aprendió a manejar cualquier posible problema en su espacio vital. Entender y navegar por la diplomacia de la habitación es fundamental para que su vida universitaria fuera del campus sea más fácil. Si no puede ser amigo de sus compañeros de habitación, mantenga el respeto mutuo y no cruce los límites acordados.

En la mayoría de las universidades de Estados Unidos es fácil conseguir comida. Tienen cafeterías exclusivas para estudiantes y muchos camiones de comida. No le faltarán opciones, así que es importante que siga una dieta saludable para mantener su salud. Establecer recordatorios de comida en su teléfono le ayuda cuando el estudio sea intenso y se olvide de comer.

Y luego está el aspecto más atractivo de la vida universitaria: divertirse. A menos que se divierta estudiando, mantenga separados estos dos aspectos de su vida universitaria. Participe en actividades y explore su potencial creativo, pero no deje que esto afecte sus notas. Las actividades competitivas sumadas a los estudios pueden aumentar su estrés. Practique métodos antiestrés como la meditación y el ejercicio físico.

Con un nuevo entorno vienen nuevos amigos. Aprendió a lidiar con la ansiedad de hacer nuevos amigos mediante actividades divertidas como el «reto de interacción social». Luego, adquirió el poder de la gestión presupuestaria. El estilo de vida de sus nuevos amigos y sus propios deseos pueden incitarlo a gastar más de lo que puede permitirse. Es crucial frenar ese impulso.

Las últimas páginas enseñaron sobre las etapas finales de su vida universitaria, incluidas las prácticas y el último año. Así aprendió que ese es el momento de centrarse en sus objetivos para labrarse un futuro brillante.

Mira otro libro de la serie

Referencias

Primera Parte: Planificación profesional para adolescentes

Canfield, J. (2020, February 18). 20 Famous Success Stories to Inspire You | Jack Canfield. https://jackcanfield.com/blog/success-stories/

Career planning. (2012, January 11). Www.whatishumanresource.com. https://www.whatishumanresource.com/career-planning

Career Planning: 7 Tips to Help Your Professional Growth. (2023, August 4). Workipedia by MyCareersFuture. https://content.mycareersfuture.gov.sg/7-tips-effective-career-planning/

Cooks-Campbell, A. (2022, July 14). The only guide you'll ever need for career planning. Www.betterup.com. https://www.betterup.com/blog/career-planning

Larralde, A. (2022, September 30). How to develop a career planning process. Betterworks. https://www.betterworks.com/magazine/career-planning-process/

Mary McNevin, E. D. (2023, September 27). How to Develop a 5-Year Career Plan. Harvard Business Review. https://hbr.org/2023/09/how-to-develop-a-5-year-career-plan

Massachusetts Institute of Technology. (2021, June 9). Make a Career Plan. Career Advising & Professional Development | MIT. https://capd.mit.edu/resources/make-a-career-plan/

Pelta, R. (2022, July 14). What Is Career Planning? Forage. https://www.theforage.com/blog/careers/career-planning-process

Team, E. (2023, July 11). The Career Planning Process: Practical Steps. Indeed, Career Guide. https://in.indeed.com/career-advice/career-development/career-planning

Team, G. L. (2021, December 28). Career Planning – Complete Guide (2022). GreatLearning Blog: Free Resources What Matters to Shape Your Career! https://www.mygreatlearning.com/blog/what-is-career-planning/

University, C. L. (n.d.). 6 Steps for Career Planning. Cal Lutheran. https://www.callutheran.edu/students/career-services/career-counseling/six-steps-career-planning.html

What is Career Planning? (n.d.). College for Adults. https://collegeforadults.org/career-planning/what-is-career-planning/

Segunda Parte: Guía de supervivencia universitaria

10 challenges you may encounter at university | Undergraduate Programs. (2023, June 1). Undergraduate Programs. https://uwaterloo.ca/future-students/missing-manual/student-life/10-challenges-you-may-encounter-university

Adjusting to College - Office of Counseling and Health Services. (n.d.). Office of Counseling and Health Services. https://drexel.edu/counselingandhealth/counseling-center/students/adjustment/

Admin. (2022, March 21). The Importance of Self-Care. Winds of Change. https://woc.aises.org/content/importance-self-care

Johnson, M. (2023, April 12). Making Friends in College: Vital to Your Success. Cleveland University-Kansas City. https://www.cleveland.edu/making-friends-in-college-vital-to-your-success/

Lparsons. (2022, November 9). 8 Time Management Tips for Students - Harvard Summer School. Harvard Summer School. https://summer.harvard.edu/blog/8-time-management-tips-for-students/

Tychr. (2023, September 15). College Life: Navigating the Challenges and Opportunities. TYCHR. https://tychr.com/college-life-navigating-the-challenges-and-opportunities/

Wood, S. (2022, June 27). Don't Make These 8 Mistakes as a College Freshman. US News & World Report. https://www.usnews.com/education/best-colleges/articles/dont-make-these-mistakes-as-a-college-freshman

Arias, A. (2023, August 24). 5 Common Roommate Fights & How to Solve Them, According to an RA. Dorm Therapy. https://www.dormtherapy.com/college-roommate-fights-solve-ra-advice-100001397

BigFuture. (2024). College Roommates: The Basics – BigFuture | College Board. Bigfuture.collegeboard.org. https://bigfuture.collegeboard.org/plan-for-college/college-basics/campus-life/college-roommates-the-basics

Bonner, M. (2018, May 17). Roommate 101: How to Live in Harmony With Your Roomie | napCincinnati. NAP. https://apartments.naproperties.com/nap-cincinnati/blog/roommate-101-how-to-live-in-harmony-with-your-roomie

Brinson, L. C. (2012, August 8). 5 House Rules to Set with Your Dorm Roommate. HowStuffWorks. https://home.howstuffworks.com/community-living/5-house-rules-set-dorm-roommate.htm

Caitlin. (2014, February 11). How to live in peace with a roommate: 8 tips. Moveline. https://www.moveline.com/blog/how-to-live-in-peace-with-a-roommate-8-tips

Erb, S. E., Renshaw, K. D., Short, J. L., & Pollard, J. W. (2014). The Importance of College Roommate Relationships: A Review and Systemic Conceptualization. Journal of Student Affairs Research and Practice, 51(1), 43–55. https://doi.org/10.1515/jsarp-2014-0004

Fisher, T. (2020, September 23). Resolution Strategies for Roommate Conflict | Alcove Blog. Alcoverooms.com. https://alcoverooms.com/blog/post/resolution-strategies-for-roommate-conflicts

Fuson, F., & Fuson, M. (2023). College Roommate Essentials on How To Talk To Anyone: The Ultimate Survival Guide on How to Have Roommates That Don't Suck! In R. Peace (Ed.), Amazon. Harmony. https://www.amazon.com/College-Roommate-Essentials-Talk-Anyone/dp/0985938196

Kelly, J., & Bowen, L. (2021, August 4). How to Live in Harmony with Your Roommate. The Crimson White. https://thecrimsonwhite.com/82226/culture/how-to-live-in-harmony-with-your-roommate/

Parel, A. (2016, August 9). 9 College Freshman Fears (And How to Face Them). The Odyssey Online. https://www.theodysseyonline.com/9-college-freshman-fears-face-them

Smith, B. (2018, January 25). 4 Ways To Develop Better Relationships With Your College Roommates 1/25. The Odyssey Online. https://www.theodysseyonline.com/build-better-relationships-college-roommates

Wallace, L. (2023, October 27). Living the Sweet Dorm Life: 8 Roommate Communication Tips. Www.collegexpress.com. https://www.collegexpress.com/articles-and-advice/student-life/articles/living-campus/living-the-sweet-dorm-life-8-roommate-communication-tips/

Zumper. (2021, January 5). 13 Essential Roommate Rules That Will Make Your Lives Easier. The Zumper Blog. https://www.zumper.com/blog/roommate-rules/

Bandurski, K. (2022, February 10). 40 Healthy Recipes Any College Student Can Master. Taste of Home. https://www.tasteofhome.com/collection/easy-healthy-college-meals/

How College Students Benefit From Healthy Meal Plans. (2021, August 17). American Dining Creations. https://adc-us.com/blog/how-college-students-benefit-from-healthy-meal-plans/

Johnson, J. (2023, June 5). Food on Campus Can Promote Sociability and Understanding. American Enterprise Institute - AEI. https://www.aei.org/society-and-culture/food-on-campus-can-promote-sociability-and-understanding/

The Grubhub Staff. (2023, July 6). Using Food to Elevate the College Experience. Grubhub Onsite. https://onsite.grubhub.com/blog/using-food-to-elevate-the-college-experience/

Welshans, M. (2023, March 13). 7 Tips for Navigating Your College Dining Hall. Lancaster General Health.org. https://www.lancastergeneralhealth.org/health-hub-home/2023/march/7-tips-for-navigating-your-college-dining-hall

Dumoski, S. (2022, February 3). 5 steps for making friends in college. Chapman Newsroom. https://news.chapman.edu/2022/02/03/5-steps-for-making-friends-in-college/

How to make friends at college in the US. (n.d.). Shorelight.com. https://shorelight.com/student-stories/how-to-make-friends-in-college-tips-for-international-students/

How to make friends in college: 5 practical tips. (n.d.). Stjohns.edu https://www.stjohns.edu/news-media/johnnies-blog/%20/how-to-make-friends-in-college

How to make new friends in college. (n.d.). Mohawk College. https://www.mohawkcollege.ca/about/news/blogs/how-to-make-new-friends-college

Paonita, J. (2022, November 13). How to make friends in college (even if you're shy). The Scholarship System: The Scholarship System LLC. https://thescholarshipsystem.com/blog-for-students-families/how-to-make-friends-in-college-even-if-youre-shy/

10 Tips to Make the Most of an Internship | Columbia CCE. (n.d.). https://www.careereducation.columbia.edu/resources/10-tips-make-most-internship

How to Choose the Right Internship. (n.d.). Arkansas State University. https://www.astate.edu/a/global-initiatives/online/a-state-online-services/online-career-center/resources/How%20to%20Choose%20the%20Right%20Internship.pdf

How to Find an Internship That Matters - BigFuture. (n.d.). https://bigfuture.collegeboard.org/plan-for-college/college-prep/stand-out/how-to-find-an-internship-youll-value

Indeed, Editorial Team. (2023, June 9). 9 Best Ways To Find an Internship (and Why It's Important). Indeed.com. https://www.indeed.com/career-advice/finding-a-job/how-to-find-internships

Vinay. (2023, November 16). The importance of an internship: 5 critical reasons. Capital Placement. https://capital-placement.com/blog/the-importance-of-an-internship-top-5-reasons-why-internships-are-critical/

Anders. (2020, September 11). Understanding Employee Benefits: A Guide for Recent Graduates. Anders CPA. https://anderscpa.com/understanding-employee-benefits-guide-for-recent-graduates/

Du, M. (2022, July 12). 7 Steps To Planning Your Career After Graduation. Prosple Philippines. https://ph.prosple.com/career-planning/7-steps-to-planning-your-career-after-graduation

Hanson, B. (2024, February 8). 17 game-changing tips for getting a job after college. Intuit Credit Karma. https://www.creditkarma.com/income/i/how-to-get-job-after-college

Indeed, Editorial Team. (2022, June 25). 11 Tips for Transitioning from College to the Workplace. Indeed. https://www.indeed.com/career-advice/career-development/transitioning-from-college-to-workplace

Markarian, T. (2022, December 19). 14 Life Tips Every Recent Grad Needs to Have in Their Back Pocket. Reader's Digest. https://www.rd.com/list/life-skills-recent-college-grad/

Members 1st. (2023, June 23). Budgeting Tips for New College Grads | M1st. Www. members 1st.org. https://www.members1st.org/blog/articles/budgeting-for-new-college-grads/

The Top 10 Student Loan Tips for Recent Graduates. (n.d.). The Institute for College Access & Success. https://ticas.org/for-students-parents/the-top-10-student-loan-tips-for-recent-graduates

Fuentes de imágenes

1 https://commons.wikimedia.org/wiki/File:Walt_Disney_Studio_1928.jpg

2 https://pixabay.com/illustrations/checklist-business-workplace-3679741/

3 https://pixabay.com/illustrations/ai-generated-architecture-blueprint-8709328/

4 https://pixabay.com/vectors/map-navigation-geography-312213/

5 Jake Beech, CC0, a través de Wikimedia Commons.
https://commons.wikimedia.org/wiki/File:CognitiveFunctions.png

6 https://pixabay.com/vectors/attracting-attraction-positive-6572957/

7 https://pixabay.com/vectors/toolbox-tools-red-kit-box-29058/

8 https://pixabay.com/vectors/pottery-broken-clay-ceramic-grey-576265/

9 https://www.pexels.com/photo/white-textured-background-with-text-9017634/

10 https://pixabay.com/vectors/scale-weigh-judge-books-equial-310471/

11 https://pixabay.com/vectors/diversity-unity-puzzle-team-7120387/

12 https://pixabay.com/vectors/training-course-business-session-5822607/

13 https://pixabay.com/vectors/administration-architecture-art-2031343/

14 https://pixabay.com/vectors/medical-nurse-doctor-hospital-5459654/

15 https://pixabay.com/vectors/work-plan-schedule-business-8744593/

16 https://www.pexels.com/photo/green-trees-near-body-of-water-533769/

17 https://www.pexels.com/photo/black-dart-pink-attach-on-yellow-green-and-red-dart-board-15812/

18 U3177230, CC BY-SA 4.0 <https://creativecommons.org/licenses/by-sa/4.0>, a través de Wikimedia Commons: https://commons.wikimedia.org/wiki/File:SMARTER_Goals.png

19 Martin Kraft, CC BY-SA 4.0 <https://creativecommons.org/licenses/by-sa/4.0>, a través de Wikimedia Commons: https://commons.wikimedia.org /wiki/File:MKr25391_Steven_Spielberg_(Berlinale_2023).jpg

20 https://pixabay.com/vectors/business-chart-growth-success-8423506/

21 https://pixabay.com/vectors/social-media-connections-networking-3846597/

22 https://pixabay.com/vectors/elevator-people-down-lift-44012/

23 https://pixabay.com/vectors/ai-generated-connections-network-8131432/

24 https://pixabay.com/vectors/feedback-survey-review-best-7323668/

25 https://pixabay.com/vectors/business-idea-style-concept-goals-1753098/

26 https://www.pexels.com/photo/teenager-browsing-on-her-laptop-6473095/

27 https://pixabay.com/vectors/woods-path-nature-abstract-hiking-4488425/

28 https://www.pexels.com/photo/letter-blocks-247819/

29 https://commons.wikimedia.org/wiki/File:Eleanor_Roosevelt.jpg

30 https://pixabay.com/vectors/mountains-success-hiking-trekking-6466816/

31 https://www.pexels.com/photo/woman-studying-inside-the-classroom-7092336/

32 https://www.pexels.com/photo/a-man-lying-on-the-bed-while-using-his-mobile-phone-6943426/

33 https://www.pexels.com/photo/woman-in-white-long-sleeve-shirt-carrying-a-stack-of-books-4855549/

34 https://www.pexels.com/photo/multiethnic-students-doing-homework-together-in-library-5940716/

35 https://www.pexels.com/photo/woman-in-white-shirt-and-yellow-shorts-standing-beside-bed-4004131/

36 https://www.pexels.com/photo/two-girls-decorating-a-christmas-tree-5618029/

37 https://www.pexels.com/photo/man-eating-pizza-and-working-from-home-4841733/

38 https://www.pexels.com/photo/young-man-eating-snacks-and-watching-tv-9807579/

39 https://www.pexels.com/photo/cheerful-young-lady-in-creative-studio-3876297/

40 https://www.pexels.com/photo/red-and-black-no-text-4069665/

41 https://www.pexels.com/photo/crop-woman-taking-notes-in-calendar-5239917/

42 https://www.pexels.com/photo/calm-woman-in-lotus-pose-meditating-after-awakening-at-home-3791634/

43 https://www.pexels.com/photo/photograph-of-a-group-of-students-talking-with-each-other-7972537/

44 https://www.pexels.com/photo/group-of-students-talking-at-a-staircase-8199169/

45 https://www.pexels.com/photo/man-in-black-beanie-hat-holding-money-6328888/

46 https://www.pexels.com/photo/young-father-playing-with-his-baby-son-outdoors-4934420/

47 https://www.pexels.com/photo/top-view-photo-of-people-near-wooden-table-3183150/

48 https://www.pexels.com/photo/pondering-woman-working-on-modern-laptop-in-living-room-7015074/

49 https://www.pexels.com/photo/photography-of-people-graduating-1205651/

50 https://www.pexels.com/photo/photo-of-people-doing-handshakes-3183197/

www.ingramcontent.com/pod-product-compliance
Lightning Source LLC
Chambersburg PA
CBHW072339090426
42741CB00012B/2844